民國歷史與文化研究

十二編

第2冊

中國早期馬克思主義者的傳統觀
——以李大釗、陳獨秀、瞿秋白為例

周后燕 著

花木蘭文化事業有限公司

國家圖書館出版品預行編目資料

中國早期馬克思主義者的傳統觀——以李大釗、陳獨秀、瞿秋
白為例／周后燕 著 -- 初版 -- 新北市：花木蘭文化事業有限
公司，2021〔民 110〕
目 4+228 面；19×26 公分
（民國歷史與文化研究 十二編；第 2 冊）
ISBN 978-986-518-299-1（精裝）
1. 馬克斯主義 2. 唯物史觀 3. 中國
628.08   110000127

ISBN-978-986-518-299-1

9 789865 182991

民國歷史與文化研究
十二編 第二冊   ISBN：978-986-518-299-1

中國早期馬克思主義者的傳統觀
——以李大釗、陳獨秀、瞿秋白為例

作　　者　周后燕
總 編 輯　杜潔祥
副總編輯　楊嘉樂
編　　輯　許郁翎、張雅淋　美術編輯　陳逸婷
出　　版　花木蘭文化事業有限公司
發 行 人　高小娟
聯絡地址　235　新北市中和區中安街七二號十三樓
　　　　　電話：02-2923-1455 ／傳真：02-2923-1452
網　　址　http://www.huamulan.tw 信箱 service@huamulans.com
印　　刷　普羅文化出版廣告事業
初　　版　2021 年 3 月
全書字數　211085 字
定　　價　十二編 4 冊（精裝）台幣 12,000 元

中國早期馬克思主義者的傳統觀
——以李大釗、陳獨秀、瞿秋白為例

周后燕　著

作者簡介

周后燕，1985 年 5 月生，祖籍重慶永川。2008 年獲四川理工學院法學學士學位，2011 年獲西北大學哲學碩士學位，2017 年獲西北大學歷史學博士學位。2017 年 7 月至 2020 年 6 月任西華大學馬克思主義學院專職教師。2020 年 8 月入成都大學從教。發表學術論文：《陳榮捷論人文主義》、《朱熹對〈大學〉的改造》、《從「學為聖人」到「敦本善俗」——論張載的教化思想》、《莊子〈大宗師〉之「生」的世界》、《瞿秋白知識分子論》等。

提　　要

　　傳統觀是文化自覺、文化自信繞不開的問題。中國近代傳統觀肇端於學術思想的轉變。五四時期，隨著馬克思主義理論的引入與傳播，中國早期馬克思主義者隊伍逐漸形成，他們將新的理論武器運用到對傳統的認識中，最終形成了具有自身特色的傳統觀。李大釗從理論層面奠定了早期馬克思主義者傳統觀發展的方向，他從新舊之間的聯繫入手，主張以傳統中具有生命力的內容為基點，批判地融合新的時代因素，實現傳統的現代化。他開啟了以馬克思主義理論研究中國傳統的先河。陳獨秀將李大釗開啟的新方向從思想領域推進到政治領域。陳獨秀認為社會的發展是通過質變實現的，新舊之間的關係是生死存亡的競爭關係。他極力凸顯新舊之間性質上的差異，主張以激烈的革命方式促進傳統向現代的轉化。瞿秋白沿著李大釗、陳獨秀的方向將對傳統的反思推進到社會革命領域。他將馬克思主義的辯證唯物主義引入到對傳統的認識中，明確提出了批判繼承法。瞿秋白從新舊之間的辯證關係入手，以歷史主義的眼光、階級的立場對傳統展開了批判繼承。早期馬克思主義者從不同側面，將傳統觀從抽象引向具體、從學術引向實踐，找到了推動傳統變革的現實力量，奠定了中國近代傳統觀的科學基礎。

目

次

緒　論

　　如何認識中國文化傳統，找出中國文化傳統與現代社會的交叉點，以實現中國文化的再造，是近現代中國面臨的重大課題。無論是中國傳統思想的現代化，還是外來思想的中國化，都需要對中國傳統有所認識。傳統觀是無法迴避的問題。

一、何謂傳統

　　「傳」字在《說文解字》一書中的第八卷，屬於人部，許慎將「傳」解釋為「遽」。「遽」指古代報信的使者或指傳遞信息的快馬、驛車。清段玉裁《說文解字注》：「傳如今移過所文書是也。引申傳遽之義。則凡輾轉引申之稱皆曰傳，而傳注、流傳皆是也。」〔註1〕「傳」引申為傳遞、傳授、流傳等。

　　「統」在《說文解字》第十三卷，糸部，許慎釋「統」為「紀」。清段玉裁《說文解字注》：「紀也。《淮南泰族訓》曰：繭之性為絲。然非得女工煮以熱湯而抽其統紀，則不能成絲。按此其本義也。引申為凡綱紀之稱。」〔註2〕「統」的本義是古代繅絲時從眾多蠶繭中抽出頭緒所打的結，抓住此結便可以繅出一束絲，引申為萬有總束於一個根本。「統」強調事物在系統中的作用與權威，具有規範性與強制性。

　　「傳統」兩字聯合使用，第一次出現在《後漢書》：「倭在韓東南大海中，依山島為居，凡百餘國。自武帝滅朝鮮，使驛通於漢者三十許國，國皆稱王，

〔註1〕〔漢〕許慎撰，〔清〕段玉裁注：《說文解字注（第二版）》，上海：上海古籍出版社，1988 年，第 377 頁上。
〔註2〕〔漢〕許慎撰，〔清〕段玉裁注：《說文解字注（第二版）》，第 645 頁上。

世世傳統。」〔註3〕「倭」指的是古代的日本，古代日本由一百多個小國家組成，自漢武帝滅朝鮮之後，其中三十多個國家開始向漢稱臣。這裡的「傳統」指的是政治上的統領關係，與現代所說的傳統不完全相同。

現代的「傳統」一詞是取「傳」的代代相授與「統」的總括與根本之義而成，即在代際之間傳遞具有規範作用統領作用的事物。不是所有過去產生的事物都能在代際之間進行延傳，能在代際之間傳遞的是具有權威性、根柢性、統領作用的事物。「傳」指縱向的傳遞，強調時間上的歷史性與延續性，指一代一代向下傳遞。「統」指空間上的權威性與普遍性即統領，時間上的連續性即統緒。

傳統指由歷史沿襲而來的道德、思想、風俗、制度等。這些在歷史中延傳的道德、思想、風俗、制度等是特定民族在歷史實踐中積累而成的穩定社會因素。它們滲透到人類社會生活的一切方面，如勞動方式、生活方式、思維方式以及行為方式等，既體現在人們的精神生活（政治、經濟、意識、心理等領域）中，也通過物化媒介（如名勝古蹟、文獻典籍等）表現出來〔註4〕。

事物必須具備以下幾個條件才能稱其為傳統：首先，傳統具有社會性與延傳性。希爾斯提出決定傳統的兩個標準：一方面傳統必須是人類思想、行為或想像的產物，另一方面傳統是在代際之間傳遞的〔註5〕。傳統必須是人類社會的創造物，並且在代際之間進行延傳。傳統是民族共同體在一定的自然條件與社會歷史條件下的創造物。客觀的遠離人類社會的自然物不是傳統，只有經過人類社會的加工改造過的，具有社會性的創造物才能具備成為傳統的條件。傳統是通過代際的傳遞與經驗的累積而成。先輩的創造物，必須經過至少三代人的兩次延傳才能被稱為傳統。傳統在代際之間的延傳過程使傳統具有不證自明的權威性。傳統是不能靠自身自我完善的，必須通過具有主觀能動性的人來繼承和完善。傳統一但失去其繼承者與傳遞者，傳統也就失去生命力，從而淡出人們的視野。

其次，傳統具有自身內在的結構。楊善民認為，傳統是圍繞著自身的中心質點形成的系列組合，他指出傳統不是單個的質點，因為任何一個單個的獨立

〔註3〕〔南朝宋〕范曄撰，〔唐〕李賢等注：《後漢書·東夷傳》卷八十五，北京：中華書局，1965年，第2820頁。

〔註4〕劉春建：《文化傳統與改革》，《國內哲學動態》，1986年第7期，第22頁。

〔註5〕〔美〕希爾斯著；傅鏗，呂樂譯：《論傳統》，上海：上海人民出版社，2009年，第12頁。

的點構不成傳統。〔註6〕傳統是圍繞著自身的可辨識的核心主旨而在代際之間進行傳遞的變體鏈。在代際的傳遞過程中，傳統的核心主旨始終保持著同一性，設若此同一性一旦遭到徹底的破壞，那麼傳統也就不成其為傳統了。也就是說，在代際的延傳過程中，若傳統自身的內在結構遭到破壞，那麼傳統也就面臨著消失的危險。

　　最後，傳統作為社會的穩定性因素，普遍存在於人們社會生活的各個方面，它既存在於人們的精神領域，也存在於客觀的物質生產、生活領域中。傳統作為先輩的力量，具有權威性，它規範著人們的思想、心理與行為，它是既有的價值系統、行為標準，也是人們的情感寄託。保障已有社會秩序的穩定運行和發展是傳統的主要功能，一旦傳統失去穩定社會秩序和促進社會發展的功能，則傳統就面臨著轉型的需要或者被拋棄的危險。

二、何謂傳統觀

　　傳統觀就是對傳統的理論化認識，個別的對於傳統的看法想法不是傳統觀，這一「理論化認識」包含三個方面：首先，它有哲學依據，即以對人與自然、人與社會、人自身的總體看法為依據。這一整體的依據使人們對傳統的認識上升到一個系統化的、理論化的高度。若沒有這一對世界的一個整體的認識作為理論支撐，那麼人們對傳統的認識就只是些零星的想法。其次，它有一個一以貫之的思想方法，即它的觀點之間的邏輯是清楚的，不是自相矛盾的，不是沒有定論定見的。最後，它囊括了社會生活的方方面面，比如政治、經濟、文化、民族等等，而且這些內容都是相得益彰、自成一體的。只有同時包含這三個方面的內容，才能稱為傳統觀。由此，傳統觀就是在一定的世界觀、方法論的支撐下對由先輩創造的、具有自身內在結構的、經過代際之間的傳遞並滲透於社會生活各個層面中的經濟、政治、文化、習俗等的理論化認識。

　　因此，有不同的世界觀、不同的方法論，就有不同的傳統觀。在中國古代，傳統觀就有不同的派系，並且在不同的歷史階段有不同的發展。先秦時期，面臨社會政治秩序新舊交替，形成以儒家、道家等思想流派，各家從自身的哲學世界觀出發對傳統展開了各自的闡釋。儒家以道德為人之本，以恢復周禮為己任，試圖在新的時代條件下通過「因革損益」的方法恢復周公所建立的文化與

〔註6〕楊善明：《文化傳統論》，《山東大學學報（哲學社會科學版）》，1988年第3期，
　　　第56頁。

政治。周朝的禮教秩序就是他們所要保守和發展的傳統。道家以崇尚自然為根本，通過「為道日損」的方法，試圖消解禮教秩序中所隱含的危機。道家理想的社會模式就是人與自然、人與人都處於一種自然的和諧狀態中，既無君臣上下之別，禮儀制度的約束，也無苛政煩令的壓迫，其追求的是一種天真素樸的道德和秩序。道家所要保留的是原始社會中人與人無爭的崇尚自然的傳統。宋明理學時期，儒家因受佛教思想的影響急需新的變革。宋明理學家從不同的角度試圖重建儒家綱常的權威。他們從本體論的層面論述儒家禮教，最終形成理學、心學、氣學等流派。他們都以堯舜禹湯文武孔孟的儒家正統自居，從不同側面推進了儒家傳統的發展。

在西方對傳統的認識分為保守主義、自由主義兩大主陣營。近代西方的保守主義是在反對法國大革命的激進主義基礎上產生的，英國的伯克是其奠基者。保守主義在哲學上是經驗主義者，他們反對所謂的全能理性，他們相信存在著獨立於人的知識和認識的客觀實在，並認為其中包含著實在的、不可改變的客觀真理。人的行為和社會組織的發展都必須遵從這種客觀的不以人的意志為轉移的客觀秩序。人們一旦違背此種客觀的秩序就要付出生命的代價。由此，他們推崇傳統，認為傳統是以往智慧的積累和實踐的結晶，給社會帶來的是一種穩定和安全。傳統作為人類在長期的歷史活動中形成的秩序，它是每一個社會共同體延續下去的紐帶和橋樑。保守主義所要保守的傳統就是這一先在的客觀秩序。

西方自由主義最核心的原則是個人的自由。他們持個人主義的立場，堅持個人至上的觀點，強調個人天生具有超越萬物的價值，個人應該得到尊重，社會的政治、經濟、法律等應該圍繞這一基本原則。西方自由主義者認為傳統中與自由主義相聯繫的若干重要的價值觀將得以保留，但他們反對傳統中任何會危及到個人自由價值實現的因素，如他們反對傳統的宗教權威，反對社會等級制等。也就是說西方自由主義者們所崇尚的是維護個體自由價值的傳統。

近代以來西方文明的輸入對中國的傳統形成正面的衝擊，傳統向現代的轉化已不僅僅侷限於古今問題，中西之異也被融進這一歷程。中國先進知識分子們在新的時代條件下積極借鑒西方的先進理念並將其運用到傳統向現代轉化的過程中。二十世紀二十年代，中國思想界形成了馬克思主義、自由主義、保守主義幾大派系。幾大思想流派從自身的哲學依據、方法論出發對中國傳統加以研究，形成了各具特色的傳統觀。早期馬克思主義者們運用馬克思主義這

一科學的世界觀為理論武器，採用批判繼承的科學方法對思想傳統、政治傳統、史學傳統、國民性、農民革命傳統等展開了科學的認識，推進了傳統向現代的轉化，奠定了中國現代科學的、實踐的傳統觀的基礎。

三、中國近代傳統觀的形成與發展歷程

　　近代中國傳統觀的變化與中國近代學術思想的轉變過程是一致的。中國近代學術思想的流變主要分為前後相繼的三個階段：晚清今文經學的興起，西學的傳入以及中西比較思潮的興起，五四學術流派的形成與分化。由此，近代傳統觀的形成也呈現出相應的三個發展階段：

1. 傳統觀的經學根基地位動搖階段

　　經學是中國封建文化的主體，也是封建專制政府用來進行思想統治的工具。1840 年鴉片戰爭之後，中國逐漸地淪陷為半殖民半封建的社會。面對社會的巨變，進步思想家以「借經言政」方法，高揚經學的經世傳統。他們試圖將新的內容注入到經學體系當中，以促進傳統的更新，最終達到適應歷史發展的目的。龔自珍、魏源、康有為等就通過對經學的反思，論證了經學的經世精神，將新的時代因子融入到了舊傳統框架中。此種舊瓶裝新酒的方法卻埋藏了撐破舊瓶的因素。

　　龔自珍立足於學術經世的立場，他認為雖然周代以後學術與政治開始分離，但學術依然具有經世之用。至近代，學術研究則漸失其本來的目的，喪失了經世之旨，導致為君者不知民，事君者不知君的現象〔註7〕。魏源也認為乾嘉學者所推崇的漢學失去了儒家的經世傳統。他們站在今文經學的立場上，批判乾嘉學者以漢學為孔孟真傳的主張，他們認為乾嘉學者並不瞭解整個西漢之學的精神，而是只知許慎和鄭玄之學。由此，對西漢經學的研究，就成為當時的一個重要課題。龔自珍、魏源不但將經學的研究從古文經轉向今文經學的研究，並且在疑古精神的指導下，懷疑古文經的真實性。龔自珍質疑《周禮》、《左傳》等古文經的真實性。魏源也懷疑《古文尚書》和《毛詩》的可靠性，並作《書古微》和《詩古微》加以說明。

　　康有為繼承了龔自珍、魏源的今文經學研究，並推進了龔自珍、魏源的疑經精神。康有為於 1891 年完成旨在破舊的《新學偽經考》，1896 年完成旨在

〔註 7〕（清）龔自珍：《龔自珍全集》第 1 冊，上海：上海人民出版社，1975 年，第 5 頁。

立新的《孔子改制考》。《新學偽經考》目的在說明經本無古今之分，秦始皇焚書，只燒毀民間所藏，漢十四博士所傳，即是孔門足本，並無殘缺。而傳世的古文經皆是劉歆偽造的，其目的在於通過毀滅孔聖的微言大義，為王莽篡漢提供理論依據。所以，所有的古文經，《周禮》、《左傳》、《毛詩》等都是偽書。康有為此舉將兩千年奉為神聖之聖經一舉而否定之，這是對正統儒家思想的極大挑戰。《孔子改制考》目的在闡明孔子為創教的教主，六經皆孔子所作，並非述而不作的聖者。孔子著作的目的在託古改制，將理想的政治制度實現於人間。孔子雖無真正的實權，但可說是改制的王者。

《新學偽經考》與《孔子改制考》對儒家傳統無疑是空前的革命，雖然，歷史上不乏今文經學家對古文經的辯偽之作，但他們並未將一切古文經皆視為偽作。在康有為之前，倡導變法的知識分子對傳統思想、傳統制度多有抨擊，但大致依附正統而求變，往往借助「古已有之」、「西學中源」等框架比附中西以求變。而康有為的《新學偽經考》與《孔子改制考》則對儒家正統作出了全面的挑戰。康有為原意在由學術思想著手，說服當時的士大夫以肯定變法的價值，但古文皆偽、素王改制卻對儒教的尊嚴與權威造成了巨大的衝擊。康有為在今文的旗幟下援西入中，古經新解，在急劇變動的歷史情勢中，為挽救社會危機作重建合法性的努力，但其努力卻加速了經學的終結。

方光華指出，康有為的經學思想「以什麼是真正的孔子，什麼是經學研究的真正精神為核心命題」，徹底否定了古文經學，動搖了乾嘉樸學的學術觀念；此外，又通過重新闡釋孔子學術的真精神，進而確立了近代學術的主體意識。〔註8〕經過康有為的闡釋，六經成為孔子所獨創的成果，周秦諸子也繼承並發展了孔子的創教精神。由此，學者的主體意識成為學術的根本，對學術的研究必須反映出時代的需要，而不是侷限於繁瑣的考據。

康有為融合《公羊春秋》的三世說和《禮記・禮運》的大同小康說。三世說即「據亂世」、「升平世」、「太平世」。大同和小康都是儒家以禮為核心的倫理政治觀念的體現。康有為以三世說為框架，結合西方的政治制度，形成新的政治理論，使「據亂世」與「君主專制」相對應，「升平世」與「君主立憲制」相對應，「太平世」與「民主共和制」相對應，創造了新的三世說。同時，康有為還將近代西方天賦人權論，近代大工業文明等成果融入到他通過《大同

〔註 8〕方光華：《戊戌變法與中國近現代學術》，《西北大學學報（哲學社會科學版）》，1998 年第 4 期，第 67 頁。

書》所構造的理想社會藍圖中。康有為通過追問什麼才是真正的經學，什麼才是真正的孔子，動搖了傳統中最牢固的經學根基，為傳統的現代化打開了閘門，動搖了經學獨尊的地位，為西方思潮的引入作了思想上的鋪墊。

2. 傳統觀的新視角探索階段

經世之風的興起，古文經學地位的動搖，恪守古訓不再是天經地義，晚清思想界掀起了思想自由之風。西方資產階級的政治、經濟、哲學，以及社會主義等思想大量湧入，為當時知識分子們反觀傳統提供了新的理論依據。

明朝末年耶穌會士已經通過翻譯的方式將西方的思想傳入中國，但他們所譯數目較少，質量也參差不齊。至晚清，留學風潮的興起，這些海外留學生將大量的西方著述譯介回國。洋務運動時期，清朝政府開啟了較大規模的譯書工作。江南製造局在三十年間譯書多達七百餘種。但此時的譯書大部分屬於器械之類，社會與人文科學方面的書較少。雖然如此，這些書為中國知識分子瞭解西方，重新認識傳統提供了新的資源。如康有為就曾在江南製造局大量購買譯書，這些書大開其眼界。除譯書外，傳教士的創辦報刊、介紹新知等活動也在近代西方思潮的傳入方面發揮了重要的作用。如博蘭雅、理雅各、林樂知、丁韙良、李提摩太等。由林樂知於 1868 年 9 月 5 日在上海創刊的《萬國公報》在西方思潮的引入與傳播方面發揮了重要的作用。傳教士們還組織各種學會，以傳播近代科學知識，同時協助清政府的翻譯工作，如丁韙良就是清政府譯書局的官員。

1905 年前，以梁啟超和嚴復為主要代表人物，以《新民叢報》為陣地，宣傳西方思想學說。梁啟超通過創辦報刊和創辦書局的方式，輸入西方學說，比較系統的介紹了盧梭的民約論、德國的古典哲學、英國的古典政治經濟學、達爾文進化論、無政府主義，同時還涉及了馬克思主義理論。此外，《國民報》、《遊學譯編》、《民報》等刊物，也積極傳播新思想。其中以專門翻譯日本和歐美的政治學、法學名著的，以江蘇籍留日學生為主編的《譯書彙編》，在當時的西方學術的引入方面做出了巨大的供獻。所譯書有：伯蓋司《政治學》、賀長雄《近世政治史》和《近世外交史》、伯倫知理《政治學提綱》等等。通過這些譯著，維新知識分子們發現，西方崇尚思想自由是西方之所以富強的一個更為根本的原因。

嚴復大量翻譯西方政治經濟學名著：赫胥黎《天演論》，亞當‧斯密《原富》，斯賓塞《群學肄言》，約翰‧穆勒《群己權界論》與《穆勒名學》，甄克

斯《社會通詮》，孟德斯鳩《法意》，耶方斯《名學淺說》。向國人介紹了英國古典自由主義思想，並將中國的傳統與現實需要融進了這些翻譯當中。嚴復翻譯的《天演論》將西方科學進化論系統地介紹給國人，開啟思想界的颶風，為變法思想提供強有力的理論依據。

歐美盛行的哲學思潮和政治理論被廣泛的引入中國，介紹生命哲學和唯意志主義的有張君勱的《法國哲學家柏格森談話記》，張叔丹翻譯的尼采《查拉圖拉的緒言》，李石岑《尼采思想之批判》，費鴻年《杜里舒哲學》等。介紹並翻譯實用主義和邏輯實證主義的有胡適《社會哲學與政治哲學》、《實用主義》、《杜威哲學的根本觀念》、《杜威五大講演》和《倫理講演》，關素人《實驗主義的哲學》，潘公展《羅素〈哲學問題〉》，王星拱《羅素的邏輯和宇宙觀之概論》。柏格森的《創造進化論》對陳獨秀、李大釗和瞿秋白的思想都產生了極深刻的影響。柏格森對主觀意識的強調，及對主觀意識與進化論的結合，符合中國社會的需要。柏格森的創造進化論對人的主觀性的重視與中國傳統對人的能動性的重視有內在的相似性，同時進化論為消解傳統的權威提供了理論依據。

對中國產生重大影響的無政府主義，也從二十世紀初開始傳入中國，並在五四前後一度盛行於世。旅歐、留日的知識分子和一些同盟會會員是中國最初介紹無政府主義思想的代表。1903 年張繼編譯《無政府主義》一書，1904 年金一編著《自由血》，這兩本書介紹了俄國無政府主義者的暗殺和恐怖主張。1905 年《民報》大量介紹了巴枯寧和克魯泡特金的無政府主義。《民報》主編章太炎和張繼還撰文宣傳無政府主義。中國無政府主義者還於 1907 年在法國巴黎和日本東京創辦了最早宣傳無政府主義的刊物和組織。1907 年 6 月中國留日學生及同盟會會員，張繼、劉師培等在日本開辦社會主義講習會，宣傳無政府主義。接著，劉師培和何震在日本東京創辦《天義報》；李石曾和吳稚暉、張靜江等在法國巴黎創辦《新世紀》，這些報刊都是專門宣傳無政府主義的。從 1912 年開始，中國無政府主義者開始在國內建立組織，創辦報刊。劉師復於 1912 年 5 月，在廣州建立了晦鳴學舍，這是中國第一個國內無政府主義團體，他們大量翻譯和出版無政府主義書籍。1914 年 7 月，劉師復在上海成立同志社，同年，在廣州、常熟等成立同樣名稱的組織，並在南京成立無政府主義討論會。1914 年 8 月劉師復發表《無政府共產主義之目的與手段》，提出了無政府主義的十四條綱領及實現無政府主義的四條途徑。從 1917 年至 1919

年，黃凌霜、區聲白在劉師復病逝之後成為中國無政府主義的主要代表，他們先後在南京，山西，上海，北京成立群社，平社，進化社與實社。同時，湧現出更多宣傳無政府主義的刊物：《民聲》《太平》《勞動》《實社自由錄》《人群》等。無政府主義思潮成為五四時期各種社會思潮中的顯學，在知識分子和部分工人之中有相當廣泛的影響，陳獨秀、李大釗及瞿秋白早期也受到了無政府主義的影響。無政府主義主張無政府，無軍隊，無法律，無監獄，主張人的絕對自由，這種對自由的嚮往與道家的自由思想有內在的相似性，給當時的中國知識分子一種親切感。

近代西方資產階級政治、哲學思想的引入，為中國知識分子反思傳統提供了新的視角和理論依據，由此，開啟了中國近代從中西比較的角度認識傳統的思維路徑。

3. 新傳統觀的醞釀階段與初步體系化

西方思潮的湧入為知識分子們反思傳統提供了不同的理論武器。1896 至1911 年，中國的思想界形成以近代西方資產階級自由民主思想為指導的對傳統加以改良的維新派，和以民族主義為指導融合中西的革命派，前者以康有為、梁啟超、嚴復等為代表，後者以孫中山、章太炎等為代表。

維新派的「採西補中」論。維新思想家們借用西方的民主自由思想，高揚人權、自由、民主、科學等近代價值理念，對封建專制君主制度、專制思想進行了一定程度的抨擊。梁啟超在《擬討專制政體檄》中，指出封建專制制度不但在政治上剝奪人民的權利，還在經濟上侵佔公產，思想上奴役民眾。梁啟超的批判在一定程度上觸及到了封建專制的要害。他們利用西方的天賦人權論，三權分立論，自由、平等、博愛說以及進化論，否定封建專制君主制度存在的合理性，肯定民主政體的價值，並主張以民主政體取代專制政體。維新思想家們還對儒家政治道德進行了抨擊。他們認為儒家的「忠孝」論，主張君尊臣卑，一人為剛，萬夫為柔，為君主專制提供了理論依據，是封建專制統治藉以統治人民的思想工具，他們以天賦人權，人人平等說，否定「忠孝」觀念。

此外，維新知識分子們還以西方近代的思想解析中國的國民性問題。梁啟超從民族主義這一立場出發提出了中國國民性的改造方案。梁啟超認為民族主義是「不使他族侵我之自由，我亦毋侵他族之自由，其在於本國也，人之獨立；其在於世界也，國之獨立」〔註 9〕。同種族同文化同心理同習俗之人，應團結

〔註 9〕吳嘉勳、李華興編：《梁啟超選集》，上海：上海人民出版社，1984 年，第 191 頁。

一致，努力構建組織完備的政府，以求民族的獨立。他認為建立具有近代意義的國家形態是中華民族救亡圖存的必由之路，而建立現代的民族國家需要具有現代國家意識的新國民。由此，梁啟超在近代西方民族主義的指導下，開啟了近代改造中國國民性的先河，他在《新民說》一書中比較全面的分析了中國國民性問題。梁啟超試圖以西方近代的先進理念批判傳統，改造國民，培養出具有獨立自主意識的現代國民以建立現代新國家。他說：「凡一國強弱興廢，全係國民之智識與能力，而智識、能力之進退增減，全繫於國民之思想，思想之高下通塞，全係國民之習慣與所信仰。然則國家之獨立，不可不謀增進國民之思想，不可不於其習慣、所信仰者，為之除其舊布其新。」〔註10〕梁啟超比較了中西國民的德、智、力等方面的不同。他認為在民德方面，國人私德發達但公德缺乏，公德即愛國心和責任感。在傳統社會中，國人只有家族和天下觀念，而沒有近代意義上的國家觀念，導致國人有族人、天下人的資格，卻無國民資格。國民資格的缺乏又是中國民族長期存在的奴隸根性所造成的。此種奴隸根性表現為兩個方面：「身奴」即一種無奈的被迫屈服，「心奴」即對權威的盲目服從和依賴。「心奴」相對於「身奴」是一種更加可怕的心理狀態，由此，梁啟超認為首先應從破除「心奴」開始，樹立起現代國民的自主精神、責任感與義務感。梁啟超認為只有個體理性的覺醒與自由，新思想文化才能得到發展，最終建立新的國家。

梁啟超又將西方的「人權」思想引入到國民性的改造中。梁啟超強調，人之所以貴於萬物，是因為人不但具有形而下的層面，還因為人具有形而上的層面，而在形而上的層面中，「而權利其最要也。」〔註11〕梁啟超把人之權利視為人類精神生活最重要的內容，其目的就是希望國民能具有現代的政治意識。梁啟超認為，現代國民應具有國家思想、權利思想，具有獨立自尊的意識，以及進取、冒險和尚武的精神等。這些涵括了近代西方政治、經濟、社會、文化以及道德思想的基本精神，極大地突破了傳統儒家倫理的侷限。梁啟超對國民性的改造，並非完全的照搬西方，而是，一方面在繼承傳統的基礎上加以創新，另一方面積極吸收西方的先進理念。吸收西方的國家思想、社會公德、權利觀念和自治能力，發揚中國固有優秀精神的基礎上重鑄國魂。剷除國民奴隸根性、培養國民的獨立人格，增強國民之愛國心和以集體主義為核心的公德意

〔註10〕梁啟超：《飲冰室合集》文集三，北京：中華書局，1989年，第55頁。
〔註11〕梁啟超：《新民說》，鄭州：中州古籍出版社，1998年，第88頁。

識。構建一個以近代西方資產階級的國家觀念和自由權利思想為指導的，以社會公德為規範，具有競爭意識、獨立精神的先進國民群體。

嚴復以近代西方自由主義思想為參照對傳統的政治與學術展開了批判。近代西方的自由主義思潮派系眾多，但它的核心問題始終未變，即個人與政府的關係以及個人的價值和尊嚴。嚴復從自由主義這一核心基點出發，通過中西政治、學術層面的比較，認識到西方富強的原因與中國落後的根源。他認為西方富強的根本在於重自由，西方國家因重自由，所以，形成民主政治。中國的封建專制統治與自由相悖，造成國人權利意識的缺乏，造成專制主義與奴隸主義的盛行，這是中國落後的原因。「夫西方之君民，真君民也，君與民皆有權者也。東方之君民，世隆則為父子，世污則為主奴，君有權而民無權者也。皆有權，故其勢相似而可爭，方為詔令，其君方自恤之不暇，何能為其抗己者計乎？至於東方，則其君處至尊無對不諍之地。民之苦樂殺生由之，使為之恤，其勢不能自恤也，故有蠲除之詔令焉。此東西治制之至異也。」〔註11〕在民主政治下，君與民具有同等的政治權利，在地位上是平等的，而在專制政治下，君有權民無權，君掌握了人民的生殺予奪之權，君自顧不暇更難以企及民之疾苦。

嚴復認為「自由」體現在政治層面則為民主，體現在學術層面則為科學。學術上追求科學精神就要求做到不為「古人所欺」，不為「權勢所屈」，就需要摒除中國學術傳統中的一切以古人諱，以聖人諱，以權勢諱的價值標準。具體到倫理道德領域就需要批判傳統的依附意識，打破儒家三綱說的思想束縛。嚴復進一步認為只有先秦儒學才是真儒學，先秦之後的儒學經過各朝的損益，面目大改，尊孔之人大多貌合神離，喪失了原始儒學的真精神。在原始儒學中含有許多真理性的因子，如：孔子不設鬼神，不談格致，致力於人事，具有科學精神；《易》中含有深刻的哲學思想；《春秋》的大同之學都是儒家思想的精華。

譚嗣同從民族資產階級的立場出發，借用佛教的平等思想和近代西方資產階級的民主思想對封建專制制度和儒家的三綱思想等進行了猛烈的抨擊。譚嗣同以西方天賦人權的思想對中國封建君權進行批判。他依據西方社會契約論，認為民先於君，民為國之本，君之權力源於民，這就打破了封建專制統治者所宣揚的「君權神授」說。此外，譚嗣同還批判了維護封建專制統治的「天命」觀。他指出民與君沒有區別，人人都有自主的權利，天下是由獨立的民所

〔註11〕王栻主編：《嚴復集》，北京：中華書局，1986 年，第 975～976 頁。

組成的，古代的以天下為君之所有的觀念是反動的、殘暴的、不合理的。

在譚嗣同看來三綱只不過是封建專制統治者創造出來以牽制民眾思想的枷鎖。「三綱之儡人，足以破其膽而殺其魂」，「獨夫民賊，固甚樂三綱之名，一切刑律制度皆以此為率，取便已故也」〔註12〕。「三綱」說違背了平等觀念，在三綱的束縛下，為人臣、為人妻、為人子沒有獨立的意志，完全處於被控制和壓迫的地位。「君為臣綱」和「父為子綱」都是君、父為了維護自己的特權，以壓制臣、子的不滿而製造出來的條規。封建專制統治者將違反君、父意志的行為視為「大逆不道」，以此達到對臣、子的控制。在「夫為妻綱」、「三從四德」、「未嫁從父、既嫁從夫，夫死從子」說的主導下，婦女成為男子的附屬品，被剝奪了基本的人之為人的權利。封建專制統治者還通過各種輿論宣傳將那些禁錮她們、殘害她們的各種封建規則視為天經地義的信條，消解她們的反抗意識，禁錮她們的心智，摧殘她們的靈魂，使其完全成為封建專制統治階層的奴隸。

維新知識分子們借用「天賦人權」思想、民權思想、自由思想以及進化論等西方資產階級理論以反觀傳統，對封建專制制度、封建綱常等進行了猛烈的批判，同時也肯定了西方民主、平等、自由等先進理念的價值。他們確立了中西比較的方法，這一方法在五四時期得到更全面的發展，他們正視西方先進理念，承認傳統之弊端，試圖以西補中的方法促進傳統的更新與發展。維新知識分子們對傳統的反思不但為五四知識分子們反思傳統提供了理論資源，還提供了思維模式。但維新知識分子們對傳統的認識仍然存在侷限性，首先，在對傳統反思的內容方面主要侷限在抽象層面的學術與政治層面的探討。其次，他們是站在傳統自身的角度審視西方，他們批判儒家的倫理道德並不是為了否定儒家在傳統中的地位，而是為了完善儒家思想。再次，維新知識分子們對西方資產階級思想的認識存在盲目性，還未認識到西方資產階級思想的侷限性。

革命派的「融合中西」論。以孫中山為首的資產階級革命派在對傳統的反思與變革上採取了與維新派不同的思路。他們提出中西融合說，繼承傳統優秀成果的基礎上吸收西方的先進理念，創造出新的適應時代發展需要的思想。孫中山通過中西比較，一方面吸收了西方資產階級的進化論、天賦人權論、共和政治方案以及社會主義學說的一些觀點，另一方面他還保留了傳統中的民族思想、倫理道德以及大同理想等，最終創造出中西融合的「三民主義」思想。

〔註12〕譚嗣同：《譚嗣同全集》下冊，北京：中華書局，1981 年，第 348～349 頁。

孫中山認為西方社會的文明，是經由民族、民權、民生三大主義而實現的。第
一個階段：羅馬亡，而民族主義興起，由此，形成獨立的歐洲各國；第二個階
段：各民族國家實行專制，導致國內民眾苦不堪言，進而掀起了民權主義；第
三個階段：十八世紀末到十九世紀初，立憲制代替專制，雖然政治得到極大發
展，但因立憲制的問題導致社會經濟陷於困境之中，因而，產生了解決社會經
濟問題的民生主義。民族、民權和民生都以民為核心，西方國家正因此走向了
繁榮〔註13〕。既然西方國家是由民族、民權、民生而走向富強的，中國欲圖富
強就必須從民族、民權、民生入手，將中國從落後的被人侵略的國家轉變為富
強的且在國際、政治、經濟上擁有平等地位的現代國家。

　　孫中山在「融合中西」的視野下，將傳統的政治思想、政治哲學、倫理道
德等融入到三民主義當中。在政治思想方面，孫中山吸收傳統的「華夷之辯」、
「夷夏之防」觀念論證民族主義的歷史合理性。他將西方近代的民族主義與中
國傳統觀念對接，從而消解民族主義的外來色彩，最終達到凝聚民族力量，喚
起人民反抗侵略的革命勇氣。孫中山還借用儒家的民本思想中具有的限制君
權的內容，論證他的民權思想，將民權思想視為中國古已有之的產物，將孔孟
視為中國倡導民權思想的先知。在政治制度方面，孫中山將傳統的考試權和糾
察權與西方的立法權、司法權、行政權相結合，創建了「五權分立」的制度。
在政治哲學和道德倫理方面，他高度讚揚《大學》中的修齊治平的政治哲學，
並主張恢復儒家的忠孝、仁義、信義、和平等道德。他說：「我人民受四千餘
年道德教育，道德文明比外國人高若干倍。」〔註14〕孫中山對傳統道德的倡導
是服務於他的民族主義的，他試圖用民族精神凝聚民心達到救國之目的。他認
為儒家的倫理道德就是中華民族的民族精神。孫中山的精神與物質並重的二
元論，使其把精神視為與物質同樣重要的位置，沒有認識到精神與物質之間的
辯證關係，導致他誇大了精神的作用。最終得出，欲恢復民族地位，必先恢復
儒家道德的錯誤結論。

　　孫中山的「融合中西」說，試圖在繼承民族文化的基礎上吸收世界其他民
族的先進成果，實現與世界其他民族並立於世的目的。孫中山不同於維新派知
識分子，他既認識到西方資產階級文化的優勢，也看到西方資產階級文化的不
足；對於傳統他也認識到精華與糟粕的同時存在。由此，孫中山形成了既不盲

〔註13〕孫中山：《孫中山選集》上，北京：人民出版社，2011 年，第 79 頁。
〔註14〕孫中山：《孫中山全集》第二卷，北京：中華書局，1982 年，第 533 頁。

從西方，也不迷信古人的態度。孫中山認為近代西方資產階級文化最大的優勢在於其科學的社會進化論、系統的政治組織形式以及發達的物質文明等，而在經濟領域，資本主義經濟生產方式導致社會的貧富不均，使社會危機頻繁出現。再者，孫中山認為不同的國家有不同的風土人情、風俗習慣，不可以盲目的照搬西方，而應從中國的具體國情出發有選擇的學習西方。正是這種開放的文化觀和理性的態度，使孫中山在對傳統的認識上達到了新的高度，創造出指導近代革命的三民主義理論，推翻了統治中國兩千多年的封建君主專制制度。

雖然孫中山指出了傳統發展的正確方向，但因主客觀方面的原因，孫中山對傳統認識仍有不足之處。孫中山雖然對封建君主專制制度、封建等級觀念等展開了猛烈的抨擊，但他對宗法制度的弊端沒有絲毫說明，反而非常肯定。他認為可以通過宗法與地緣觀念，發揮凝聚民力的作用。「我們中國可以利用的小基礎，就是宗族團體。此外還有家鄉基礎」，「若是拿這兩種好觀念做基礎，很可以把全國的人都聯絡起來。」〔註15〕此外，對於儒家的政治哲學與倫理道德更是讚揚有加，但卻沒有認識到儒家政治哲學與倫理道德的時代性問題。

章太炎也認為對待傳統既不能迷信古人，更不能盲目學西，而是既要認識到西方文化的優劣，更要掌握自己民族傳統的精華，以國學為主體，兼採中外文化之精華，重振民族精神以強國。他提出以「國粹激動種姓，增進愛國的熱腸」的主張。「國粹」指中國的歷史，「這個歷史，是就廣義說的，其中可以分為三項：一是語言文字，二是典章制度，三是人物事蹟」〔註16〕。章太炎是古文經學大師，他繼承並發展了「六經皆史」的學術傳統，並以此對儒家傳統展開了辯證的認識。他首先將孔子視為歷史家，認為孔子對中國的貢獻體現在學術上：「孔氏，古良史也。輔以丘明而次《春秋》，料比百家，若旋機玉斗矣。談、遷嗣之，後有《七略》。孔子死，名實足以伉者，漢之劉歆。」〔註17〕章太炎夷經為史，夷孔子於諸子，使孔子成為儒家的開創者，成為中國的思想家、教育家。章太炎以此反對今文經學家將孔子視為改制的政治家與宗教家，其最終的目的是切斷孔子與專制制度之間的關係以此保障儒學的發展。章太炎的夷經為史、視孔子為史家的主張都是為他的民族主義思想服務的。如何為民族國家的建立找到理論依據，章太炎從古文經學入手，夷經為史，從歷史來論述

〔註15〕孫中山：《三民主義》，北京：九州出版社，2011年，第48頁。

〔註16〕章太炎：《章太炎講演錄》，上海：上海人民出版社，2011年，第5頁。

〔註17〕章炳麟著，湯志鈞編：《章太炎政論選集》上冊，北京：中華書局，1977年，第180頁。

民族，從而，六經成為歷史的記載，成為文明史的源頭。

　　章太炎強調國人在引進西方先進文化的同時務必結合自己的特殊國情，不能盲目的照搬西方的政治體制。他說：「夫推舟於陸，行周於魯，世知其不能也。政治法律，皆依習慣而成」，「若橫取他國已行之法，強施此土，斯非大愚不靈者弗為也。」〔註18〕對於古今中外之文化不做簡單的調和，而應從社會實際的需要出發，從中西古今文化體系中吸收養料，以此構建有民族特色的新文化。章太炎認為文化不同於科學技術，後者沒有國界地域限制，但前者則具有民族性地域性，不同的民族國家有不同的歷史文化。章太炎強調文化的民族性，一方面是為了批判「歐化主義」者。歐化派認為西洋遠比中國先進，中國樣樣不如人，遲早會被西方剿滅。另一方面，章太炎認為只有認識到傳統之精華所在，才能激發國人的自尊心與自信力。

　　章太炎認為不同的民族文化各有其內在的生命機制存在。「文化猶各因其舊貫，禮俗風紀及語言，互不相入，雖欲大同，無由」〔註19〕。文化的發展必須立足各自民族文化的特性，不能盲目照搬它國模式。立足文化多元論的立場，章太炎對西學有更加深刻的認識。十九世紀末二十世紀初當進化論經過嚴復的翻譯與引介，在中國思想界產生巨大影響時，章太炎認識到了進化論的弊端，並展開了批判。1906 年 9 月章太炎在《民報》第七期上發表了《俱分進化論》以闡明進化論本身具有的缺陷，他說：「彼不悟進化之所以為進化者，非由一方直進，而必由雙方並進。專舉一方，惟言智識進化可爾。若以道德言，則善亦進化，惡亦進化；若以生計言，則樂亦進化，苦亦進化。雙方並進，如影之隨形，如罔兩之逐影。……進化之實不可非，而進化之用無所取」〔註20〕。章太炎把進化區分為社會發展的客觀事實與人的主觀價值判定兩個部分，他認為不可否認客觀社會的發展變化，但從價值上講，客觀社會的發展變化並非完全符合人的主觀需要。章太炎對進化論的質疑，對當時盲目信服進化論者產生了正面的提醒作用。

　　以孫中山為首的革命黨人對中西文化持有較為理性的態度。他們既不盲目的向西方看齊，也不盲目的崇奉傳統，而是從民族發展的需要出發，對中西文化都有取捨。並認識到文化生長的土壤問題，凡此都促進了近代傳統觀的發

〔註18〕章炳麟著，湯志鈞編：《章太炎政論選集》下冊，第 537 頁。

〔註19〕《國粹學報》1910 年 4 月 29 日。

〔註20〕章炳麟著：《章太炎全集》第四卷，上海：上海人民出版社，1982 年，第 386
　　　　～387 頁。

展。但是，理性的態度並不等於科學的方法，怎樣判定傳統的精華，標準和立場都是需要反思的。作為資產階級革命派的代表人物，孫中山、章太炎等都立足於資產階級的立場，而這一立場決定了其對傳統的認識所帶有的階級侷限性。

傳統觀的分化。五四時期，中國學術逐漸形成三大流派：保守主義、自由主義和馬克思主義。三大學術流派在不同的哲學理論以及方法論的支撐下形成了不同的傳統觀。

1. 保守主義對傳統的認識

保守主義以梁啟超、杜亞泉、張東蓀、梁漱溟等為代表，即「東方文化派」。他們既有深厚的傳統學術功底，又深受西方學術思想和方法的影響，他們認識到了西方學術方法的長處，又肯定傳統學術精神和方法。保守主義者沒有將視野完全限定在傳統文化一個方向，他們對西方文化也表現出了積極吸收和消化的態度，認為外來文化對固有文化能起到很好的補充與促進作用，應該在繼承發揚傳統文化的過程中，盡可能多的吸收西方文化的優勝之處。他們堅持中國傳統文化本位主義的立場，認為在建構新的文化模式時，還是應該立足於本民族思想文化傳統的基礎上，再合理吸收融合外來優秀的思想文化因素，這樣「熔於一爐而冶之」形成的思想文化模式才是最科學理性的思想文化模式。保守派主張在傳統道德基礎上開啟現代學術價值，將傳統學術方法與西方學術方法相結合，特別是要給傳統學術的體驗方法一定地位。保守派對傳統的反思，實質是晚清「中體西用」論的進一步發展。他們堅持捍衛中國傳統的精神文化，認為中國傳統的道德精神是文明發展的根基。

保守主義者認為，中華文化是世界上唯一沒有出現斷裂的文化，中國五千多年的歷史文化，絕大多數時間裏都保持著世界先進文化的地位，這個歷史事實說明，在中國傳統文化中一定存在著一些真諦，這些真諦被我們的祖先發現並利用，但這個真精神現在被我們忽略或拋棄，從而使我們舍本逐末，走上歧途。只要找回這些我們曾經擁有過的真諦與真精神，重新回到正道，我們就能逐漸恢復中華民族的榮光。

他們通過對民族文化自身發展、演變歷史的客觀研究，展示發展過程中的經驗和教訓，從中總結規律，尋求中華民族的真精神，以解決中國文化如何發展的重大問題。在處理中西文化的問題上，他們強調文化的民族性，如杜亞泉用「動靜」範疇說明東西文化的特質，他認為中西文化的差異是「性質之異」，

並非「程度之差」。他們堅持繼承與創新並舉，在文化價值上極力維護民族特性，但並不反對引進西學。他們反對盲從西方文化，認為應以真理為標準審視中西文化真正的價值所在。對民族性的強調實質是文化多元論的體現，此種多元文化論在對待傳統的發展方向上，則表現為一種調和論和統整說。杜亞泉認為，中西文明各有優缺，所以，不能盲目的學習西方，而應立足於中國的精神文化傳統，調和中西，以中國的精神文明整合社會的分裂。

2. 自由主義者對傳統的認識

胡適、傅斯年等是西化派的代表，他們主張把西方文化，尤其是科學民主的價值當作中國文化現代化的目標。他們立足於個人主義的基礎上，把西方文化視為理想的現代化模式。西化派雖然追求西方的價值理念，但他們並不是民族文化虛無論者，他們只是提出了看待文化問題的一個新的角度。在學術上，胡適等人受近代邏輯思想和科學實驗的影響，認為學術研究應該培養一種民主的精神和科學的生活態度。胡適在「整理國故」運動中，指出「現在整理國故的必要，實在很多。我們應盡力指導『國故家』用科學的研究法去做國故的研究，不當先存一個『有用無用』的成見，致生出許多無謂的意見。」〔註21〕他還主張對於傳統文化的研究要有「一個為真理而求真理的態度」，胡適在《新思潮的意義》一文中認為「新思潮對於舊有文化的態度，在消極的一方面是反對盲從，是反對調和；在積極的方面，是用科學方法來做整理工夫。」〔註22〕可見，胡適十分強調科學的學術方法，即杜威的實驗主義的方法，一方面用一種歷史的眼光來看待所研究的事物，另一方面自然科學實驗室的方法也被運用到社會歷史文化領域的研究，企圖使學術研究完全實證化。胡適的學術方法有助於近代學術走向科學化，但是缺陷在於不僅對於傳統學術研究中的全面性和合理性缺乏準確估計和繼承，而且對於西方學術方法的歷史演變和時代性缺乏全面認識，造成把西方某個時期的學術觀念橫向移植，進行普遍化。由於對科學方法的絕對化，導致對自然科學和人文學科的區別不夠，在事實和價值研究之間缺乏明確的分疏，一切學問都被歸結為科學研究的問題。從總體上看，西化派學術方法的長處在於實事求是的實證態度和普遍的懷疑精神，有利於學術研究擺脫傳統束縛，更加解放。

〔註21〕胡適：《胡適文存》卷二，上海：亞東圖書館，1921 年，第 285～287 頁。
〔註22〕姜義華主編：《胡適學術文集·哲學與文化》，北京：中華書局，2001 年，第132 頁。

他們主張將西方的進化論哲學、自然科學精神、個人自由和民主等多種多樣的西方觀念介紹到中國，並用這些觀念來批判中國傳統文化，在批判中合理吸收中國傳統文化的優秀因素。他們認為中國傳統文化固然產生過輝煌的歷史，但這畢竟已經成為過去，西方的物質、科技、制度已經超越中國，這是不可否認的現實，而產生這個現實的根源是西方的精神、文化以及意識形態等深層次的東西，是這些東西決定了西方社會優於中國社會。因此，要實現中華民族的復興，要救中國社會於水深火熱，就應該從根本做起，全方位的學習西方，尤其要學習西方的先進文化體系。他們認為只有通過全方位的學習西方，中國才能實現政治民主、經濟自由和文化的現代化，中國才可以得到新生，民族才可以得到復興。

3. 早期馬克思主義者對傳統的認識

在 20 世紀 20 年代前後，馬克思主義傳入中國，在中國形成了以李大釗、陳獨秀、瞿秋白等為代表的馬克思主義者。他們開始運用馬克思主義研究、改造中國文化，開啟了以馬克思共產主義理論為基礎與核心的文化路線。隨著俄國十月革命的勝利，李大釗等人熱情歌頌十月革命，歡呼社會主義的勝利，認為社會主義終將取得全世界的勝利，這是不可抗拒的歷史規律。李大釗、陳獨秀等在蘇聯的幫助下，創建了中國共產黨，他們以馬克思主義作為工人運動的指導思想，開啟了新的革命道路。

李大釗、陳獨秀二人早年都是堅定的民主主義者，在十月革命後，他們先後轉變成為馬克思主義者。李大釗在 1918 年至 1919 年之間完成了思想上的轉變，而陳獨秀則遲至 1920 年年底才實現思想上的根本轉變。李大釗的思想具有濃厚的民族主義和道德主義傾向，他對資本主義的罪惡深惡痛絕，對傳統的美德寄予厚望，對純樸的鄉村生活充滿幻想，而陳獨秀則具有更多的西化傾向，他極端厭惡傳統的弊端，對西方的物質文明則始終抱有好感。但這些傾向並未影響他們對唯物史觀的把握，在根本點上，他們擁有共同的意見。首先，陳獨秀、李大釗都肯定經濟因素在社會和歷史發展中的決定作用。李大釗宣稱，經濟問題是社會的根本問題，一但社會的經濟問題得到了解決，則社會的政治問題、法律問題、家族問題、女子解放問題都可以解決。陳獨秀則強調，只有客觀的物質原因可以變動社會，可以解釋歷史，支配人生觀。其次，陳獨秀與李大釗都非常強調階級鬥爭在唯物史觀中的重要地位。李大釗認為階級鬥爭是聯繫馬克思主義三大學說的一條金線。陳獨秀也強調，應該以階級鬥爭的方式推翻資產階級政治家的腐敗無能的代議制。此外，陳獨秀、李大釗都非

常重視對中國社會各階級進行分析，陳獨秀撰寫了《中國國民革命與社會各階級》一文，討論中國的階級狀況。

陳獨秀、李大釗都將馬克思主義視為一門真正徹底的社會科學，不只是學術上所稱的學問，而是一種解決現實問題的普遍方法。李大釗宣稱，研究唯物史觀的根本目的在於怎樣把中國從列強壓迫中救濟出來。陳獨秀則指出，馬克思的真精神就是研究現實社會的政治經濟狀況。他們將馬克思主義認定為一種指導實踐的方法，一種可以作為信仰和生活動力的意識形態。

隨著社會的發展，僅以唯物史觀無法解決中國的所有問題，還需要對馬克思主義進行更全面地理解，這個歷史任務落到了瞿秋白肩上。深受普列漢諾夫影響的瞿秋白，強調馬克思主義理論的系統性和整體性，他把此種整體性表述為世界觀和方法論的統一。瞿秋白還強調唯物論和辯證法是一個不可分割的整體。他將辯證唯物論的範圍擴展到了整個宇宙，使唯物辯證法獲得了自然科學的支持，這進一步提高了馬克思主義的科學性。瞿秋白認為馬克思主義包含四個部分：唯物史觀，互辯法唯物論，經濟學說和共產主義理論。這四個緊密相連的部分具有內在的邏輯：馬克思恩格斯的最終目的是要實現共產主義，為實現這一理想，首先必須研究資本主義的經濟學說，而研究資本主義的經濟學說，則不得不研究整個社會的進化，社會存在於自然之中，所以，研究社會就必須與自然研究相聯繫，這就必須通過互辯法唯物論這一科學綜合的方法來研究整個自然界。經過這種邏輯推導，以經驗理性為指導的科學和以歷史理性作指導的共產主義就成為一個不可分割的整體，科學研究只是為了實現共產主義作準備。

中國馬克思主義者在唯物史觀和唯物辯證法的指導下，展開了對傳統的反思。他們認為農民對封建土地所有制以及造成分配不公平制度的反抗，貧苦大眾對民主的要求和期待，是中國傳統文化中真正的民主表現與民主訴求，這種訴求只有經過徹底的經濟變革，才可能得到實現。

馬克思主義學術流派的優長之處就在於注重社會歷史根本因素的探討，不是從思想到思想，從概念到概念，而是十分注重思想與社會的互動關係的研究，從社會歷史的演變的規律和本質中去研究思想學術的變化，根本目的是要解答中國向何處去的現實問題。他們雖然對傳統文化的陰暗面批判不少，但是對確實值得繼承的傳統文化優秀內容也是注重發掘的，如李大釗對道德主義的繼承。他們大都強調在史料的基礎上去分析歷史問題，不僅要運用西方學術

方法，而且要找出中國歷史的民族性特點，企圖建立既符合時代精神的，又符合民族歷史實際的新學術。

中國近代傳統觀的形成與發展，與對中國傳統文化的評價以及中國近代文化的發展脈絡是密切聯繫的。只有深入研究中國近代文化發展的內在邏輯，才能理解近代與古代之間的繼承與發展關係，才有可能積極消化和吸收傳統的精華，實現中國文化的現代化。

四、本選題的緣起及其研究意義

本文以「中國早期馬克思主義者的傳統觀——以李大釗、陳獨秀、瞿秋白為例」為研究對象。選題依據在於，近代以來中西文化的碰撞，促使近代中國出現生存、文化危機以及個人焦慮問題，國家、民族的生存，文化的發展受到了激烈的挑戰，人們不得不對過去產生的並且成為現代生活組成部分的傳統加以反思，傳統的走向問題、價值問題成為當時所要解決的時代問題。早期馬克思主義者們運用馬克思主義這一科學理論，對傳統做出了深刻的研究，奠定了傳統發展的科學道路。早期馬克思主義者們對傳統所做的反思對我們今天的社會主義文化建設具有重要的借鑒作用。

所謂中國早期馬克思主義者，是指二十世紀二十年代前後在中國形成的具有堅定的馬克思主義信仰的先進知識分子群體。主要代表人物有：李大釗、陳獨秀、瞿秋白、蔡和森、惲代英、張太雷、毛澤東、周恩來、李達、董必武、吳玉章、林伯渠等。二十世紀二十年代前後，各種社會主義思潮大量湧入，先進知識分子們掀起了一場研究社會主義思想的熱潮。他們都以社會主義者自居，但唯有真正掌握了馬克思主義的科學社會主義的先進知識分子才能稱為中國的馬克思主義者。關志剛指出「早期馬克思主義者」應該具有以下幾方面的規定性：首先，他們接受了馬克思主義的一般原理，世界觀發生了根本的轉變；其次，他們能運用新的宇宙觀觀察分析中國的社會問題；第三，他們能將新的宇宙觀運用到中國的實踐中，引領群眾的革命工作〔註23〕。中國早期馬克思主義者應該是中國第一批具有堅定的馬克思主義信仰者。他們堅信共產主義道路，並掌握了馬克思主義的基本原理，具有無產階級世界觀，贊同俄國十月革命，主張暴力革命和無產階級專政，並積極投身實際運動者。

〔註23〕關志剛：《試論具有初步共產主義思想的知識分子和早期馬克思主義者的衡量標準》，《江漢論壇》，1986 年第 7 期，第 62 頁。

　　張靜如認為從當時中國的實際情況看，早期馬克思主義者們對馬克思主義理論的理解水平只能說是有了初步的瞭解。他們相信共產主義是人類未來最美好的社會，並為構建這一理想社會而努力奮鬥。他們是俄國十月革命的追隨者，主張暴力革命，承認無產階級專政的必然性與合理性。他們對帝國主義和封建主義有徹底地、不妥協地反抗精神。〔註24〕因受當時社會條件的限制，馬克思主義的經典著作還未全面引入國內，由此，導致中國早期馬克思主義者們在對馬克思主義理論掌握的深度與全面性方面還有欠缺。此種理論的不成熟性也是中國早期馬克思主義者之所以為早期的原因。

　　中國早期馬克思主義者們將馬克思主義理論和方法，運用到觀察、分析，並解決中國的社會問題中。他們對中國革命理論的創立和中國革命道路的探索作出了重要貢獻。當時的國民黨人和資產階級思想家們都對馬克思主義學說有一定的研究，但他們並不能稱為馬克思主義者。他們只是從學理的系統性方面研究馬克思學說，並沒有接受馬克思主義的革命實踐論，更沒有接受無產階級的宇宙觀。梁啟超、張君勱以及孫中山等人都反對階級鬥爭，反對無產階級專政。列寧強調只有承認階級鬥爭和無產階級專政的人，才是馬克思主義者〔註25〕。張君勱反對階級鬥爭和暴力革命的方式以實現社會主義，他認為社會主義只能通過對國民進行社會主義教育的「漸進」方法來實現。孫中山、戴季陶等國民黨人否定社會存在階級的對立，否定階級鬥爭論。中國早期馬克思主義者認為，只有經過無產階級革命，才能在中國建立起社會主義制度。李大釗強調離開無產階級革命，就不可能推翻資產階級與封建專制的統治。陳獨秀也強調唯有以直接的暴力革命實現無產階級專政，才能真正的推翻封建勢力與資產階級的強權，最終實現科學的社會主義。李達在《馬克思學說與中國》《馬克思還原》等文章中指出階級鬥爭是實現社會革命的手段。中國早期馬克思主義者們在與非馬克思主義、偽馬克思主義的論爭中，確立了科學的馬克思主義理論的指導地位。

　　本文主要以李大釗、陳獨秀、瞿秋白為核心分析早期馬克思主義者對傳統的認識。李大釗、陳獨秀以及瞿秋白無論在對馬克思主義理論的宣傳與研究上，還是在中國社會主義革命實踐中都具有非常重要的地位。李大釗是中國近代第一位馬克思主義者，他不但較全面地向國人介紹並宣傳了馬克思主義的

〔註24〕張靜如：《論五四時期具有初步共產主義思想的知識分子》，《北京師範大學學報》，1978年第4期，第2頁。

〔註25〕中共中央馬克思恩格斯列寧斯大林著作編譯局編：《列寧選集》第三卷，北京：人民出版社，1995年，第139頁。

基本理論，並且對馬克思主義的唯物史觀進行了深入的研究。陳獨秀在五四前後大力宣傳馬克思主義，尤其對馬克思的社會主義思想進行了較全面的研究，並在區分科學社會主義與空想社會主義、無政府主義中做出了重要貢獻。在蘇聯馬克思主義的引入和傳播方面，瞿秋白做出了重要的貢獻，他主要側重蘇聯馬克思主義的辯證唯物主義哲學的引入和研究。他還將馬克思主義提升至科學的宇宙觀與人生觀的高度。李大釗、陳獨秀、瞿秋白都是中國共產黨早期的核心領導人物，積極參加並領導中國的無產階級革命。本文通過對這三位具有代表性的關鍵人物的研究，以探究中國早期馬克思主義者們傳統觀的主要內容、特點、價值與影響等。

本課題研究的理論價值主要有：

第一，自林毓生在《中國意識的危機「五四」時期激烈的反傳統主義》一書中將陳獨秀等認定為全盤反傳統主義者，並認為他們對傳統的激烈態度導致了中國傳統的中斷，而這一激烈的反傳統傾向為二十世紀六七十年代文化大革命的爆發埋下了隱患。林毓生的觀點至二十世紀八十年代引入國內，引發了關於傳統的大討論。大多數學者都認為陳獨秀等早期馬克思主義者們並非全盤的反傳統主義者，他們以反儒家並不等於反整個傳統為理由，反駁林毓生的觀點。但他們少有從正面說明陳獨秀等早期馬克思主義者們從傳統中繼承了什麼，又是怎樣繼承的。只有正面的說明問題，才能有力的反駁將陳獨秀等視為全盤反傳統主義者的觀點。第二，中國早期馬克思主義者們運用馬克思主義的基本原理對傳統展開了新的探索，而這一過程也是馬克思主義與中國思想文化、社會歷史相結合的過程。通過對早期馬克思主義者傳統觀的分析，可以從源頭上梳理傳統與馬克思主義之間的關係，為馬克思主義中國化提供借鑒。第三，近代以來中國的傳統就面臨著一個現代化的轉型過程，通過對早期馬克思主義者傳統觀的研究，可以為探尋二十世紀中國馬克思主義者傳統觀的發展歷程提供認識的基礎。

五、本課題研究現狀

（一）對陳獨秀、李大釗、瞿秋白的個體研究

1. 對陳獨秀傳統觀的研究

學界對陳獨秀傳統觀的研究，成果較多，除了中國學者研究成果之外，海外學者對於陳獨秀對傳統的認識，論述也非常豐富。陳獨秀對待傳統的態度：

即陳獨秀對中國傳統文化的批判，究竟全部否定，還是部分否定？林毓生《中國意識的危機——「五四」時期激烈的反傳統主義》（貴陽：貴州人民出版社，1986 年版。）將陳獨秀視為「五四」時期全盤反孔和全盤反傳統主義的代表人物。甘陽《80 年代文化討論的幾個問題》（《文化：中國與世界（第 1 輯）》，北京：生活‧讀書‧新知三聯書店，1987 年版）指出陳獨秀等人由於錯誤地把「現代化」等於「西化」，導致以一種全盤否定傳統的態度來對待中國文化傳統，造成了中國文化傳統的「斷裂帶」。郝敬勝《新文化運動中陳獨秀的文化創新觀》（《安慶師範學院學報（社會科學版）》，2003 年第 2 期）亦認為陳獨秀對傳統文化持徹底否定的態度。劉長林《試論陳獨秀評判孔子之道的歷史作用——兼與林毓生「陳獨秀全盤反孔說」商榷》（《孔子研究》，1995 年第 2 期）認為，陳獨秀的反孔雖有侷限性，但其積極的歷史作用是主要的。周翠嬌、陳光明《論陳獨秀的早期民族文化思想》（《船山學刊》，2007 年第 3 期）指出陳獨秀以辯證的態度對待傳統文化，他主張在反思傳統的同時，積極繼承中華優秀傳統文化，並提出革新傳統文化的主張。教軍章《「五四」運動前陳獨秀的文化觀》（《內蒙古社會科學（文史哲版）》，1995 年第 5 期）將陳獨秀對待傳統的態度歸結為歷史主義的態度。張同樂《試論新文化運動中陳獨秀的中西文化觀》（《史學月刊》，1998 年第 2 期）；齊衛平《試論五四時期陳獨秀的文化觀》（《江淮論壇》，2001 年第 2 期）；李萍，陸衛明《論五四時期陳獨秀的中西文化觀》（《華南農業大學學報（社會科學版）》，2004 年第 2 期）；張超《新文化運動時期陳獨秀的傳統文化觀》（《山東省農業管理幹部學院學報》，2009 年第 5 期）；張琴《論五四時期陳獨秀的傳統文化觀》（《金田》，2013 年第 8 期）等皆認為，陳獨秀並非全盤反傳統者。從總體上看，大多數學者都認為陳獨秀對傳統文化的批判，並不是全部否定中國傳統文化，對於西方文化也不是全盤吸收，而是批判地繼承中國文化，吸收西方的文化精髓，在融合的基礎上創造出新文化。

陳獨秀對傳統的批判與繼承：陳小獎《文化批判與文化重構——五四新文化運動前期陳獨秀文化哲學研究》（福建師範大學，碩士論文，2007 年）闡述了陳獨秀以西方現代性為指導，對中國文化傳統進行了徹底的解構。文君《「古今東西」之辨——陳獨秀文化觀述論》（《漳州師範學院學報（哲學社會科學版）》2006 年第 4 期）細緻分析了陳獨秀對儒家、道家與佛教的論述之後，認為陳獨秀對儒釋道三家雖多有否定，但同時肯定傳統文化的歷史功績和它曾

經起到的積極作用。高力克《啟蒙主義的超越──五四後期陳獨秀文化觀的流變》（《浙江大學學報（社會科學版），1992 年第 1 期》）論述了五四後期陳獨秀以耶補儒的思想。黃偉《陳獨秀文化思想初探》（《安徽教育學院學報（社會科學版），1990 年第 1 期》，劉璐《陳獨秀五四新文化運動時期的文化觀研究》（蘇州大學，碩士論文，2011 年）闡釋了陳獨秀以民主與科學為價值依據展開對傳統的批判。（美）列文森《儒教中國及其現代命運》（鄭大華等譯，北京：中國社會科學出版社，2000 年）認為，陳獨秀等以價值的優先性將傳統置於歷史當中，以理性認識割斷情感上對中國傳統的眷戀。

2. 對李大釗傳統觀的研究

學界對李大釗的傳統觀的研究主要集中於：李大釗對傳統的態度，批判傳統的理論依據，對傳統內容的批判，對傳統的繼承等方面。（1）現有研究成果認為李大釗對於傳統持有理性的態度，能辨識傳統中的價值與不足之處。劉國梁《李大釗的傳統文化觀》（《長春市委黨校學報》，2010 年第 1 期）從李達釗對傳統文化的論述中，分析出李大釗既批判了傳統中的弊端，亦對傳統中的價值有所肯定。吳克輝，劉寶辰《試論李大釗早期的中西文化觀》（《河北大學學報（哲學社會科學版）》，1991 年第 1 期）；邱淑雲（《試論李大釗文化發展觀的當代價值》《長白學刊》，2012 年第 2 期）；李大華（《李大釗東西文化觀述評》《時代與思潮》，1990 年第 2 期）；王國寶，張敏（《試論李大釗的中西文化觀》《蘭臺世界》，2007 年第 5 期）等亦肯定了李大釗對傳統的理性態度。

（2）李大釗批判傳統的理論依據。現有成果主要從兩個時期加以論述，五四前以資產階級的「民主」與「科學」為理論依據對傳統進行分析，持此觀點的有：蕭超然《論五四前後李大釗文化思想的發展》（《北京大學學報（哲學社會科學版）》，1989 年第 6 期）；林平漢《新文化運動時期陳獨秀、李大釗文化觀探略》（《福建師範大學學報（哲學社會科學版）》，1992 年第 4 期）；吳漢全《李大釗早期傳統文化觀初探》（《鹽城師專學報（哲學社會科學版）》，1992 年第 2 期）；董林亭《李大釗的中西文化觀述論》（《邯鄲師專學報》，1991 年第 1 期）等。五四及其後李大釗則用馬克思主義思想分析中國的傳統，代表性論文有：李彥林《李大釗文化觀研究》（《武漢學刊》，2009 年第 2 期）指出李大釗首次創造性的運用馬克思主義哲學世界觀、唯物史觀，深入剖析中華文明的民族性、特殊性、豐富性、複雜性，從東西文化的差異性、互補性、高屋建瓴的回答了「中華文明最終走向何處」的複雜難題，歷史上第一次闡述了獨一

無二的第三文明創新論，開創了馬克思主義理論與中華傳統文化創新結合的
先河，為中華文明的最終命運和未來指明了前進的方向。王國寶，張敏《試論
李大釗的中西文化觀》（《蘭臺世界》，2007 年第 5 期）；寧宜《五四時期李大
釗的中西文化觀》（《青年文學家》，2009 年第 4 期）等都肯定了李大釗以馬克
思主義分析中國傳統所取得的理論成果。

　　（3）李大釗對傳統內容的批判。吳克輝，劉寶辰（《試論李大釗早期的中
西文化觀》《河北大學學報（哲學社會科學版）》，1991 年第 1 期）分析了李大
釗批判孔子思想的原因及對孔子思想內容等方面的批判。劉倉《論李大釗文化
選擇的開放性》（《天津市政法管理幹部學院學報》，2003 年第 4 期）闡述了李
大釗對封建君主專制制度的批判，同時論述了李大釗對孔子學說中合理成分
的肯定。

　　（4）李大釗對傳統的繼承方式：「調和」說與「折衷」說。龐樸《文化的
民族性與時代性》（《北京社會科學》，1986 年第 2 期）提出李大釗以「折衷」
的方式對傳統加以繼承。張寶明《「調和」，而非「折衷」──李大釗文化思想
撤論》（《東南文化》，1993 年第 6 期）指出李大釗對傳統的繼承方式是「調和
而非折衷」。李大華《李大釗東西文化觀述評》（《時代與思潮》，1990 年第 2
期）具體分析了李大釗中西調和說的理論內容及其價值。邱淑雲《李大釗文化
發展觀的思想源流》（《經濟與社會發展》，2008 年第 8 期）亦認為李大釗在傳
統的發展方向上主張的是「調和」說。

3. 對瞿秋白傳統觀的研究

　　學界對瞿秋白的傳統觀研究內容相對零散，大部分研究者是從瞿秋白人
格及心理等方面論述其與傳統的關係。（1）瞿秋白與傳統文化：張華、禹青《瞿
秋白與中國傳統文化》（《唯實》，1999 年第 1 期）認為傳統文化不但培育了瞿
秋白的文學才能、「名士」氣質和敏感多思的個性，而且因與時代新思潮的撞
擊賦予瞿秋白一種叛逆精神。具體而言：傳統家學培養了瞿秋白對文學的愛好
及名士氣質；新舊思想的比較讓瞿秋白批判了封建的等級制度；老莊哲學及佛
學的深刻內涵為瞿秋白轉向馬克思主義提供理論支撐。趙春生《瞿秋白與中國
傳統文化》（瞿秋白紀念館編《瞿秋白研究 11》，上海：學林出版社，2000 年，
第 269～281 頁）介紹了瞿秋白一生對傳統文化認識的不同階段，並分析了瞿
秋白以馬克思主義的立場及觀點對傳統文化的研究。

　　高燕《瞿秋白人格的文化因素》（西南交通大學，碩士論文，2013 年）認

為在瞿秋白人格的形成當中，傳統儒家與道家思想發揮了重要作用。李婷《瞿秋白民生思想探析》（浙江理工大學，碩士論文，2010 年）指出傳統儒家道家及佛學是瞿秋白民生思想的主要來源。曹雅娟《瞿秋白文化哲學研究》（福建師範大學，碩士論文，2007 年）也從思想淵源角度闡明傳統儒釋道為瞿秋白的文化哲學提供理論來源。宋曉敏《瞿秋白文化思想與中國先進文化建設》（遼寧師範大學，碩士論文，2005 年）認為佛學的思辨性、佛學的藝術形式及菩薩行的人生觀組成瞿秋白文化思想的主要內容。曹利群，任俊《〈多餘的話〉之傳統文化心理探析》（《徐州工程學院學報》，2007 年第 1 期），通過對瞿秋白絕筆《多餘的話》和幾首獄中詩詞的分析，認為傳統文化中儒家、道家、佛家在瞿秋白文化心理上打下深深的烙印：儒家「兼濟天下、捨生取義」的追求，道家「隱逸超脫、參破生死」的認識，佛教「普度眾生、涅槃是樂」的精神。

傳統文化心理的影響：劉福勤《略論瞿秋白的文化心理素質》（《蘇州大學學報（哲學社會科學版）》，1990 年第 2 期）指出傳統的「貴族」習性，江南才子的名士氣質，與追求西方的科學真理，思想解放，自由民主思想並存。

（2）瞿秋白與佛教

哈迎飛《論瞿秋白與佛教文化的關係》（《人文雜誌》，2001 年第 3 期）指出，佛教在瞿秋白的思想中起到了兩方面的作用：一方面佛教菩薩行的人生觀指引瞿秋白走上革命的道路；另一方面佛教唯識宗的真如本體觀使瞿秋白在對本體的追求中缺乏批判性最終陷入人格分裂、自我異化的困境。何必《瞿秋白與佛教》（《湖南師範大學社會科學學報》，1988 年第 1 期）認為在瞿秋白的早期思想中佛教的慈悲觀與厭世觀共存，隨著對社會主義的學習與研究開始清理佛教的消極影響，保留了佛教反對「法執」與「我執」的合理成分。通過考察瞿秋白對佛教用語的使用及行動上與佛教規範的關係的探索揭示出佛教對瞿秋白的影響是自始至終的。胡紹華《瞿秋白文學活動中的佛教影響》（《湖北三峽學院學報》，1999 年第 1 期）分析了佛教的浪漫主義及佛教唯識學對「心識」的認識在瞿秋白文學創作中所產生的影響。張和增《「心持半偈瞿秋白」——論瞿秋白與佛教文化的關係》（《瞿秋白研究文叢》，2008 年第 1 期）一文從瞿秋白所研讀過的佛典：《大乘起信論》《成唯識論》《大智度論》入手分析佛教對瞿秋白的影響。文章指出，大乘佛教大慈大悲、普渡眾生的宗旨指引瞿秋白走上了一條為民眾追求光明，追求真理，改變社會解放全人類的道路；佛教的「菩薩行」、「無常」「空」及去「法執與我執」的思想對瞿秋白的

人生觀、社會觀及思想方法都產生了重大的影響。羅寧《瞿秋白與佛學》（《法音》1988 年第 7 期）分析了佛教對瞿秋白早期思想的影響，他指出佛教的精神具體體現在瞿秋白人生哲學、日常生活與文藝創作中。

（3）瞿秋白與道家

唐世貴《瞿秋白與道家哲學》（《瞿秋白研究新探》，2003 年第 1 期）從政治與文學角度分析道家哲學對瞿秋白思想的影響。哈迎飛《瞿秋白與道家文化》（《東南學術》1999 年第 3 期）指出瞿秋白既吸收了道家的本體思想同時吸收道家的動靜觀，正是對老莊哲學的喜好消解了瞿秋白的脫世出塵之念。瞿秋白對封建倫理道德的批判：余玉花《瞿秋白倫理思想探微》（《華東師範大學學報》1999 年第 1 期）分析了瞿秋白以科學民主及經濟基礎論為理論指導批判了封建專制主義道德。

以上的研究成果論述了早期馬克思主義者陳獨秀、李大釗以及瞿秋白對待傳統的態度、認識傳統的方法，以及他們對傳統內容的繼承等。但以上研究成果還有待進一步推進：首先，從內容上說，現有研究成果主要從思想層面，即從儒家、道家、佛教等方面分析陳獨秀、李大釗以及瞿秋白對傳統的認識。而傳統的內容並不僅僅侷限於思想領域，還有政治、制度、經濟等內容。其次，從態度上說，已有研究成果主要偏重於論述早期馬克思主義者陳獨秀、李大釗以及瞿秋白對傳統的批判，而對於早期馬克思主義者對傳統的繼承的方面研究相對薄弱。

（二）對李大釗、陳獨秀以及瞿秋白傳統觀的整體研究

李大釗、陳獨秀與瞿秋白都是中國共產黨早期的主要領導者，學界從黨史的角度分析了李大釗、陳獨秀與瞿秋白對傳統文化的認識。他們大多數都將「傳統文化」界定為中國傳統社會中產生的文化，傳統觀就是對中國歷史上產生的傳統文化的認識。如張麗的《論早期中國共產黨人的傳統文化觀》（《理論學刊》，2016 年第 1 期）一文就將早期中國共產黨人的傳統文化觀界定為「以李大釗、陳獨秀、瞿秋白、青年毛澤東等為代表的中國共產黨人關於傳統文化的基本觀點」。文章主要從早期中國共產黨人對「什麼是傳統文化」以及「怎樣對待傳統文化」兩個問題的回答入手分析了早期中國共產黨人的傳統文化觀，並指出早期中國共產黨人的傳統文化觀在傳統文化轉型、馬克思主義中國化以及聚合工人階級物質力量與馬克思主義精神力量方面產生了重大的歷史作用。此外，陝西師範大學梁文冒的博士學位論文《新民主主義革命時期中國

共產黨人對傳統文化的認識與實踐研究》（2014 年）也將傳統文化視為中國歷史上形成的各種思想文化以及觀念形態文化的總集。孔德永《中國共產黨與傳統文化關係之歷史考察》（《石油大學學報（社會科學版）》，2001 年第 2 期）一文從中國共產黨人對待傳統文化的態度的視角將中國共產黨人對傳統文化的認識劃分為四個階段，即從部分肯定到基本肯定到基本否定最後到肯定的過程。並指出從 1921 到 1937 年，中國共產黨對傳統文化的態度，呈現出肯定與否定相互滲透的變化過程。

張雲箏《中國共產黨與中國傳統文化的關係淺析》（《首都師範大學學報（社會科學版）》，2006 年第 1 期）一文認為，早期中國共產黨人以馬克思主義為指導，以「民主」與「科學」為旗幟，提出打倒「孔教店」的口號，從「整體性」角度對傳統的批判，一方面擴大了馬克思主義的影響，另一方面也出現了矯枉過正的弊端。

學界還從文化轉型的角度論述了李大釗、陳獨秀等對傳統文化的認識。李少兵的《早期中國共產黨人文化觀研究——五四時期的歷史考察》（《史學月刊》，2003 年第 3 期）一文指出，陳獨秀、李大釗等早期中國共產黨人在人生觀、科學觀、道德觀、宗教觀、教育觀、歷史觀以及文藝觀等方面為傳統文化的轉型做出了積極的理論貢獻。康健的《早期共產黨人的文化觀與近代中國文化轉型》（《蘭臺世界》，2016 年第 1 期）指出，早期共產黨人以唯物史觀作為理論武器科學地考察文化的發展問題，科學的指明了傳統文化發展的新方向。

以上的整體研究，主要從態度、研究傳統的理論依據、傳統文化的轉型等方面分析了陳獨秀、李大釗、瞿秋白對傳統文化的認識。但對陳獨秀、李大釗、瞿秋白傳統文化觀各自特點的研究，三者之間的關係等方面的研究較少。

六、本課題研究方法與研究思路

（一）研究方法

首先，社會史與思想史相結合。思想文化的變遷始終與時代課題緊密相連，本文力求將歷史的縱向與社會的橫向相結合，把歷史的邏輯與當時的現實有機結合起來，從社會史與思想史的互動中探尋出馬克思主義者建立科學的傳統觀（「批判繼承」）的歷史過程。中國早期馬克思主義者們不但是理論家更是實踐家，他們思想的脈動始終與社會的變遷密切聯繫在一起，從時代課題與思想文化的變遷中去研究早期馬克思主義者的傳統觀，才能獲得更加理性的認識。

其次，文獻研究法。對大量的文獻資料進行搜集、鑒別、整理，歸納和分析。具體而言，充分佔有原始資料，準確掌握陳獨秀、李大釗和瞿秋白的思想脈絡和各自的特點，然後，參考相關的二手資料，積極吸收前人的優秀成果，總結出中國早期馬克思主義者傳統觀演變的邏輯、具體內容、特質以及影響等。

第三，比較研究法。五四時期與馬克思主義同時存在的自由主義、保守主義等從不同的世界觀和方法論出發對傳統做出了不同的探索。早期馬克思主義者們批判了自由主義、保守主義傳統觀的缺陷，同時，對自由主義、保守主義傳統觀的積極成果也有一定程度的借鑒。由此，對早期馬克思主義者傳統觀的研究只有通過與同時代的學術流派的比較中才能獲得更加客觀的認識。

（二）研究思路

傳統觀是文化自覺、文化自信繞不開的問題。所謂傳統觀就是對傳統的理論化認識。不同的思想流派因有不同的哲學世界觀、不同的方法論，而對由先輩創造的、經過代際之間的延傳而成為當下社會生活組成部分的思想、政治、經濟、習俗等會有不同的認識，從而形成不同的傳統觀。早期馬克思主義者以馬克思主義這一科學理論對傳統展開了科學的探討，他們的傳統觀奠定了中國現代科學的、實踐的傳統觀的基礎。

第一，考察中國早期馬克思主義者傳統觀的形成歷程。中國早期馬克思主義者傳統觀的產生是近代傳統觀發展變化的結果。首先：近代中國傳統觀肇端於中國學術思想的轉變，晚清今文經學研究思潮興起，魏源、龔自珍、康有為等對古文經的質疑，以及對經世之風的倡導，動搖了經學的地位，為人們打開了反思傳統的閘口。其次，晚清到民初西方思潮的大量引入，為知識分子們從中西對比的角度反思傳統提供了新的理論資源。隨著資本主義制度弊端的暴露，馬克思主義理論的進一步引入和普及化，以及蘇聯革命的勝利，形成了中國最早的具有共產主義理想的馬克思主義者。他們不但確立了馬克思主義理論在革命實踐中的指導地位，還將這一先進理論運用到對傳統的批判分析中。

第二，具體分析李大釗、陳獨秀、瞿秋白的傳統觀。早期馬克思主義者從不同側面，將傳統觀從抽象引向具體、從學術引向實踐，找到了推動傳統變革的現實力量。早期馬克思主義者的傳統觀是從李大釗、陳獨秀提出思想革命開始的，他們首先以進化論為理論依據論證西方價值理念的優越性，並以其作為傳統現代化的參照系。李大釗在激烈批判傳統之弊端的同時，也認識到西方文

明中的問題，由此，他肯定傳統中具有價值性的成分，並認為這些精華是中華文明再造的根基。陳獨秀則強調傳統中與西方先進理念性質相反的內容，充分肯定西方文明的價值，他高揚民主與科學，並以此為依據對傳統展開了猛烈的批判。李大釗提出「新舊調和」論，試圖在傳統與現代之間尋求合理的鏈接點，在繼續發揮傳統精華的價值的同時，又能融入新的價值理念。陳獨秀提出「破舊立新」論，他認為面對中國傳統深重的惰性力，必須以激烈的態度與方法才能打掉傳統之弊端，只有消解掉傳統之弊端才能為新的價值理念的引入提供空間。瞿秋白在繼承李大釗、陳獨秀傳統觀的基礎上，推進了早期馬克思主義者傳統觀的發展，他以馬克思辯證唯物主義與歷史唯物主義為指導，明確提出了批判繼承法。瞿秋白不但肯定了李大釗、陳獨秀從時代性角度論證傳統與現代之間的差距，更強調傳統的主體性問題。李大釗在以唯物史觀為依據提出重作歷史的主張時，已經涉及到傳統的主體性問題，他認為人民群眾是歷史的創造者是歷史的主體。瞿秋白則明確指出無產階級領導的工農群眾是傳統的真正繼承者與弘揚者。瞿秋白將李大釗、陳獨秀開啟的思想革命推進到社會革命領域，認為只有社會革命才能使傳統獲得新生。

第三，在與當時的保守主義、自由主義以及三民主義的比較過程中揭示出早期馬克思主義者傳統觀的特質、價值與侷限。早期馬克思主義者的傳統觀具有一種強大的理論穿透力、說服力。它不但顯示出與保守主義、自由主義、三民主義傳統觀的不同，同時為開闢中國學術新形態做了準備，更重要的是，它喚醒了現實力量，指出了傳統發展的科學方向。

第一章　中國早期馬克思主義者傳統觀的形成歷程

　　二十世紀初，資本主義制度弊端的逐漸暴露，以及蘇聯革命的勝利，客觀上促進了馬克思主義理論的引介和普及，形成了中國最早的具有共產主義理想的馬克思主義者。他們一方面將馬克思主義運用到中國的社會主義革命實踐中，另一方面還將這一先進的思想運用到對傳統的批判和繼承中。

1.1　馬克思主義的引入與傳播

　　十九世紀末二十世紀初，西方傳教士已經介紹了有關馬克思主義的內容。1899 年《萬國公報》第 121 期、123 期刊載了傳教士李提摩太譯，蔡爾康筆述的《大同學》。在該書的第一章、第三章以及第八章中提到了馬克思、恩格斯。這是目前在中文書刊中最早提到馬克思、恩格斯及其思想的文字〔註1〕。隨後，流亡日本的維新派人士也開始注意到馬克思主義，1902 年 10 月，梁啟超在《新民叢報》上發表《進化論革命者頡德之學說》一文，介紹了馬克思主義對資本主義社會弊端的揭示，並稱馬克思是「社會主義之泰斗」。1903 年梁啟超在《二十世紀之巨靈托辣斯》再次提到馬克思，並介紹了馬克思「變私財以作公財」的主張。1904 年 2 月，梁啟超又發表《中國之社會主義》一文，他一方面稱社會主義為近百年來世界之特產，另一方面又將中國古代的井田制以

〔註 1〕北京圖書館馬列著作研究室編：《馬克思恩格斯著作中譯文綜錄》，北京：書目文獻出版社，1983 年，第 1119 頁。

及王莽賦稅政策與西方社會主義學說相比附，說明社會主義是中國古已有之的思想。他概括了西方社會主義學說的主旨，強調了馬克思將當下社會視為「少數人掠奪多數人之土地而組成者也」。

除維新知識分子對馬克思主義的零星介紹外，晚清留日的無政府主義者們，因為共產主義理想與無政府主義的終極理想有相似性，也「業餘」的介紹了馬克思主義理論的部分內容。1907 年無政府主義者張繼與劉師培等在東京創辦了《天義報》，並組織了社會主義講習會。同年，李石曾與吳稚暉等在巴黎創辦了《新世紀》雜誌。無政府主義者們在《天義報》和《新世紀》上不但刊載了《共產黨宣言》等馬克思主義原著，還刊載了當時日本著名的社會主義者如幸德秋水、堺利彥等的演講。同時，他們還介紹了馬克思主義的階級鬥爭學說、剩餘價值理論以及歷史唯物主義的一些基本觀點。無政府主義者雖然是「業餘」的論及馬克思主義，但在客觀上卻促進了馬克思主義在中國的傳播。

1902 年至 1903 年，中國留日學生翻譯出版的有關馬克思主義的著作主要有：幸德秋水著、中國國民叢書社譯的《廣長舌》，幸德秋水著、中國達識譯社譯《社會主義神髓》，村井知至著、羅大維譯《社會主義》，久松義典著、杜士珍譯《近世社會主義評論》，福井準造著、趙必振譯《近世社會主義》，西川光次郎著、周之高譯《社會黨》等。這些譯著涉及馬克思的剩餘價值學說、階級鬥爭的觀點和唯物史觀的內容介紹，並且介紹了《資本論》、《共產黨宣言》、《哲學的貧困》、《政治經濟學批判》等馬克思主義的名篇，還介紹了馬克思的生平和創立第一國際以及一些工人鬥爭的情況。

以孫中山為首的國民黨人也在傳播馬克思主義學說方面做出了一定的貢獻。1896 年旅居英國的孫中山，認識到資本主義的發展給社會帶來的畸形繁榮和嚴重的社會弊端。歐美各國，資本和財富高度集中在少數大資本家手中，導致國內貧富不均，工廠偶然停止生產，貧民即入絕境，面對工人的罷工，資產階級政府不惜以武力鎮壓，貧民生活艱辛。孫中山為避免資本主義制度所造成的貧富不均，他高度肯定馬克思主義的經濟學說，並將其融入到他的民生主義思想中。孫中山充分肯定了馬克思主義唯物史觀的價值，但對馬克思主義的階級鬥爭說持保留態度。

國民黨人宋教仁、馬君武、廖仲愷、朱執信等以同盟會的機關報《民報》為陣地，介紹了有關馬克思主義的內容。朱執信 1905 年 11 月 26 日《民報》第 2 號上，發表《馬爾克 Marc》。在文中，朱執信不但介紹了馬克思、恩格斯

的生平和事蹟，同時介紹了《資本論》中的相關內容。他肯定馬克思主義的階級鬥爭論的價值，認為階級鬥爭是解決當時社會問題的科學方法。1905 年 11 月至 1906 年 4 月，朱執信的《德意志社會革命家小傳》一文，在《民報》上連續發表。文章介紹了《共產黨宣言》中關於階級鬥爭和無產階級專政的基本思想，並翻譯出宣言中的十條綱領。1906 年 5 月 1 日，《民報》4 號上發表了譯自日本巡耕社的《歐美社會革命運動之種類及評論》一文。文章指出社會主義的目的，即通過生產資料公有的方式，求得人民經濟及政治上的平等。此外，宋教仁和廖仲愷也相繼翻譯並發表了《萬國社會黨大會略史》和《社會主義史大綱》介紹共產主義實踐和理論的文章。

　　雖然維新知識分子、中國無政府主義者以及國民黨人已經開始引入和初步的分析馬克思主義，但他們並未全面的引入馬克思主義學說，只是零星的介紹。馬克思主義的真正全面的引入則在五四時期，引入的渠道也從早期的以日本為主而發展成以歐美、蘇聯、日本三條渠道並存。對馬克思主義學說引介的寬度與深度也超過了早期。1919 年 5 月至 1922 年 1 月當時中國翻譯日本著名社會主義理論家河上肇的八篇文章，分別發表在《晨報》、《時事新報》以及《民國日報》的副刊上。李大釗《我的馬克思主義觀》一文就借鑒了河上肇《社會問題研究》一書中的相關內容。日本馬克思主義理論的傳入主要是由中國留日學生李大釗、陳獨秀、楊匏安、陳望道等通過對馬克思、恩格斯的日文譯本和日本早期馬克思主義者著作的翻譯而來。此時翻譯的日本早期馬克思主義者的著作：山川均《從科學的社會主義到行動的社會主義》，河上肇《見於〈資本論〉的唯物史觀》與《馬克思的唯物史觀》等。此外，馬克思恩格斯《共產黨宣言》與馬克思《雇傭勞動與資本》，考茨基《馬克思的經濟學說》等都是從日文轉譯成中文。通過這些著作的翻譯，馬克思主義的唯物史觀、經濟學說比較全面的被介紹到國內。

　　西歐渠道。第一次世界大戰期間赴歐洲勤工儉學的中國留學生，為歐洲馬克思主義理論的傳入做出了積極貢獻。蔡和森、周恩來、趙世炎、李維漢等在《少年》、《赤光》雜誌上發表宣傳馬克思主義的文章。1920 至 1922 年間國內翻譯出版了四本馬克思、恩格斯原著，其中三本是直接從西文翻譯而來。蔡和森在西歐馬克思主義理論的傳入方面發揮了重要作用。他抵達法國之後，在勤奮地閱讀馬克思主義著作的同時，專心研究俄國十月革命勝利的經驗以及各國工人運動的情況，成為一名堅定的馬克思主義者。在法期間，蔡和森以書信

方式向國內輸入馬克思主義理論，對毛澤東、陳獨秀等人的思想產生了重要的影響。五四前後，中國赴法國勤工儉學的人數達一兩千之多，這些留學生中很多人都接受了馬克思主義，並且還在法國巴黎成立共產主義小組。歐洲馬克思主義理論也成為中國馬克思主義理論的主要來源之一。

俄國渠道。五四前後，中國先進知識分子對蘇聯產生了濃厚的興趣，為走向社會主義道路，他們紛紛踴躍地踏上了旅俄之途，給國人帶來了蘇聯式的馬克思主義理論。趙世炎、熊雄、聶榮臻、陳延年、陳喬年等早期都是旅歐的先進知識分子，五四前後轉到莫斯科東方大學，學習馬克思主義理論。此外，上海的外國語學校（上海共產黨組織所舉辦）先後將劉少奇、肖勁光等人派送到蘇俄學習。1920 年瞿秋白以《晨報》記者身份，遠赴蘇俄，親身經歷了蘇聯的社會主義建設，將蘇聯的建設實踐以新聞稿的方式發回國內，為國人客觀地認識蘇聯的社會主義提供了一手資料。同時，瞿秋白還積極向國內輸入馬克思主義理論，尤其是列寧主義。這批遠赴蘇俄的先進知識分子不但給國人帶來了蘇聯的建設經驗和馬克思列寧主義，並成為中國無產階級革命的主幹力量。

從 1921 年第一批中國青年赴莫斯科東方大學，1925 年莫斯科中山大學的開辦，至 1930 年中山大學的停辦，中國形成了一股留蘇的浪潮。中國留蘇學生在莫斯科中山大學學習了政治經濟學、歷史唯物主義和辯證唯物主義，西方革命史，以及馬列原著。如：馬恩的《共產黨宣言》，列寧《青年團的任務》，布哈林的《共產主義 ABC》等，他們大部分於 1924 年畢業回國，將蘇聯式的馬克思主義理論傳播到中國。

1.2　馬克思主義在中國理論地位的確立

馬克思說：「理論在一個國家的實現程度，決定於理論滿足這個國家的需要的程度。」〔註 2〕馬克思主義之所以能在二十世紀二十年代被中國人民所接受，正是因為馬克思主義滿足了中國當時發展的需要。主要表現在以下三方面：首先，第一次世界大戰爆發，促進中國先進知識分子們不得不反思嚮往的「西方」為什麼會爆發史無前例的世界大戰。一戰之後的巴黎分贓會議，更促使國人認識到帝國主義的侵略本質。在國內，辛亥雖然建立了民主制度，但民主制度所

〔註 2〕中共中央著作編譯局：《馬克思恩格斯選集》第一卷，北京：人民出版社，1972年，第 10 頁。

應有的美好政治圖景並沒有落實，而代之的是袁世凱、張勳的帝制復辟，以及此後的軍閥混戰。雖然，以孫中山為首的革命黨人不斷的為了維護資產階級民主制度而努力，但終以失敗告終。西方資產階級的民主制度在半封建半殖民地的中國行不通，國家的發展需要新的道路。其次，1917 年列寧領導的布爾什維克黨在馬克思主義的指導下獲得了革命的勝利，建立了世界上第一個社會主義國家。不久，列寧政府就向中國連續發表了兩次對華和平宣言，以及蘇聯代表的來華，這為艱辛探索中國出路的知識分子們帶來了新的希望，走俄國人的路成為當時先進知識分子的新選擇。再次，中國無產階級在五四運動中的自覺和積極，讓先進的中國知識分子看到了新的革命力量。中國無產階級力量的覺醒需要從政治上獲得合法的地位，而馬克思主義理論本就是無產階級革命的學說，迎合了中國無產階級發展的需要。

1.2.1　資本主義弊端的暴露

（一）資本主義制度引發的戰爭危機

從晚清維新知識分子對西方資本主義道路的嚮往，中經晚清政府的政治改良，到以孫中山為首的革命派以革命方式推翻封建專制制度，建立中華民國，都是以西方資本主義政治為理想模式。至 1914 年第一次世界大戰的爆發，資本主義制度弊端的顯現，促使以西方為理想模式的中國知識分子們不得不反思他們所選擇的資本主義道路的發展問題。在國內，雖然辛亥革命建立了資產階級的民主共和制度，但是，這並沒有改變中國的半殖民半封建地位，人民依然生活在水深火熱中。並且，隨著袁世凱與張勳的帝制復辟，隨之而來的軍閥割據，使民國的社會秩序進一步惡化。正如汪暉所說，在第一次世界大戰和中國的共和危機中，十八、十九世紀形成的歐洲現代性模式暴露出嚴重的弊端，西方的價值系統，如自由競爭的資本主義經濟，資產階級民族國家等，失去了自明的先進性。國人不再將國家的危亡完全歸罪於中國傳統，他們認為西方的資產階級文明也是造成中國危機的一個重要原因〔註3〕。第一次世界大戰的爆發和共和國所面臨的國內危機，使西方近代的資產階級文明不再具有「自明的先進性」，國人需要發掘新的救國之路。

梁啟超就對第一次世界大戰之後，國際國內政治局勢的變化有清楚的認

〔註 3〕汪暉：《文化與政治的變奏——一戰和中國的「思想戰」》，上海：上海人民出版社，2014 年，第 5 頁。

識。他明確指出，歐戰之後，世界將面臨一個新的時代，「一切國家社會之組織」都將發生巨大的變化〔註4〕。杜亞泉則從世界大戰的爆發對中國的影響角度闡述了他對世界大戰的認識，「此次大戰爭之關係於吾中國者，一為戟刺吾國民之愛國心，二為喚起吾民族之自覺心。此雖為間接之影響，而關係於吾中國十年內之變局者，當以此為最巨。」〔註5〕陳獨秀也認識到世界大戰將對世界政治、軍事、學術、思想等產生巨大的影響，他指出經過此次戰爭，世界必發生巨變〔註6〕。

　　中國知識分子們雖然共同認識到世界大戰將會造成重大影響，但知識分子們對導致世界大戰發生的原因，有不同的認識。梁啟超、杜亞泉等人從文明論的角度認為，西方資本主義國家之所以爆發世界大戰是因為西方文明偏重物質文明而輕視精神文明。他們主張以東方的精神文明救濟西方文明之窮，由此，他們高唱精神文明論。李大釗、陳獨秀等激進知識分子在世界大戰爆發時，還未認識到帝國主義的侵略本質，他們站在英美等協約國的立場，認為此次世界大戰是「公理戰勝強權」的正義之戰。他們積極主張中國參加此次「爭自由」之戰。李大釗說：「世每謂歐戰為專制與自由之爭，而以德國代表專制，以聯合國（協約國）代表自由。綜合世界而為大量之觀察，誠有若斯之彩色。」〔註7〕陳獨秀也認為協約國就是「公理」的代表，他在 1918 年 12 月 22 日發表的《〈每週評論〉發刊詞》一文中首先解釋了何為強權？何為公理？所謂「公理」就是「合乎平等自由」，而所謂「強權」就是「侵害他人平等自由」〔註8〕。陳獨秀認為德奧等資本主義國家仗著武力侵略弱小國家，所以，才會引起協約國的「正義」之戰。李大釗、陳獨秀都將美國總統威爾遜視為「公理」的化身，陳獨秀明確的稱威爾遜為「世界上第一個好人」，李大釗也將威爾遜視為愛好和平的總統。美國總統威爾遜為了在戰爭中獲得支持者，提出了著名的「十四點和平綱領」，宣稱公道地處理殖民地問題，呼籲廢除秘密外交，還提出要組織國際聯合會，宣稱國無大小，一律享有同等的權利。威爾遜的演說使中國不少

〔註4〕梁啟超：《梁啟超全集》第五冊，北京：北京出版社，1999 年，第 2781 頁。
〔註5〕周月峰編：《中國近代思想家文庫──杜亞泉卷》，北京：中國人民大學出版社，2014 年，第 189 頁。
〔註6〕陳獨秀：《陳獨秀文集》第一卷，北京：人民出版社，2013 年，第 132 頁。
〔註7〕李大釗：《李大釗全集（最新注釋本）》第二卷，北京：人民出版社，2006 年，第 245 頁。
〔註8〕陳獨秀：《陳獨秀文集》第一卷，第 343 頁。

先進知識分子產生了幻想，錯誤的認為帝國主義會以公平的態度待己。李大釗、陳獨秀都是被這一虛偽的「和平綱領」所迷惑，才導致他們對威爾遜形成良好的態度。

　　隨著戰爭的進展，李大釗開始修正對帝國主義的看法，他首先意識到協約國與德國一樣都是為了取得世界霸權才導致此次世界大戰的爆發，「聯軍各國，相率督其盟軍，與凱撒抗戰，昂首闊步，以登龍驤之場。所爭之物？『曰權』而已」〔註9〕。尤其是中國在巴黎外交的失敗，中國作為協約國代表參加巴黎和會，但最終依然無法避免被重新瓜分的命運，這一殘酷的現實刺激了李大釗、陳獨秀等激進知識分子。他們認識到「公理」屬於「強權」者，強權是公理的保障，侵略瓜分弱勢民族是帝國主義的本質。陳獨秀憤怒譴責帝國主義的侵略本質，「難道公理戰勝強權的解說，就是按國力強弱分配權利嗎？」〔註10〕同時，一改此前將美國總統威爾遜視為世界上第一好人的看法，而將其稱為「威大炮」。陳獨秀認為西方資產階級的立憲政治只不過是政客們「爭奪政權的武器」。由此，陳獨秀提出兩點覺悟：「強力擁護公理。平民征服政府。」〔註11〕「公理」不是自明的，「公理」是靠「強力」擁護的，只有擁有武力的帝國主義才有「公理」，弱小民族只能成為被帝國主義瓜分的對象。民族的富強與獨立只能依靠自己，依靠列強和帝國主義國家的恩惠，只會成為帝國主義國家的奴才。陳獨秀認為弱小民族的根本救濟之法就是「平民征服政府」，即聯合學生、商人、農民、工人等革命力量以暴力的方式推翻政府，建立人民自己的政權。

　　1917年至1918年世界大戰結束期間，思想上逐漸趨向馬克思主義的李大釗從經濟角度分析了戰爭爆發的原因和性質。他指出，此次戰爭爆發的真正原因，是因為資本主義私有制無法解決社會生產力與生產關係之間的矛盾。由此，資本主義國家通過發動戰爭的方式，搶奪國外市場，以發展自身經濟的方式，緩解這一矛盾〔註12〕。李大釗改變了早期僅從抽象的「權力」角度說明戰爭爆發的原因，而是從經濟角度正確說明帝國主義戰爭爆發的根本原因。而這樣的認識促進了李大釗走向馬克思主義的革命道路。他認為只有建立能容納

〔註 9〕李大釗：《李大釗全集》第二卷，第178頁。
〔註10〕陳獨秀：《陳獨秀文集》第一卷，第391頁。
〔註11〕陳獨秀：《陳獨秀文集》第一卷，第481頁。
〔註12〕李大釗：《李大釗全集》第二卷，第255頁。

社會生產力發展的社會主義制度才能真正避免戰爭的再次爆發。

（二）對共和危機的反思

民國建立之後，並沒有實現理想的政治秩序，而是更加混亂的政治格局。面對軍閥混戰，中國知識分子們不得不反思是什麼原因導致如此混亂的政治局勢。孫毓筠指出，民國建立後，帝制復辟日益劇烈，軍人勢力日益膨脹，而人民卻日漸消沉，此種政治社會的狀況反不如前清末年，難道犧牲了無數革命志士才換來的民國，就僅僅是「中華民國」四個字的空招牌嗎！〔註13〕犧牲了無數志士仁人才建立起來的共和政治，不但沒有給國人帶來理想的政治秩序，反而使政治局勢日益惡化，人民生活日漸消沉。這樣的社會政治局面促使先進知識分子對新建立的民國產生了嚴重質疑。對於民國建立之後，社會政治秩序的日趨下降，李大釗也深有感觸，他說：「今理想中之光復佳運，希望中之共和幸福，不惟毫末無聞，政俗且愈趨愈下，日即卑污。」〔註14〕孫中山對於民國之後共和所面臨的危機也甚是焦慮，他說推翻「一滿洲之專制」，卻又轉生出「無數強盜之專制」，專制之禍愈演愈烈，民愈不聊生！〔註15〕民國完成了形式上的統一，但在實質上卻形成大大小小的封建軍閥割據勢力。

康有為等認為國內混亂的政治局勢正是革命黨人以激進的方式在中國建立與國民素質不相應的民主共和制度所導致的，他提出「虛君共和」制，提倡政治改良，實質是退回到封建專制。以孫中山為首的革命黨人也認識到民主共和制度所面臨的危機，展開了一系列的革命活動，從二次革命、護國運動到護法運動，都未能解決共和所面臨的危機。但在這些革命運動中，孫中山逐漸認識到封建軍閥是中國民主共和制建設所面臨的最大的阻礙，「顧吾國之大患，莫大於武人之爭雄，南與北如一丘之貉。」〔註16〕唯有通過革命的方式推翻封建軍閥的統治，才能在中國建立起真正的民主共和制度。正是基於此，孫中山認識到依靠軍閥根本無法解決中國的政治問題，只有依靠人民群眾的力量才能真正建立中國的民主制度。這一認識是促成孫中山與中國共產黨合作的重要原因之一。

〔註13〕孫毓筠《我對於一切人類的供狀》，引至戴季陶著，唐文權、桑兵編：《戴季陶集》，武漢：華中師範大學出版社，1990年，第1078頁。
〔註14〕李大釗：《李大釗全集（最新注釋本）》第一卷，第47頁。
〔註15〕孫中山：《孫中山全集》第六卷，北京：中華書局，1985年，第158頁。
〔註16〕孫中山：《孫中山全集》第四卷，北京：中華書局，1985年，第471頁。

　　陳獨秀、李大釗等對民國建立後中國政治秩序紊亂原因的認識分為兩個階段：第一個階段五四之前，陳獨秀、李大釗在政治思想上崇尚西方的資本主義政治，在文化領域他們都是激進民主主義者。由此，他們主要從思想啟蒙的角度分析說明西方資產階級民主制度在中國難以建立的原因。陳獨秀、李大釗將批判的矛頭指向傳統，他們認為正是傳統中的落後因子束縛了人們的思想，才導致資產階級民主制度在中國的建立過程中面臨重重困難。陳獨秀說國人雖然口裏不反對民主不反對共和，但在思想層面依然贊同「帝制時代的舊思想」。由此，欲鞏固共和，就必須進行一次全面的啟蒙運動，清理掉國民思想中的封建殘餘，以為共和制的建立奠定思想基礎。他們高舉「民主」、「科學」兩面大旗，倡導「自由」、「平等」等西方資產階級的政治理念對傳統展開了全面的反思。

　　對於軍閥混戰，他們主張通過法制的建立與完善，以和平的方式解決武人干政。李大釗在《政治抵抗力之養成》中說：「吾人今日之責，惟在闡明政理，若者宜自斂以相容，若者宜自進以相抗，但期保其衡平，勿逾乎正軌」〔註17〕。奢求各路軍閥通過思想的覺悟，認識到政治的正確軌道，將各自的行為限制在法定範圍內，以此實現國內政治局勢的穩定。此時的李大釗還未認識到封建軍閥的反動本質，企圖以西方資產階級的法制理念約束軍閥勢力，這樣的嘗試必然會失敗。新文化運動前期的陳獨秀也主張以和平會議的方式解決軍閥問題，他指出當時國內的兩種關於時局的意見，一種是通過根本的解決，以造成永久的和平，另一種以調和的方式，構建國內的和平局勢。雖然兩種主張採用的方法不同，但都期望避免戰爭，以「和平會議的方法來解決時局」〔註18〕。陳獨秀也試圖通過軍閥勢力各自的退讓以達到解決國內政治局勢的問題。中國所面臨的社會問題不是僅僅從思想覺悟的角度就能加以解決的，擁有武力的軍閥是封建勢力與帝國主義勢力的結合體，他們的目的就是通過對人民的專制統治的方式達到無盡剝削與壓榨的目的。只有人民建立自己的武裝以革命的方式推翻封建軍閥和帝國主義的統治，才能真正解決中國的救亡問題。

　　第二個階段，五四之後，隨著國際國內政治局勢的變化，李大釗、陳獨秀等認識到僅有思想文化領域的啟蒙無法解決中國的政治問題，以和平方式解決封建軍閥割據問題只是一種美好的主觀幻想。孫中山領導的護法運動的失

〔註17〕李大釗：《李大釗全集（最新注釋版）》第一卷，第95頁。
〔註18〕陳獨秀：《陳獨秀文集》第一卷，第374頁。

敗，說明西方資產階級共和國的方案在中國是行不通的。孫中山本人已經覺察到護法是「斷不能解決問題」的，必須重新開始新的革命事業，以求根本改革。陳獨秀也強調只有以直接行動的方式才能解決民族的危機。他指出巴黎和會，列強都重在為己國謀利益，他們根本無意於實現世界的永久和平和人類的真正幸福，他們以「公理」、「宣言」等空口號，掩蓋他們侵略的本質，欺騙全世界的廣大的人民群眾。為構建世界的永久和平，「非全世界的人民都站起來直接解決不可。」〔註19〕帝國主義侵略本質在巴黎和會上的暴露，使陳獨秀清楚地認識到只有聯合全世界被壓迫人民進行無產階級革命才能使人類獲得真正的解放。

　　巴黎和會期間日本公布了北洋政府與日本在 1918 年 9 月 25、9 月 28 日秘密簽訂的日本駐軍山東境內的協議和兩條鐵路的借款合同，示意中國北洋政府在參戰後就已經將山東的權利出讓給日本。中國知識分子們對於軍閥的賣國行徑非常憤怒，清楚的認識到軍閥與帝國主義互相勾結的反動本質。李大釗稱封建軍閥為強盜政府，帝國主義國家為強盜國家，整個世界被強盜所主導。由此，李大釗提出三大主張：改造以強盜為主導的世界，反對一切秘密外交，堅決實行民族自決〔註20〕。對封建軍閥本質的認識，促進了李大釗、陳獨秀等中國激進知識分子走向馬克思主義的道路。

1.2.2　俄國十月革命的勝利

　　正當帝國主義國家糾纏於世界戰爭的困局中，列寧領導的布爾什維克黨於 1917 年 11 月 7 日建立了世界上第一個社會主義國家。雖然，中國的知識分子對於俄國十月革命勝利的消息展開了最及時的報導，但他們並沒有立刻認識到蘇聯革命的正面價值。《民國日報》於 1917 年 11 月 10 日在其「要聞」欄內發表了，「俄臨時政府已（被）推翻」，「美克齊美黨」即布爾什維克黨已經佔領都城，新政府即將提出公正的和義以及平分土地給農民等內容。同時，《申報》、《中華新報》和《時報》等也刊載了十月革命勝利的消息。這些報紙的消息主要源自英美等國報刊對十月革命的介紹，而英美等帝國主義對於俄國革命是充滿敵意的，所以，導致當時中國知識分子無法正確認識俄國十月革命的性質。中國的報刊大都對十月革命和布爾什維克黨持否定態度，他們把十月革

〔註19〕陳獨秀：《陳獨秀文集》第一卷，第 461 頁。
〔註20〕李大釗：《李大釗全集（最新注釋本）》第二卷，第 339 頁。

命稱為「政變」，把布爾什維克黨稱為「極端派」、「過激黨」、「亂黨」等。

　　中國報刊對十月革命的消極報導至 1918 年 5 月底才開始發生轉變。1918 年 5 月 27 日，《民國日報》開始改變對蘇聯的態度，並在 6 月 17 日的社論中第一次稱俄國為「民主友邦」，並將布爾什維克黨稱為「新派」〔註 21〕。1917 年 7 月 6 日，改良派的《晨鐘報》也承認列寧政府施政方針是合乎民心之舉〔註 22〕。到 1918 年夏季，中國人終於開始承認十月革命的勝利。《民國日報》開始發表大量的文章，預言俄國社會革命思潮將波及東亞與中國。《太平洋》雜誌也稱讚俄國革命，宣稱社會主義有一日千里之勢，國人非細心研究不可〔註 23〕。即使擔心國人「知識程度」以及「經濟程度」皆幼稚的知識分子們也都步入了這一潮流當中。甚至連安富系也吵嚷著發起「社會主義研究會」。馮自由曾描述這一狀況說：「這回歐洲大戰後的結果，社會主義的潮流，真有萬馬奔騰之勢，……現在社會主義的一句話，在中國算是最時髦的名詞了。」〔註 24〕第一次世界大戰暴露了資本主義制度的弊端，從反面印證了社會主義的先進性，推進了社會主義思潮的傳播，客觀上擴大了社會主義思想對中國的影響。

　　1918 年底，社會革命開始在歐洲大陸震盪起來，一時間，歐洲各國赤旗飄揚。此時，李大釗在《Bolshevism 的勝利》中公開聲明，俄羅斯革命不單是「俄羅斯人心變動的顯兆」，更是二十世紀全世界人民「普遍心理變動的顯兆」〔註 25〕。俄羅斯革命的勝利，就是二十世紀人們「心中共同覺悟的新精神的勝利！」從今以後，人們所見都將是布爾什維主義戰勝的旗幟，人們所能聽見的都將是布爾什維主義勝利的凱歌。他號召國人翹首迎接世界的新文明，走向世界的新潮流。李大釗認為俄國十月革命不但是社會的革命，且具有世界革命的色彩。李大釗還從法國革命和俄國革命相比較的角度，說明俄國革命的意義。他指出法國革命根源於愛國主義，以愛國為精神，而僅以愛國主義為主導有引發戰爭的危險；俄國革命根源於愛人的精神，以世界和平主義為宗旨，以構建人類的理想的和平社會為目的的俄國革命，是世界永久和平的曙光〔註 26〕。李大釗認為以愛人為精神的、構建世界和平為宗旨的俄國革命，無論在精神還是

〔註 21〕《民國日報》1918 年 6 月 17 日。
〔註 22〕《晨鐘報》1918 年 7 月 6 日。
〔註 23〕《太平洋》1918 年 7 月 15 日。
〔註 24〕馮自由：《社會主義與中國》，香港：社會主義研究社，1920 年，第 2 頁。
〔註 25〕李大釗：《李大釗全集（最新注釋本）》第二卷，第 263 頁。
〔註 26〕李大釗：《李大釗全集（最新注釋本）》第二卷，第 226 頁。

價值上都高於法國革命。正是因為李大釗準確認識到俄國革命的先進性，使他拋棄了法國的革命道路，而走向了俄國的社會主義革命道路。

蘇聯發表兩次對華友好宣言，放棄帝俄在中國所侵佔的一切特權，這讓當時的中國人認識到蘇聯確實不同於專制俄國，增加了國人對蘇聯的好感。隨後，蘇聯代表的來華帶來了俄國革命的實踐經驗，也讓中國知識分子瞭解了最真實的俄國革命，消解了知識分子對俄國革命的誤解。陳獨秀對俄國十月革命的接受晚於李大釗，雖然，陳獨秀在新文化運動時期《法蘭西人與近世文明》一文中已經將社會主義視為與人權說、生物進化論並列的近代三大文明。但當時的陳獨秀對西方資產階級的政治制度抱有深厚的期望，認為中國經濟情況並未發展到能發展社會主義制度的程度。陳獨秀說：「社會主義，理想甚高，學派亦甚複雜。惟是說之興，中國似可緩於歐洲。因產業未興，兼併未盛行也。」〔註27〕隨著帝國主義侵略本質在巴黎和會中的暴露，陳獨秀逐漸放棄了走資本主義道路的主張。而促使陳獨秀思想發生質變的是蘇聯代表維金斯基的來華。1920 年 4 月維金斯基在上海同陳獨秀、李漢俊等舉行多次座談，詳細介紹了俄國革命的相關情況。使陳獨秀、李漢俊等人認識到馬克思列寧主義與俄國革命實踐相結合產生的巨大意義，俄國十月革命的勝利，說明在經濟、文化落後的國家也能建立社會主義制度。而這一實踐經驗消除了陳獨秀因中國「產業未興，兼併未盛行」，「中國似可緩於歐洲」的疑慮，使陳獨秀走向了俄國的革命道路。1920 年 9 月 1 日，陳獨秀在《談政治》一文中明確提出「用革命的手段建設勞動階級（即生產階級）的國家」〔註28〕，為現代社會的第一需要。

隨著國人對十月革命態度的轉變，中國掀起了一場研究社會主義理論的熱潮。1919 年到 1920 年，在中國進步知識分子中泛濫起各種空想的、或者小資產階級改良的社會主義思潮：互助主義、工讀主義、工學主義、泛勞動主義、合作主義、新村主義等，各種互助團體、「新村」等。報刊雜誌刊載馬克思列寧主義原典以及各種研究性文章，各種研究會、研究小組也不斷湧現，但是國人對社會主義本質的認識比較紊亂。瞿秋白說關於社會主義的討論，常常引起青年們無限的興趣，但人們對社會主義的理解還不十分清晰，社會主義的本質，社會主義的流派，以及社會主義的意義等都不清楚〔註29〕。

〔註27〕水如編：《陳獨秀書信集》，北京：新華出版社，1987 年，第 72 頁。

〔註28〕陳獨秀：《陳獨秀文集》第二卷，第 39～40 頁。

〔註29〕瞿秋白：《瞿秋白文集（文學編）》第一卷，北京：人民文學出版社，1985 年，第 26 頁。

　　1917 年春瞿秋白投靠北京堂兄瞿純白,同年 9 月考入外交部俄文專修館,學習俄語。瞿秋白在俄文專修館學習了三年,對俄羅斯文學、哲學和歷史都產生了濃厚的興趣,使他對俄國產生了嚮往之情。1920 年,瞿秋白參加了北京馬克思主義研究會。該會於 1920 年 3 月在李大釗倡導下,由鄧中夏、高君宇等人在北京成立了研究馬克思主義和社會主義的團體。這是中國最早研究和傳播馬克思主義的團體。該會成立後,先後搜集了馬克思學說的各種中外文資料,並集資建立了「亢幕義齋」,即專門收藏共產主義圖書的藏書室。研究會幫助革命青年學習馬克思主義理論,團結和組織了一批先進的革命知識分子,為共產黨的創建作了思想和組織上的準備。瞿秋白在馬克思主義研究會初步接觸了馬克思主義理論,促進了其接受社會主義思想的進程。在加入馬克思主義研究會之前,瞿秋白曾閱讀過倍倍爾的《婦女與社會》的相關內容,由此,產生了對社會主義的興趣,「尤其是社會主義的最終理想發生了好奇心和研究的興趣」〔註30〕。

　　五四運動的爆發驅使瞿秋白迅速投身於政治革命當中,試圖建立一個自由平等博愛的「新社會」。蘇聯雖然提供了一個新的社會改造模式,但是國人對於蘇聯對於社會主義的認識並不清楚,這促使對社會主義終極理想帶有極大熱誠的瞿秋白產生了遠赴蘇俄一探究竟的願望。瞿秋白於 1920 年年底,抱著「為大家闢一條光明的路」的宏願,以《晨報》記者身份前往蘇聯。在蘇聯兩年多的考察中徹底改變了瞿秋白的世界觀與人生觀,成為了一名堅定的馬克思主義者。馬林曾說在中國共產黨內除了陳獨秀、李大釗以外,瞿秋白是「最好」的同志,並稱瞿秋白為中國共產黨內「唯一能按馬克思主義的方法分析實際情況的同志。」〔註31〕

1.2.3　五四運動的爆發彰顯了人民群眾的力量

　　資本主義制度危機的顯現,促使中國先進知識分子逐漸放棄了資產階級的救國方案。蘇聯革命的勝利從正面提供了新的救國模式,使處於艱難探索中的中國知識分子看到了新的希望。五四運動的爆發則從實踐上證明中國也具有走蘇聯革命道路的現實革命力量。

〔註30〕瞿秋白:《瞿秋白文集（政治理論編）》第七卷,北京:人民出版社,2013 年,第 695 頁。

〔註31〕李玉貞主編:杜魏華副主編:《馬林與第一次國共合作》,北京:光明日報出版社,1989 年,第 246 頁。

　　一戰期間，由於帝國主義列強被戰爭所牽制，中國的民族工業的發展獲得了較為寬鬆的環境。1914 年 8 月以前，中國的工業公司註冊數為 146 個，資本額為 41148205 元；而自 1914 年 8 月至 1920 年，新註冊的工業公司多達 270 個，資本額為 117434500 元〔註 32〕。這些數據說明中國民族工業在一戰期間確實得到了較快的發展。隨著民族工商業的發展，中國工人階級的隊伍迅速壯大起來。至 1919 年，中國產業工人已達兩百萬左右。雖然，與全國人口相比不算多，但是工人階級卻是新生產力的代表，是近代中國最先進的階級。他們主要分布在天津、青島、上海、武漢等大城市，主要集中於礦山、海運、紡織、造船、鐵路等行業。毛澤東準確地闡述了工人階級的革命性，他指出中國工人因為失去了生產資料，毫無生路，又承受著帝國主義、封建軍閥、國際和國內資本主義的極殘酷的剝削和壓迫，由此，他們形成了特別強的戰鬥力〔註 33〕。正是這些代表中國先進生產力且具有戰鬥能力的無產階級在五四運動中的積極表現，使中國知識分子們認識到，依靠自身力量實現民族獨立解放的可能性。

　　巴黎和會失敗之後，中國知識分子依靠「公理戰勝強權」的和平救國策略失敗了，他們認識到唯有依靠自身力量才可以達到救國的目的。1919 年 5 月 9 日，《申報》發表了《圖窮而匕首見》的時評，文章說：「歐洲和會之始，所謂公理之戰勝也，所謂密約之廢棄也，所謂弱小國之權利也，所謂永久和平之同盟也，今和會之草約已宣示矣，其結果如何？所謂中國之主張者，今猶有絲毫存在者耶？由此可知，求助於人者，終不能有成。」〔註 34〕陳獨秀、李大釗等也闡發了同樣的認識，他們認為依靠別國的恩惠而活，只會淪落為奴隸的地位，真正的救國唯有通過「民族自救」的方式。李大釗說真正的解放只能依靠自己的力量，不是央求封建統治階級、帝國主義勢力的網開一面，不是仰仗權威的恩典，而是通過自己的努力，打破強加在自己身上的枷鎖，從社會的黑暗中，開闢出一道光明〔註 35〕。

　　五四運動分為前後兩個階段，第一階段：1919 年 5 月 4 日至 1919 年 6 月 3 日，這一階段的運動主力是學生，地點在北京；第二階段 1919 年 6 月 3 日至 1919 年 6 月 28 日，這一階段的主力是工人，地點也由北京轉移至上海。

〔註 32〕彭明：《五四運動史》，北京：人民出版社，1984 年，第 80 頁。

〔註 33〕毛澤東：《毛澤東選集》第一卷，北京：人民出版社，1991 年，第 8 頁。

〔註 34〕《申報》1919 年 5 月 9 日。

〔註 35〕李大釗：《李大釗全集》第二卷，第 363 頁。

1919 年 6 月 3 日北京當局逮捕學生，引發了全國的響應和支持，上海人民群眾於 6 月 5 日舉行了規模巨大的三罷鬥爭，即學生罷課，商人罷市，工人罷工。廣大人民群眾的鬥爭，迫使北洋政府罷黜了曹汝霖、章宗祥、陸宗輿等賣國賊，巴黎代表也拒絕了在《巴黎和約》上簽字。五四運動是人民群眾自己站起來，向帝國主義和反動軍閥展開的示威行動，這是群眾力量的歷史性覺醒。

五四運動爆發後，引起社會各界的強烈反響。康有為將學生的愛國運動視為民權、民意的表達，他說：「自有民國，八年以來，未見真民意、真民權，有之，自學生此舉始耳。」〔註36〕羅家倫也肯定五四學生運動的價值，他認為學生為國家主權問題而列隊向政府示威，以表達正當的民意，「是中國學生的創舉，也是中國國民的創舉。」〔註37〕

陳獨秀將五四運動的精神歸結為「直接行動」和「犧牲精神」。「直接行動」就是人民面對社會國家的腐朽墮落，通過自己的組織，形成聯合的勢力對政府加以制裁，而不是通過法律，或者借助特殊勢力，也不是依賴所謂的代表〔註38〕。法律是強權者的統治工具，特殊勢力是民權的敵人，代議員是騙取人民支持的政客，都不能代表民意。五四運動堅定了陳獨秀依靠群眾力量以救國的信念，他肯定的說：「最後只有自己可靠，只好依賴自己！」〔註39〕李大釗也認為學生在五四中所體現出的正是一種「直接行動」的精神，他號召人們將此種以直接行動的方式反抗強權反抗壓迫的精神發揚光大，普及於全世界，彰顯正義、人道的力量。

人民群眾的實踐鬥爭，證實了自己解放自己的真理。在五四運動中發揮主力軍作用的是中國的工人階級，學生引發了這場運動，但是學生的力量有限，而民族資產階級又具有兩面性，唯有工人階級既有龐大的數量又具有徹底的革命精神。據估計，投入到此次大罷工的上海各業工人總數在十多萬人。當北京學生運動陷於困境時，中國工人階級毅然以罷工的方式，投入到反帝反封建的偉大鬥爭中。面對帝國主義和反動軍閥的武力威脅與經濟誘惑，中國工人階級表現出了徹底的戰鬥精神。

中國工人階級在五四運動中的自覺，標誌著中國工人階級從自在轉向自為的開始。正是工人階級在罷工鬥爭中表現出的反對帝國主義、封建軍閥的徹

〔註36〕康有為：《康有為全集》第十一集，北京：中國人民出版社，2007 年，第 105 頁。
〔註37〕《每週評論》1919 年 5 月 19 日。
〔註38〕陳獨秀：《陳獨秀文集》第二卷，第 8 頁。
〔註39〕陳獨秀：《陳獨秀文集》第二卷，第 9 頁。

底性和堅決性，使先進知識分子們看到了中國無產階級巨大的革命力量。他們沿著馬克思主義的革命道路，引領著中國的社會主義革命，在中國開啟了新的發展方向。

第二章　李大釗的傳統觀

　　李大釗（1889～1927），字守常，河北樂亭人。年幼父母雙亡，由祖父李如珍一手撫養長大，三歲開始跟隨祖父識字。從 1895 年開始至 1907 年，李大釗接受了長達十一年的私塾教育，專攻四書五經，舊學根底深厚。1907 年李大釗抱著研究政治以救國的願望，考入北洋法政專門學校。在這裡，他閱讀了大量近代西方資產階級的革命書籍，如十八世紀法國啟蒙思想家的著作以及十九世紀歐洲憲政與民主等理論。他深受西方資產階級反封建主義、要求民主自由思潮的影響，開始樹立民主主義的主張。1913 年冬入日本早稻田大學政治經濟系學習，於 1916 年年初為反對袁世凱帝制復辟回國。在日本兩年多的時間，李大釗一方面深化和擴展了對近代西方資產階級政治、經濟、法律等思想的理解；另一方面也接觸了日本馬克思主義學說，這為李大釗此後轉向社會主義革命奠定了一定的思想基礎。李大釗從日本回國後，曾歷任北京《晨鐘報》總編輯，《甲寅》日刊編輯，北京大學圖書館主任兼任經濟學教授以及《新青年》編輯。1918 年 7 月在《言志》上發表《法俄革命之比較觀》，這是中國歷史上最早指出法國革命與俄國革命性質不同的文章。1919 年發表了系統介紹馬克思主義理論的《我的馬克思主義觀》一文，這是李大釗接受馬克思主義的標誌。1920 年 3 月，在北京發起組織中國第一個「馬克思學說研究會」，為中國培養了大批馬克思主義者，同年 10 月，成立北京共產主義小組。李大釗在馬克思主義理論的引入、傳播，中國無產階級革命實踐中做出了巨大的貢獻，成為中國走向馬克思主義道路的旗幟，在他的影響下形成了中國第一批具有共產主義信仰的中國馬克思主義者。李大釗在黨的第二、三、四次全國代表大會上，當選為中央委員。1922 至 1924 年，李大釗多次代表黨與孫中山會談，

為國共的第一次合作做出了重要貢獻。1924 年參加國民黨第一次全國代表大會，當選為國民黨中央執行委員，同年 6 月，率領中國共產黨代表團參加共產國際第五次代表大會。1927 年被奉系軍閥張作霖逮捕，於 4 月 28 日在北京英勇就義。

2.1　哲學依據和方法

自然實體進化論是李大釗傳統觀的哲學依據，也是其方法論依據。李大釗從宇宙本體論的角度論證了新舊勢力之間的關係，以及新舊勢力在宇宙進化中的作用。他指出宇宙的進化是自然實體內在的新舊勢力之間的矛盾運動的結果。對抗與調和是宇宙大化運行的不可或缺的法則，但李大釗更重視調和的作用。民國建立後，社會的政治、經濟、文化、生活等到處充滿了新舊之間的對抗衝突，嚴重影響了社會的穩定發展。由此，李大釗指出，中國社會的發展所亟需的是新舊之間的調和，只有調和與對抗達到一個平衡的狀態才能促進社會的穩定發展。

2.1.1　自然實體進化論

（一）自然實體進化論

李大釗的自然實體進化論主要包括以下幾個方面：第一，宇宙是自然實體永不停息的運動過程。宇宙為「無始無終自然的存在」[註1]，且「刻刻流轉，絕不停留。」[註2]自然實體是一種物質性的存在，於空間為無限，於時間為無極。「大實在」的運行在時間上是相連的，在空間上是相關的。時間上的相連指事物或現象的「一貫相聯的永遠性」。「現在」就是所有「過去」流入的世界，一時代的思潮是由所有「過去」時代的思潮匯流而成，一個時代的變動也將遺留於次一時代。從空間上講，「勢力結合勢力，問題牽起問題」，世界就是一個錯綜複雜、網羅交織的統一體。李大釗指出，宇宙雖然在時空上都是無限的，但組成宇宙的萬物卻是有限的、相對的，是有生有死、有進化有退化、有陰有陽、有盛有衰、有消有長、有吉有凶、有青春有白首的。但宇宙的無限正是通過萬物的有限得以彰顯的，萬物的新舊交替成就了宇宙無限。李大釗從絕對與相對的角度認識到有限與無限的統一。

〔註 1〕李大釗：《李大釗全集（最新注釋本）》第一卷，第 246 頁。
〔註 2〕李大釗：《李大釗全集（最新注釋本）》第二卷，第 191 頁。

李大釗將進化論中關於發展的思想融入到傳統的宇宙生存論中。李大釗說：「大易之道，太極生兩儀，兩儀生四象，四象生八卦。老氏之說，一生二，二生三，三生萬物。是知宇宙進化之理，由渾而之畫，由一而之雜，乃為一定不變之律。……此即向上之機，進化之象也。」〔註3〕道生兩儀，兩儀生四象，四象生八卦是《周易・繫辭上》提出的宇宙生成論。儒家認為太極是世界的本原，太極因自身的運動而分化出陰陽，陰陽的運動而產生四時，繼而衍化出自然萬物。《道德經》第四十二章：「道生一，一生二，二生三，三生萬物」也是為了說明從宇宙本原衍生出世界萬物的過程。「太極」和「道」都具有生成萬物的功能，「太極」生萬物，與「道」生萬物，強調的是本體與現象之間的關係，並沒有李大釗所講的進化的含義。李大釗將傳統宇宙論中本源衍生萬物的過程，視為宇宙不斷進化的過程。

李大釗對傳統宇宙生存論的改造，主要有兩方面：一方面，他顛倒了本源與萬物之間的價值關係。在傳統宇宙論中，「太極」、「道」相對於萬物都具有價值優先性。而李大釗將太極、道衍生萬物的過程視為一個不斷進化的過程，進化即「向上」，意即由本原所衍生的萬物在價值上高於本源。這就肯定了萬物在宇宙中的地位，使傳統宇宙生存論具有物質性傾向。另一方面，李大釗把進化論的線性時間觀引入到傳統宇宙生存論中。「太極」生萬物，「道」生萬物是本體層面的，超越時空的。李大釗將時間的概念引入到傳統宇宙生存論中，使縱向的本源衍生萬物的關係轉換成橫向上的發展關係，其目的是為了強調線性進化論，以此為民族的復興奠定理論基礎。

第二，自然實體的運動是由自身具有的兩種相反相成的作用力促成的。李大釗認為宇宙間普遍於一切事物中的兩種相反的作用力之間的競爭與調和的運動促進了事物的發展〔註4〕。李大釗吸收了進化論的競爭思想，同時也保留了儒家重「和」的思想。重「和」的思想是中國哲學的精髓和核心價值。李大釗認為萬事萬物自身都具有兩種作用相反的力，正是兩種作用力的對抗運動達致一個調和的狀態才能促成事物的運動發展。人的心臟有加速的神經纖維，也有抑制的神經纖維，正是這兩種相反而相成的作用力保證了心臟的正常運轉。人的肌肉也是一張一弛相互作用的。不但人的生理運動是由作用相反的兩種力所維持，人的心理也是如此，人有苦與樂兩種相反的情緒，也有本分與欲

〔註3〕李大釗：《李大釗全集（最新注釋本）》第一卷，第239頁。
〔註4〕李大釗：《李大釗全集（最新注釋本）》第二卷，第209頁。

望之間的區別。大至宇宙星體，小至微塵顆粒都是由兩種力之運動。總之，整個自然界與人類社會都存在這種相反相成的自然力。

李大釗將兩種相反相成的作用力，比作車之兩輪，鳥之雙翼，認為它們兩者一則為舊一則為新。兩種作用力之間的運動不是凝固的、合體的，而是代謝的，只有兩種力之間的新舊相續，才能促進自然界和人類社會的進化〔註5〕。宇宙自然實體自身的矛盾運動促進了整個宇宙的進化。「車之兩輪，鳥之兩翼」的比喻，源自佛教。天台宗智者大師在《摩訶止觀》中講止觀時，以鳥的雙翼、車的兩輪來說明「止」和「觀」的相即不離的關係，認為只有定慧等持，止觀雙運，才能成就佛道。朱熹在解釋「涵養（用敬）」與「進學（致知）」兩者之間的關係時，也借用了車有兩輪，鳥有雙翼的比喻，以說明二者不可或缺的關係。鳥之所以能飛是因為有兩隻翅膀，而古代車之所以能行也是因為有兩個車輪，比喻一件事物中兩個不可獲缺的方面。李大釗繼承了這一傳統的兩輪思想，並用其說明宇宙自然之所以能不斷進化的原因。宇宙進化全因為宇宙之間有兩種性質不同的勢力，一種是舊的，一種是新的，新舊之間不斷的競爭與融合，促進整個宇宙的發展進化。將新舊兩種思想看作人類社會進化不可或缺的部分，李大釗正確的認識到新舊思想之間的關係，正因為這種辯證的認識，使李大釗能在五四時期相對正確的看待傳統，能對儒家思想有比較客觀的認識。

新舊的相續與綿延即宇宙生生不息的展現。宇宙大化是一個新舊不斷更新的過程，新的往往誕生於舊的之中，所以，舊的衰亡並不可怕，因為，舊之衰正是新之所以生的條件。宇宙生命力的永恆性源自宇宙自身新舊勢力之間的對抗與調和，這種運動是永動不息的，這是宇宙之所以無盡無終的原因。宇宙萬物生命的實質是不斷轉化與重造的過程，人類社會也不應該有須臾的停留不前，一旦停留就會落於宇宙大化之後，趨於絕境。李大釗號召人們發揮自身的主體價值，遵循宇宙新舊替換的規律，促進新事物的誕生。

第三，由自然實體所衍生的宇宙萬物都遵循著宇宙自然實體的運行法則。宇宙自然本體所衍生的一切事物，都遵循著宇宙的「自然法而自然的、因果的、機械的以漸次發生漸次進化。」〔註6〕自然物、人類歷史、個體的生命等都遵循著自然法而進化。後藤延子說，李大釗「通過獨特的宇宙論明確宇宙中人們

〔註5〕李大釗：《李大釗全集（最新注釋本）》第二卷，第196頁。
〔註6〕李大釗：《李大釗全集（最新注釋本）》第一卷，第246頁。

的可能性以及可媒介其可能性的主體自我確立的方向。」〔註7〕「宇宙」成為個體自我價值充分拓展的依據與方向。李大釗號召青年將使個體之生命融入宇宙生命歷程之中，使宇宙成為確立自我價值的準則，因為，「宇宙無盡，即青春無盡，即自我無盡。」〔註8〕他指出宇宙具有無盡的青春，而由宇宙實體所衍生的萬物也具有此種青春精神。但是個體的生命有限，唯有通過與宇宙無盡之青春相結合才能夠凸顯出自己生命的意義和價值。實現自我與拯救民族就必須發揚青春的精神。李大釗通過呼籲青年與宇宙全體生命一體化、促進宇宙的「日新」、自我的「日新」，最終達到「說服知識青年自覺與全體人民結合，鼓動並促醒全體人民，創造新的歷史」〔註9〕。

（二）自然實體進化論視野下的歷史

李大釗指出，「時間」就是宇宙自然實體的自然運行的過程，無論「晨」或是「周」都是無始無終、無疆無垠的大自然大實體的表現形式〔註10〕。大實在大自然的運行是刻刻流轉，永不停息的，時間也是刻刻流轉，永不停息的過程，過去、現在與未來之間是相續不斷的。人的生活是連續的，從古到今是一線串聯的大生命體。

過去、現在以及未來，三個相對的時間段中，現在是最重要的，因為過去的已經流入現在之中，而未來的發展又以現在為基礎。所以，李大釗指出，過去把古代視為人類的黃金時代是一種錯誤的認識，那只是人類幼年時期智識未開時的想像，遠古時期社會生產力低下，根本就沒有所謂的黃金時代。他倡導青年們一定要珍惜當下，不能一味的復古，亦不能盲目的脫離實際而空想未來。李大釗提出「過去未來皆現在」的時間觀：「一時代的變動，絕不消失，仍遺留於次一時代，這樣傳演，至於無窮，在世界中有一貫相聯的永遠性」，「『過去』、『未來』的中間全仗有『現在』以成其連續。」〔註11〕

「過去未來皆現在」是一種抽象的時間觀，而不是具體事物運行的時間，它是從價值上立論的。每個時間點上都有它的過去，未來和現在三個維度，點

〔註7〕〔日〕後藤延子著，王青等編譯：《李大釗思想研究》，北京：中國社會出版社，1999年，第29頁。

〔註8〕李大釗：《李大釗全集（最新注釋本）》第一卷，第184頁。

〔註9〕〔日〕近藤邦康著，丁曉強等譯：《救亡與傳統——五四思想形成之內在邏輯》，太原：山西人民出版社，1988年，第191頁。

〔註10〕李大釗：《李大釗全集（最新注釋本）》第四卷，第349頁。

〔註11〕李大釗：《李大釗全集（最新注釋本）》第二卷，第192頁。

與點之間是交錯的，而不是割斷的，通過這樣的方式，以消除對過去價值的盲目否定及對未來價值的盲目追求。李大釗將辯證的認識方法引入到當下的價值判定當中。他批判復古的人對古代價值的盲目推崇，對當下價值的全盤否定。歷史文化是精華與糟粕雜糅的，當下是從歷史發展而來，社會的黑暗既有歷史的因素也有當下的問題，解決社會黑暗的正確方法是努力創造將來而不當努力回到過去。古代人所創已經隨著時間的進化而流於現代之中，古今之間沒有截然的分界，古今是一個大生命的串聯，由此，珍惜當下也就是珍惜往昔，亦為將來奠定基礎。

李大釗指出歷史不但不是永遠退落的，還是以螺旋狀的方式逐漸進步的。人類歷史的發展方向是向前的，是日益發展進化的提升的過程，所謂的黃金時代不在過去而在人類社會發展的前方。人類社會是不斷進步的，理想的郅世是在未來，而不是在過去。人類歷史向前發展的動力源自新舊之間的矛盾運動，正是這種新陳代謝，推動著社會歷史不斷向前。社會歷史的發展過程是一個「自然進化」的過程，這個過程的執行者是人民群眾，「演化是天然的公例，而進步卻靠人去做的」〔註12〕。歷史的自然進化並不排斥人力，相反，人們可以人力促進社會的新陳代謝。

2.1.2　新舊「調和論」

在對待傳統的態度上，相較於陳獨秀而言，李大釗相對溫和。在對待傳統的方法上，李大釗受章士釗等人的影響，採取較為穩健的「新舊調和」說。李大釗指出：「調和云者，即各人於其一群之中，因其執性所近，對於政治或學術，擇一得半之位，認定保守或進步為其確切不移之信念，同時復認定此等信念，宜為並存，匪可滅盡。」〔註13〕調和的雙方立足於自身的立場，並認識到無論保守或進步都是進化不可或缺的力量，如車之兩輪，鳥之兩翼。具體而言，李大釗的調和論具有以下幾個方面的內容：

首先，李大釗指出調和並不排斥競爭，調和之目的在兩存。新舊之間的對立是調和的前提，沒有競爭就沒有調和。調和之目的在調和雙方的兩存，並非毀它以存己，或毀己以存它。李大釗認為不同的民族有不同的文化，文化沒有優劣之分，由此，民族文化的發展應該立足於自身的立場，吸收融合其他民族

〔註12〕李大釗：《李大釗全集（最新注釋本）》第四卷，第 157 頁。
〔註13〕李大釗：《李大釗全集（最新注釋本）》第二卷，第 158 頁。

文化的優勢，促進自身文明的發展。

　　調和的法則為，「自居於一勢力者，能確遵調和之理，而深自抑制，以涵納其他之勢力，此自律之說也，是曰有容。自居於一勢力者，確認其對待之勢力為不能泯，而此對待之勢力，亦確足與之相抵，遂不得不出於調和之一途，此他律之說也，是曰有抗。」〔註14〕調和是「自律」與「他律」產生的結果，沒有居中的第三方存在。「自律」與「他律」都是立足於自身的立場，前者認識到自身的侷限，後者認識到對方的優勢，只有同時滿足「自律」與「他律」兩個條件，才能實現真正的調和。調和不是由對立雙方之外的第三方施加的結果，是對立雙方自身發展的邏輯。李大釗反覆強調，調和的雙方必須立足於自身的立場，調和的目的是促進社會的進化。

　　其次，新舊勢力都是社會進化的兩種不可或缺的力量或者條件，所以，從進化的角度講，新舊之間沒有質的不同。「新者」為社會進化提供新的發展方向，「舊者」則為社會的進化提供穩定的社會秩序。從社會進化的角度說，「新者」偏重追求社會秩序的進步，但並不排斥社會的穩定；而「舊者」強調社會秩序的穩定，也並非排斥社會的進步。並且，「新舊」也無褒貶之意，「舊云保守云者乃與新云進步云者比較而出，其中絕無褒貶之意，亦無善惡之分；如必以新者為善、舊者為惡，進步為褒、保守為貶，則非為客觀所中，即不諳進化之理者也。蓋進化之道，非純恃保守，亦非純恃進步；非專賴乎新，亦非專賴乎舊。」〔註15〕新舊勢力都是社會進化不可或缺的力量。宇宙自然實體的進化就是一個「生死、成毀、衰亡、誕孕」的新陳代謝的過程。

　　再次，李大釗將調和雙方之外的第三方的居間調停稱為「偽調和」。「夫調和之事，既無第三者容喙之必要，則言調和者，自當於新舊二者之中，擇一以自處。蓋雖自居於一方，若為新者，而能容舊勢力之存在；若為舊者，而能容新勢力之存在」〔註16〕。調和的目的在促進社會的進化，而處於新舊勢力之外的第三者，「不近於投機」，就「近於挑撥」，總之，不但無助於社會的進化，反而只會導致新舊之間的衝突不斷加深。面對東西文明之間的差異，我們應該立足於民族的立場，通過審視自身文明的優缺，在肯定自身文明之價值的基礎上融合西方文明的長處。他認為中國文明重精神是一種以靜為主的文明，而西

〔註14〕李大釗：《李大釗全集（最新注釋本）》第二卷，第29～30頁。

〔註15〕李大釗：《李大釗全集（最新注釋本）》第二卷，第159頁。

〔註16〕李大釗：《李大釗全集》第二卷，第30頁。

方文明重物質是一種以動為主的文明，以動為主的西方文明更符合宇宙運行的法則，所以，為復興中國傳統就應該竭力吸收西方動的文明。李大釗的「調和論」既反對保守派的固守傳統而忽視西方文化的主張，也反對主觀的割裂新舊之間聯繫的極端西化主張。

「東方文化」派也提出「調和論」，但其實質是一種「以中救西論」。他們指出精神文明的優劣不能以經濟上的富強為標準，西洋人雖然在物質上獲得了成功，但精神上卻極端貧乏，相反，中國人雖然在物質層面較為貧乏，但精神文明極為豐富。杜亞泉、章士釗等人站在文化民族性的立場，忽視文化的時代性，高度肯定儒家的精神文明具有超時空的價值。杜亞泉說：「吾人當確信吾社會中固有之道德觀念，為最純粹最中正者。」〔註17〕他們認為一戰的爆發證明西方文明已經走上末路，只有借助中國傳統以道德為核心的精神文明才能解除西方文明之弊端。由此，「新舊調和論」就被他們轉化成了「以西救中論」。

李大釗一方面強調文化的民族性，肯定新舊之間的辯證聯繫，在批判傳統之弊端的同時肯定傳統所帶來的積極價值，另一方面他從時代發展的要求出發肯定西方文明的價值，主張積極借鑒西方文明中的積極成果。他認為雖然第一次世界大戰的爆發揭示了西方物質文明的缺陷，但這並不意味著西方文明已經破產。李大釗始終堅持認為，調和論是不同的文明立足自身的立場以吸收其他文明的優勢，以完善自身的發展，它既不是「以西救中」也不是「以中救西」。確切地說，李大釗的調和論是傳統向現代轉化的自我更新法。由此，李大釗指出中國文明應在保持中國自身文明精華的基礎上，吸收西方文明的精華，以促進中華文明的復興。

2.2　孔子觀

孔子是中國文化的典型代表和象徵。對孔子的評價是近代以來中國傳統觀的焦點。今古文經學即有對孔子真精神是什麼的爭論。今文經學認為六經皆為孔子所作，將孔子視為託古改制的「素王」，偏重闡發經文的「微言大義」；古文經學視孔子為「述而不作，信而好古」的先師，偏重訓詁，強調文字訓詁對於治經的重要性。這一爭論一直持續到晚清，康有為站在今文經學立場，將

〔註17〕許紀霖，田建業編：《杜亞泉文存》，上海：上海教育出版社，2003年，第350頁。

孔子宗教化，視孔子為託古改制的素王，並認為託古改制、應時變法才是孔子的真意。康有為批判劉歆，認為劉歆偽造古文經，偽造孔子的形象，使孔子的真精神被遺失，對中國歷史與社會都造成了極大的危害。廣而言之，中國文化的出路必須光復孔子的真精神，摒棄劉歆這樣沒有創造力的傳統。

　　章太炎與康有為有所不同，在辛亥革命時期，他逐漸把孔子還原為一位歷史學者，認為革命者的道德應該從佛教大無畏的精神中去尋找。他從古文經學角度把孔子視為史家，「孔氏，古良史也。輔以丘明而次《春秋》，料比百家，若旋機玉斗矣。談、遷嗣之，後有《七略》。孔子死，名實足以伉者，漢之劉歆。」〔註18〕章太炎視六經為史籍，將經學史學化，瓦解「經」的神聖性，他反對康有為將孔子視為素王的觀點，強調孔子就是一個「述而不作」的先師，將孔子歷史化。章太炎指出，將孔子視為「素王」只不過是後儒為了表達對孔子的尊崇而臆加的封號而已。章太炎對孔子的史學化，一方面還原作為歷史人物的孔子，另一方面消解孔子在政治中的權威地位，從而為從現代學術角度出發對孔子加以認識奠定了基礎。

　　康有為與章太炎雖然對真實孔子的界定不同，章太炎甚至一度對孔子還有所詆毀，但他們並未衝破儒家正統的權威地位。至五四新文化運動時期，激進知識分子們在對政治危機的反思中，將矛頭指向儒家。陳獨秀等人從思想啟蒙的角度認為國人缺乏建立現代民主國家的意識，原因在於儒家在國人思想中的獨尊地位。陳獨秀從倫理政治的角度抨擊儒家政治學術中具有的阻礙建立近代民主制度的內容。陳獨秀把西方的倫理政治與儒家的倫理政治，視為兩種性質截然不同的價值體系。所以，在「不破不立」的認識下，他提出以西方的倫理政治代替儒家的倫理政治的主張。這一主張直接動搖了儒家在傳統政治與學術中的獨尊地位，將晚清知識分子對儒家的認識推向了另一個層面。陳獨秀的「不破不立」雖然對消解傳統的惰性力發揮了正面的作用，但是，此種割裂新舊的方法，也阻斷了傳統中具有價值性的內容向現代的轉化。

　　李大釗從宇宙本體論的角度論證了新舊事物之間的辯證關係，他不贊同陳獨秀割裂新舊的方法，也不侷限於經學的立場，而轉向歷史的維度。他從歷史的角度將孔子劃分為「事實的孔子」與「歷史的孔子」兩種形象，前者指歷史上客觀存在過的真實的孔子本人，後者指孔子逝世後，人們對存在過的孔子的認識。李大釗將孔子置於中國歷史的長河中，一方面拋棄今文經學中對孔子

〔註18〕章太炎著、徐復注：《訄書詳注》，上海，上海古籍出版社，2008年，第51頁。

的神化成分，從自由的角度，肯定了今文經學對孔子創造力以及孔子與時俱進精神的認定；另一方面吸收古文經對孔子的歷史還原，從真理的角度肯定孔子在學術中的求真求實的精神。

2.2.1 「實在的孔子」

（一）「實在的孔子」──歷史上真實存在過的孔子本人

首先，孔子是在具體的歷史環境中誕生的，他所創建的思想學說是為當時的社會服務的。生活於封建專制時代的孔子，他的思想不得不從當時的社會政治經濟條件出發，由此，他所創建的道德、思想確實具有維護封建專制穩定性的內容〔註19〕。李大釗從具體的歷史條件、歷史環境出發，解析孔子的思想，批判了文化保守主義者從抽象層面對孔子價值加以取捨的路徑。李大釗通過對孔子的歷史還原，一方面認識到了孔子思想的歷史侷限性，另一方面也為正確判定孔子思想之精華提供了客觀科學的視角。

其次，真實的孔子是其時代思想文化最大的權威。李大釗稱孔子為「其社會之中樞」、「其時代之聖哲」、「其社會其時代之道德」〔註20〕。「中樞」、「聖哲」以及「時代之道德」都是為了說明孔子在當時社會文化中的極高地位。作為中國歷史上思想文化最高成就的孔子，李大釗充分肯定了其所具有的價值。他稱孔子為中國聖人之最大權威，並明確強調，若把孔子視為我國歷史上一偉大的人物而加以推崇、尊敬，則「絕不讓尊崇孔教之諸公。」〔註21〕批判繼承孔子並非抹殺孔子在中國文化史上的極大貢獻。李大釗對孔子的歷史還原，一方面指出孔子思想中確實含有維護封建專制統治的內容，這是孔子思想具有的時代性；另一方面也肯定了孔子在中國文化史上的卓越貢獻。李大釗以歷史主義的眼光審視孔子的價值，將孔子在文化史上的價值視為一種歷史價值，批判了保守主義者將孔子之價值絕對化、神化的主張。

第三，真實的孔子具有極大的創造力和與時俱進的精神。李大釗從「實在的孔子」中發現了個體的創造性。孔子以維護周公所創建的政治秩序為己任，但他並非盲目的照搬，而是從新的時代條件出發，將新的時代因素融入到傳統的政治思想中，使周公所創建的政治模式具有了新的意義。通過孔子的創造，開創了影響中國兩千年的儒家學派。孔子對中國人而言有兩個方面的作用，從

〔註19〕 李大釗：《李大釗全集（最新注釋本）》第一卷，第 429 頁。
〔註20〕 李大釗：《李大釗全集（最新注釋本）》第一卷，第 246 頁。
〔註21〕 李大釗：《李大釗全集（最新注釋本）》第一卷，第 229 頁。

正面說，儒家之道統正是儒家聖賢皆有創造力的表現，此為「吾華之幸」；從消極面說，因為人們對孔子的頂禮膜拜，一味鞠躬盡禮，導致人們喪失了個人的創造力，此為「吾華之不幸」。

（二）對「實在孔子」之繼承

1. 對孔子創造力的繼承

李大釗感慨道，堯、舜、禹、湯、文、武、周、孔等先聖在前無古人的條件下，創造了偉大的、影響深遠的文化財富，而後人在繼承堯、舜、禹、湯、文、武、周、孔等先聖的文化創造的基礎上，而「堯、舜、禹、文、武、周、孔反以絕跡於後世。」〔註22〕堯、舜、禹、文、武、周、孔以他們的創造力創造了對中國人的政治、經濟、歷史以及社會生活等產生重大影響的道統說，但隨著歷史的發展人們繼承了道統說卻喪失了堯、舜、禹、文、武、周、孔等人的文化創造性。李大釗號召中國人發揮自身的文化創造力，號召國人應該恢覆文化自信，相信經過國人的努力定能夠產生出像孔子等先聖所創造的那樣的文化。他反對國人的墨守成規，盲目崇拜古人的傾向，國人的自我封閉只會成為堯、舜、禹、文、武、周、孔之罪人。堯、舜、禹、文、武、周、孔等古代聖人之所以被後人所尊崇不是因為他們已經制定的法制典章，而是因為他們擁有卓越的創造力，生於千百年之後的我們若不辱聖人就應該學習先聖的創造才能。李大釗認為以孔子的創造力，在新的時代也會創建新的適應時代發展的新學說。後人學習孔子，就是學習孔子本人所具有的勇於創新的精神。李大釗對孔子創造力的肯定一方面受近代西方唯意志論的影響。唯意志論高揚人的意志、欲望、創造力，而這一思想在某種程度上正適應了當時中國社會變革的需求。

另一方面也受到儒家倫理思想的影響。孔子的「舜何人也？予何人也？有為者亦若是」和孟子的「當今之世，捨我其誰？」被李大釗視為一種「有我」、「自重」的精神。他認為繼承孔孟就是「但學其有我，遵其自重之精神。」〔註23〕「有我」、「自重」的精神，就是獨立自主、勇於擔當的精神。儒家強調主體的能動性，「為仁由己」以及「吾欲仁，斯仁至矣」，都是這種能動精神的體現。仁道的實行必須通過主體的自覺和奮發圖強，而堯舜禹湯文武周孔等都具有充分發揮個體的創造力和自覺承擔社會責任的精神，所以，他們能成就仁

〔註22〕李大釗：《李大釗全集（最新注釋本）》第一卷，第153～154頁。

〔註23〕李大釗：《李大釗全集（最新注釋本）》第一卷，第152頁。

道。李大釗倡導人們學習聖人的此種精神。因為，此種崇高的以主體自覺為核心的擔當精神正是挽救民族危亡的精神力量。李大釗自身就踐行了此種擔當精神，他積極投身於拯救民族危亡的前列，為國家和人民獻出了自己寶貴的生命。正是這種大無畏的擔當與犧牲精神才有新中國的誕生。

　　李大釗對孔子創造力的肯定，為其接受馬克思主義的階級鬥爭說奠定了理論基礎。正是因為他看到了階級鬥爭說中對主體能動性的肯定，才極力倡導馬克思主義的階級鬥爭說，並將其視為馬克思主義三大理論的「金線」。在李大釗看來，馬克思主義的經濟基礎論一方面揭示了人類歷史發展的客觀規律，為世界無產階級的革命提供了理論武器，另一方面經濟基礎論也為人的主觀能動性的發揮，即階級鬥爭說奠定了理論基礎，即「把階級的活動歸在經濟行程自然的變化以內」。馬克思主義的革命能動性建立在承認決定性和歷史的客觀作用基礎上，即任何時代的人們都是在先輩的生產力基礎上進行新的創造。當已有的社會生產關係已經無法適應新的社會生產力的發展時，就需要打破舊的生產關係，此時，就需要發動社會變革。李大釗強調在遵循馬克思主義唯物史觀的前提下，必須充分發揮人的主觀能動性，必須認識到階級鬥爭的重要性。他批判了當時社會偏重唯物史觀的經濟基礎論，卻不重視階級鬥爭的傾向，對於唯物史觀若「只信這經濟的變動是必然的，是不能免的，而於他的第二說，就是階級競爭說，了不注意，絲毫不去用這個學理作工具，為工人聯合的實際運動，那經濟的革命，恐怕永遠不能實現。」〔註24〕

　　2. 從「真理」角度對孔子的思考

　　「孔子之道有幾分合於此真理者，我則取之；否者，斥之」〔註25〕。李大釗通過樹立真理至上的價值觀，一方面消解了儒家在中國傳統中獨尊的地位，另一方面在以真理為標準的價值取捨下，人們能更加客觀的認識中西文化中有價值的成分。所以，李大釗說，對於佛教以及基督教思想我們都應該以真理為標準，符合真理的部分則繼承，與真理相悖的部分則摒棄。

　　何為真理？「宇宙間有惟一無二之真理。此真理者，乃宇宙之本體，非一人一教所得而私也。」〔註26〕真理即對宇宙自然實體運行規律的認識。李大釗的宇宙進化論已經說明宇宙自然實體在時空上都是無窮無盡的，並且永在進

〔註24〕李大釗：《李大釗全集（最新注釋本）》第三卷，第6～7頁。

〔註25〕李大釗：《李大釗全集（最新注釋本）》第一卷，第245頁。

〔註26〕李大釗：《李大釗全集（最新注釋本）》第一卷，第244頁。

化的途程中，而人們對真理的認識就是對宇宙自然實體的進化過程的認識。但個體是有限的存在，所以，這就決定了有限的個體無法全面的認識無盡的宇宙進化過程。無論聖凡都是生活於一定時空條件下的，人們對宇宙自然實體的進化過程的認識也是有限的。李大釗通過論證宇宙的無限與個體的有限性，批判將儒家思想視為永恆不變的真理的觀點。

　　李大釗認為只有運用科學這一方法才能準確的認識自然實體運行的規律。「真理者，必能基於科學，循其邏輯之境，以表現於人類各個之智察。」〔註27〕對真理之認識不但需要遵循因果關係，還必須從時代本身出發，即必須明瞭自身當下所處的各種社會條件，認識者自身的知識儲備、具體的社會條件、自身的社會地位等。對真理之認識，除了對事物因果規律的認識，以及對當時社會境遇的認識，還必須樹立自我主體意識，相信自我具有認識真理的能力，樹立主體的自信力，自信是「真理之途徑」。

　　李大釗建立新的真理觀，然後以新的真理觀為指導對孔子之思想加以批判吸收。前面已經論述到，李大釗認為真理即對宇宙之本體的認識，不同時空中的人們對真理的認識是不同的，世界上幾大聖人，孔子、基督、穆罕默德、釋迦牟尼等只是揭示了真理的某一部分，我們可以吸收他們的思想但我們不能完全被他們的思想所奴役。李大釗將不同大哲之思想比作不同的食物，人之身體需要各種營養才能正常運行，同理，人的精神也需要各種精神養料才能發展，李大釗分別將孔子、釋迦摩尼、基督、默罕默德比作牛肉、雞肉、蝦、蟹。人通過食用各種食品，將其轉化為自身所需要的能量，人也通過學習吸收各種不同的思想文化，並將其轉化成自己的思想。李大釗的比喻或許不是那麼恰當，但他通過這一比喻是為了說明人的思想的發展是建立在兼收並蓄的基礎之上的，不是使自己成為孔子、耶穌等聖賢之奴隸，而是使這些聖者之思想為我所用，成為自己進行思想創造的資源。

　　依據新的真理標準，孔子之「創造之力」和「日新之旨」都是值得我們加以學習和繼承的內容。孔子在他所處的時代發揮了他的創造力，建立了符合當時社會發展的政治制度以及道德學說，反應了當時的時代精神。所以，學習聖人即學習聖人之創造力和日新之旨，而不是將儒家視為永恆不變的真理。對孔子之正確態度在繼承發揚孔子思想中適應時代發展需要的部分，摒棄其思想中陳腐落後已經失去生命力的成分，這才是正確的繼承孔子之道，設若不分正

〔註27〕李大釗：《李大釗全集（最新注釋本）》第一卷，第244頁。

誤一味的盲從接受只會導致「錮青年之神智，閼國民之思潮，孔子固有之精華，將無由以發揮光大之，而清新活潑之新思想，亦末由濬啟其淵源」〔註28〕。

　　孔子的政治理想是恢復周朝的政治秩序，崇尚周公的禮治，強調「仁」這一主體內在價值在禮治中的重要性。面對春秋時期政治秩序的崩潰，孔子力圖挽救崩潰的政治秩序，他認為只有主體內在的對禮的認定，才能在客觀上形成真正的禮治秩序。孔子刪詩書定禮樂就是為了恢復周朝的文化，以為當時的社會的發展提供理論依據。孔子的政治理想是復古即：「郁郁乎文哉，吾從周」，對於經典也採取的是「述而不作，信而好古」的態度，雖然，孔子融合了新的時代因素，但其目標是為了維持即有的傳統，其最終的政治目標也是復古的。李大釗卻強調孔子的創造力、孔子的與時俱進的精神，這都是為了應對當時的時代需要。儒家作為中國文化傳統的主導，當中西文化之間的價值論爭到達不得不做出抉擇時，對儒家的反思就成為時代的主題，如何看待儒家，如何看待孔子，成為當時爭論的焦點。尊孔派如康有為等，從今文經學的角度，將孔子轉化成托古改制的教主，將西方的進化論、民主、平等、自由等資產階級政治理念引入到孔子的思想中，把孔子西化。同時，康有為也區分了孔子的兩種形象，他認為孔子自去世之後，就被後世儒者歪曲、篡改，喪失了孔子的真精神，他說：「始誤於荀子之拘陋，中亂於劉歆之偽謬，末割於朱子之偏安，於是素王之大道暗而不明，鬱而不發。」〔註29〕康有為所認定的真孔子是經過他的神化與改造過的孔子形象，這與歷史上真實存在的儒家創始人孔子有根本的不同，他擴大了孔子的經世精神。康有為極力批判劉歆，認為劉歆為了「佐莽篡漢」的政治需要而偽造孔子，泯滅了孔子的「微言大義」，造成極大的危害。康有為站在今文經學的立場視孔子為經邦濟世的素王，他雖然看到了儒家的經世傳統具有嫁接西方理論的作用，但是他並沒有看到儒家思想中具有現代意義的真精神。而李大釗以真理和自由為標準，從孔子的思想中找到了具有現代意義的價值成分：主體的創造力以及與時俱進的精神。

　　康有為認為儒家的倫理道德價值具有超越時代的永恆性，主張將儒家的倫理道德修養載入憲法，恢復儒家在政治中的地位。李大釗認為儒家的等級性因素以及儒家與政治相結合導致的思想專制，都是阻礙中國傳統發展的弊端，是必須清理掉的內容。李大釗認為只有將孔子思想中符合時代發展的部分加

〔註28〕李大釗：《李大釗全集（最新注釋本）》第一卷，第230頁。
〔註29〕康有為：《康有為全集》第三集，上海：上海古籍出版社，1992年，第192頁。

以繼承和發展，才是真正的繼承傳統，才能使儒家傳統走向復興。

2.2.2 「歷史的孔子」

　　孔子作為儒家的創始人，創造了一套完整的宇宙觀、世界觀、人生觀系統。孔子以恢復周公禮樂文化為自己的天命，不僅上承三代禮樂文化，且代表士人知識分子開始自覺。孔子繼承並發展「天命」觀念，挖掘「德治」和「民本」思想因子，以文化和道德作為判定社會關係和社會事物的尺度，對中國歷史文化產生了極其重大的影響。此種影響，除了孔子本人的創造，還有孔子後學的繼承與發揮。如何看待孔子本人以及孔子後學也是反思儒家傳統的重要問題。新文化運動時期，在對孔子的反思中，已經出現將孔子劃分為先秦之前與先秦之後兩種孔子形象。尊孔派企圖通過這樣的劃分，確立儒家在中國文化當中的地位。如童錫祥於 1916 年在《清華週刊》第 87、89 期上刊載了《定孔教為國教論》一文，他認為孔教並不是專制制度的護身符，「謂孔教果為專制護符乎？奈何不觀之唐虞三代之孔教，而觀秦漢以後之孔教？唐虞禪讓，湯武革命，皆孔子之所許，實孔教之真意也。」〔註30〕也就是說，孔子的本意並非維護專制，並且，童錫祥進一步指出孔子被專制帝王所利用，不是孔子自身的原因，是專制制度本身所導致的結果，設若基督教起源於中國，也會屈服於專制的魔力之下。尊孔派企圖將孔子與孔子的後學分開，就是為了撇清專制與儒家之間的關係，把儒家改造為與近代民主制兼容的思想。

　　李大釗認為孔子所創建的儒家確實帶有其時代的特質，也確實具有維護封建專制統治的思想內容，同時，他也認識到了儒家後學對孔子思想的改變。當孔子逝世之後，他的後繼者們就對他的思想展開了不同角度、不同層面的闡述，由此，形成了不同於孔子本身的諸種歷史的孔子形象。人們所理解的孔子帶有理解者所處時代的特徵和個性化特質，它不同於實在的曾經真實存在的獨一無二的孔子，歷史的孔子是經過歷史加工過的，帶有認識者的個性與時代性特質。從這一角度講，各個時代都有自己的孔子形象，漢唐時期、宋明時期以及現代所理解的孔子都不相同。李大釗指出，自漢代獨尊儒術，孔子被神學化，成為神道設教的代言人；宋明時期，周敦頤、二程以及朱熹等將佛教和道家思想融入儒學，實現了儒釋道的融合，將孔子義理化；經過這兩個時期的發展，孔子被轉化成封建統治階級的護身符。至近代，孔子又被袁世凱和尊孔派

〔註30〕《清華週刊》，1916 年 11 月 15 日。

改造成帝制復辟的工具。近代以來隨著中國社會經濟結構的變化，商品經濟的發展打破了封建農業自然經濟與手工業相結合的經濟結構，被神聖化的孔子作為專制時代的產物，失去了其賴以存在的基礎，無法適應時代的需要，成了歷史的遺跡。歷史的孔子具有以下幾個方面的特徵：

首先，「歷史的孔子」已被人們神化，充滿各種迷信色彩。李大釗說必須刪除掉附加在真實孔子身上的各種迷信傳說，才能使孔子的真精神得以彰顯。古人在為孔子作傳時，常通過神化孔子的方式，達到維護封建專制制度的目的，這就歪曲了真實的孔子形象。所以，在新的時代我們在為孔子作傳時，就應該注意孔子思想產生的社會背景，從歷史事實中去認識孔子，把那些荒誕的附加在孔子身上的神話傳說一律刪除〔註31〕。對於被人們所神化的孔子，我們應以科學的理性精神認識孔子，還原真實之孔子形象。李大釗說：「科學之精神必能淪浹於靈智。此種精神，即動的精神，即進步的精神。一切事物，無論其於遺襲之習慣若何神聖，不憚加以驗察而尋其真，彼能自示其優良者，即直取之以施於用。」〔註32〕

其次，「歷史的孔子」被封建專制統治者塑造成文化專制的工具。對於被封建專制統治者所利用的以維護封建專制統治的孔子則是必須摒棄的。李大釗明確指出他所批判的孔子是被封建專制統治者「所雕塑之偶像」，「專制政治之靈魂」〔註33〕，並非孔子本人。封建專制統治者所塑造的孔子形象是封建專制統治的保護傘，是維護專制統治者對人民的壓迫和剝削。被封建專制統治者所利用的孔子是封建專制等級制度之靈魂。李大釗對孔子的批判就是要清理掉被封建專制統治者利用的維護封建等級制度的孔子。專制君主利用儒家作為自身統治的護身符，將孔子推至至尊至高的位置，尊為至聖，奉為先師，將祀孔上升至祭天的高度，實質是為封建專制統治的合法性尋找最高最根本的依據。

封建統治者利用孔子「思不出其位」的主張，把人民之視聽言行（「非禮勿視，非禮勿聽，非禮勿言，非禮勿動」）都嚴格規範在「禮」的範圍，形成了「齊一好惡」、「鉗制思想」的文化專制主義。他們以維護自身的封建專制統治的利益為目的，統一好惡有無的標準，束縛人們的思想，使人們成為服務於封建專制統治的奴隸。這種以法制的方式「但求其同，不容其異」的做法，實

〔註31〕李大釗：《李大釗全集（最新注釋本）》第四卷，第404頁。
〔註32〕李大釗：《李大釗全集（最新注釋本）》第二卷，第217頁。
〔註33〕李大釗：《李大釗全集（最新注釋本）》第一卷，第247頁。

質是一種思想專制。封建專制統治者利用此種思想專制束縛人民的思想，扼殺人民的創造力，使廣大人民成為封建專制統治的奴役的對象。

此外，封建統治者還把孔子「述而不作，信而好古」的主張發展成「因襲」「托古」的學風，所謂「先聖創其規儀，後儒宗其規式」。李大釗指出國人言必稱堯舜禹湯武周孔之說，義必取詩、書、禮、易、春秋，即使行為舉止也都嚴格遵守禮教，但有不當之處就心難以安，「終以沿承因襲，踏故習常，不識不知，安之若命。」〔註34〕是非標準皆以古為準，只會導致國人智識的萎靡不振，泯滅國人的創造力。知識分子們將聖人之言行視為「嘉言懿行」，視為「天經地義」，無人敢違背絲毫，他們只知道「鞠躬盡禮」於聖人之前，趨承「敗宇荒墟、殘骸枯骨」之前而毫無生氣。他們只知道臣服於孔子之思想，沉浸於「風經詁典」，忽視新思想，也忘卻了自己所肩負的新使命，導致中國的學術思想停滯不前。此外，封建專制統治者以聖賢之經訓，先君之制度，加以武力的威脅更鞏固了學術專制的局面。

第三，「歷史的孔子」被專制統治者改造成為維護專制統治的政治工具。漢代「罷黜百家、獨尊儒術」將儒家思想與封建專制統治相結合，確立了儒家在政治思想領域獨尊的地位，「尊孔」與「帝制」成為一種穩定的組合方式。儒家成了封建專制制度的官方意識形態。正如詹姆斯・R・湯森所說，經過專制統治者的改造，儒家形成了一種整合力量，以此論證統治的合法性，在確定國家的目標的同時，提出了共同的價值觀以調和社會中的各種利益。總之，儒家意識形態將官方和社會整合起來，使它們臣服於封建專制權威之下〔註35〕。

歷代封建專制君主所奉為先師，尊為至聖的孔子，並非孔子本人，而是維護封建專制統治的工具。至五四時期，康有為等尊孔派仍然企圖將儒家的修養之道列入憲法當中，延續儒家在中國思想界中的獨尊地位。袁世凱正是認識到儒家與專制制度之間的關係，發布尊孔令，為帝制復辟做準備。1914 年 9 月 25 日，袁世凱發布了《祭孔告令》宣稱：道德是中國數千年以來的立國之本，國家的政治、倫理、社會風俗等都以先聖所創建之道德為基礎，國有治亂之別，但「孔子之道，亙古常新，與天無極」〔註36〕。中國自古以道德立國，中國之

〔註34〕李大釗：《李大釗全集（最新注釋本）》第一卷，第 152 頁。

〔註35〕〔美〕詹姆斯・R・湯森，布蘭特利・沃馬克著；顧速，董方譯：《中國政治》，南京：江蘇人民出版社，2003 年，第 32 頁。

〔註36〕轉引自陳元暉主編：《中國近代教育史資料彙編——學制演變》，上海：上海教育出版社，2007 年，第 743 頁。

政治、倫理、風俗都深受儒家思想的影響,這一前提是尊孔派與批孔派的共識。袁世凱正是認識到儒家思想是一套精細的維護封建專制制度的思想體系,才致力於恢復儒家的獨尊地位。李大釗等批孔派堅決反對借用儒家做為官方意識形態的行為,他們認為儒家與帝制之間的內在聯繫必然導致專制的復辟。

李大釗從思想自由的角度反對將儒家列入憲法當中。憲法之目的在保障國民之自由,不是為了維護聖人的權威。他將被封建專制統治者所利用之孔子稱為「殘骸枯骨」,認為憲法是「現代國民之血氣精神」的保障。憲法本質在保障人們的自由,如果將孔子之道列入憲法就違背了思想自由原則。因為,世界上有助於個人道德修養的學說理論並不限於孔子一家,人們可以從自身角度選擇除孔子道德理論之外的任何其他思想,這也是信仰自由原則的體現。但是如果將孔子的修身之道列入憲法,則人們遵循憲法所規定則違背思想自由原則,而人們若信仰其他思想則又違背憲法,所以,將孔子修身之道列入憲法是行不通的。

將儒家思想列入憲法之爭反映了傳統以德治國向近代依法治國轉變過程中的衝突。康有為等保守派依然堅持儒家以德治國的有效性,並試圖將其上升到新的政治權威的高度。憲法是國家大法,是最高的權威,而將儒家列入憲法,就等於恢復了儒家在政治上獨尊地位。儒家以德治國的理念在封建自然經濟時代確實發揮了維護封建專制統治的作用,但是,近代以來西方工業經濟的入侵已經改變了傳統以農業自然經濟為主體的經濟結構,儒家以德治國的理念已經無法應對新的時代需要。與近代工業經濟結構相應的是現代法治觀念。袁世凱將孔子修養之道列入憲法是為帝制復辟做思想準備。儒家思想對於袁世凱而言就是實行專制統治的工具。

李大釗與陳獨秀都極力反對將儒家列入憲法的做法,他們認為將儒家列入憲法的實質是重新確立儒家的獨尊地位,而儒家與政治的結合,一方面會導致帝制復辟的危險,另一方面違背了思想自由的原則。陳獨秀認為儒家的禮教尤其是三綱思想崇尚等級尊卑違背了憲法的民主原則,而李大釗則從自由的角度出發,認為自由才是人之本質,是人生存的最基本權利,將儒家立於政治上的獨尊地位違背思想自由原則。陳獨秀與李大釗並不反對儒家的修身之道,並認為個人完全可以從個體角度出發學習孔子所創建的道德修養體系,但是他們極端反對從國家層面出發將儒家思想轉化成維護政治統治的工具。因為儒家與憲法相結合容易導致儒家思想中的封建落後成分被專制之徒所利用,

最終導致專制制度的死灰復燃。李大釗強調專制與自由是不相容的，維護封建專制制度的儒家不能列入以自由為根本的憲法中。設若將維護封建專制的儒家列入憲法當中，則憲法也就成為維護封建專制之憲法而不是維護自由之憲法〔註37〕。專制與自由相反，憲法是為保障人之自由而設，孔子是為專制制度服務的，所以，孔子不能列入憲法當中。李大釗指出將孔子之思想列入憲法是以歷史之陳死之人壓制社會之活心理的愚昧行為。

　　自由的核心價值在對人的主體價值的確認，即對自我本質的佔有和把握。李大釗是從自由對於人的價值和人的本質意義的角度來認識自由的，自由是人類生存的必要條件，人若無自由，則人就失去了生存的價值〔註38〕。人類的生活史就是一部追求自由的歷史，自由是人最根本的生存價值，李大釗將自由歸結為人類社會歷史進步的終極原因。思想自由和精神解放，是人的創造力和進取心的前提。人的精神若處於奴役狀態，就失去了創造和進取的可能性，就無所謂個人之自由。一個民族也是如此，民族喪失思想自由，正如機體之血液停滯，血液不暢，機體之生命力便漸漸消失，整個民族也會陷入停滯狀態，最終走向滅亡的命運。

　　李大釗將自由分為兩個部分：個體內在的思想自由與外在的社會自由。實現個體思想自由就需要打破聖賢偶像所造成的精神束縛，實現個體社會自由就需要推翻封建專制制度，建立保障人民自由的憲政。李大釗認為「聖人與皇帝」的存在是造成國人不自由的兩大根本原因。皇權政治、家族制度和儒家等級思想，戕賊了個人之人權，個人之自由，所以，求個人自我之解放，就必須破除「孔子之束制」。皇權摧殘百姓的人身自由，被轉化成聖人的偶像壓制人們的思想自由，掃除聖人之權威，解放人的思想是人們解放道路中最重要的內容。所以，李大釗在論述制定憲法的原則時強調，「其他皆有商榷之餘地，獨於思想自由之保障，則為絕對的主張」〔註39〕。因為，人們只有自由地發表意見，並將這種意見傳達至政府機構，才能使民意轉變成政府之意志，也才能夠使政府更準確的執行民意。

　　李大釗對自由的認識深受十九世紀英國政治思想家約翰・穆勒的影響。穆勒在《論自由》中所指的「自由」是「社會自由」或「公民自由」，即社會所

〔註37〕李大釗：《李大釗全集（最新注釋本）》第一卷，第242頁。
〔註38〕李大釗：《李大釗全集（最新注釋本）》第一卷，第228頁。
〔註39〕李大釗：《李大釗全集（最新注釋本）》第一卷，第231頁。

能合法施加於個人的權力的性質和界限。穆勒指出人的行為，只有在涉及他人的權利時才須對社會負責，而在只涉及本人時，自己是最高主權者，他的獨立性在權利上是絕對的。穆勒認為只有個體個性的充分自由的發展，才能實現個人之幸福，才能促進社會的真正進步。李大釗吸收了穆勒對自由的劃分，肯定穆勒對個人自由的主張，強調人的價值、尊嚴和個性的發展。李大釗的自由觀不僅受到穆勒自由觀的影響還吸收了心學對個體價值以及個體內在自由的肯定。個人內在自由只以真理為界，提倡個人，重視自我，李大釗將心學對個體價值與內在自由的肯定轉變為一種對主體性價值的高度肯定，他借用孔孟對自我價值的肯定彰顯「有我」精神之可貴。

第一次世界大戰的爆發，資本主義制度的諸種弊端開始暴露，李大釗開始重新審視西方資產階級的價值理念。他認識到自由不是天賦的，是人們從鬥爭中獲取的，自由是通過勝利才能獲得的，人慾得自由，則不能不付出相當之努力。所以，李大釗提出了「努力爭自由」的口號，動員人民群眾通過自己的努力去積極爭取自身的自由。他認識到自由所具有的階級性，資產階級的自由是少數資產階級統治者的自由。只有社會主義的自由才是多數的廣大人民群眾的自由，只有社會主義才能科學的處理自由與秩序之間的關係，真正實現人的自由。

2.2.3　馬克思主義理論視野下的儒家

李大釗在接受馬克思主義唯物史觀之後，立即將唯物史觀的原理運用於分析儒家思想，開啟了中國近代以唯物史觀研究中國歷史文化的先河。

首先，李大釗分析了儒家思想產生的經濟原因與制度原因。李大釗從地理位置、自然環境等的不同將世界文明劃分為東洋文明和西洋文明兩大系統。東洋文明因為光照豐富，所以，自然的物產也豐富，形成以農業為本位的農耕文明。農耕文明需要大量的勞動力，最終形成大家族制度。男子作為農業生產的主力是家族權力的掌控者。因為中國是以農業為主的國家，所以，形成以大家族制度為生產單位的宗法社會結構〔註40〕。

家族是中國傳統社會的基本單位。在封建宗法社會中，家族是社會的基本單位，個體的價值是通過家族來體現的。個人的權利、個性、自由等被拘束在家族之內。所以，李大釗說「從前的中國，可以說是沒有國家、沒有個人、只

〔註40〕李大釗：《李大釗全集（最新注釋本）》第三卷，第 144 頁。

有家族的社會。」〔註41〕在大家族制度下，家族利益高於個人利益，個人的價值取向完全以家族為導向，個性完全淹沒在家族之中。在儒家傳統中，個體是群體中的個體，從價值優先性上講，國家的利益高於家族的利益，家族利益又大於個體利益。

儒家將倫理道德視為人的本質，而倫理道德必須在人際關係中才能發揮作用，從倫理上講沒有獨立於倫理關係之外的個體。血緣關係是儒家倫理產生的基點，任何人都無法脫離血緣這一自然存在的聯繫，而儒家就是從人與人之間客觀存在的血緣關係的角度，論證倫理為人之本質。血緣關係本身就具有不平等性，子女的生命是父母給予的，父母對子女具有自然的權威性，儒家就是將此種不對等的關係擴展為具有等級性的君臣關係。在封建專制制度下，王土臣民皆為封建君主所有，人民的所有都是君主賜予的，正如父母給予子女的生命。儒家從血緣關係角度創造出「孝」，然後由「孝」推展出「忠」，以血緣關係比對政治，使政治成為家的放大體。儒家通過將政治倫理化以論證封建專制統治的必然性。最終形成，個人從屬於家族，家族從屬於國家的輕個體重集體的價值觀。

近代西方資產階級從自然法的角度強調人的自然本性、肯定人的尊嚴和價值。他們認為平等、自主、自尊、自衛等，人所擁有的權利是人的「自然本性」，由自然法所支持，實在法無權限制或剝奪。天賦人權論高揚個性，推崇個體主義價值觀。李大釗用天賦人權論分析儒家的倫理觀念，得出的結論就是家族對個人權利、自由以及個性的束縛，這是法治與禮治、個人主義價值觀與集體主義價值觀相衝突的表現。

李大釗指出儒家倫理是一種「損卑下以奉尊長」的等級倫理。儒家的倫理「是使子弟完全犧牲他自己以奉其尊上的倫理」，儒家的道德「是與治者以絕對的權力責被治者以片面的義務的道德。」〔註42〕儒家的「忠」、「孝」、「節」都是強調一方凌駕於另一方之上。君、父、夫對於臣、子、婦擁有絕對的權力，而臣、子、婦僅有服從權力的義務。這種極端的權力義務關係體現為君權、族權、父權、夫權，維持了封建社會的穩定。中國傳統社會以大家族制度為基礎最終形成以血緣關係為紐帶、以父權為中心，家國一體化的政治格局。李大釗對儒家倫理的批判是近代民主平等意識覺醒的體現。近代民主平等觀念強調，

〔註41〕李大釗：《李大釗全集（最新注釋本）》第三卷，第 148 頁。
〔註42〕李大釗：《李大釗全集（最新注釋本）》第三卷，第 145 頁。

人與人在權利地位上的對等，否定等級觀念。李大釗以近代法治的平等觀念運用到對儒家倫理道德體系的批判中，最終只能認識到儒家倫理道德體系中的不對等性內容。這是近代法治思想與傳統倫理思想之間衝突的體現。無論是李大釗還是陳獨秀，他們首先是將近代民主平等觀念視作倫理範疇，其次才以倫理化的民主平等觀念作為審視儒家傳統的理論武器。也就是說，他們雖然在內容上借用的是西方的觀念，但在思維方式上依然是傳統的倫理思維方式。

李大釗站在唯物史觀的角度，認識到中國的大家族制度不僅是一種血緣組織，更是一種經濟生產組織，「一面是血統的結合，一面又是經濟的結合」〔註43〕。李大釗初步認識到了家族制度與封建自然經濟之間的關係，這為變革家族制度找到了新的突破口。

其次，李大釗從儒家產生的經濟基礎出發，認為儒家之所以能對東亞及其他國家產生一定的影響，是因為東亞其他國家在經濟基礎上與中國相似。李大釗指出儒家在歷史上對整個東亞文化都產生了重大的影響。日本、朝鮮、越南等國，因為他們的農業經濟結構和中國相似，所以，也深受儒家思想的影響〔註44〕。孔子作為文化的創造者和最高典範，作為一種文化符號，在世界文化中具有舉足輕重的地位和作用。

第三，李大釗從經濟基礎決定上層建築的原理分析儒家在近代中國思想發生變動的原因。李大釗指出孔子的思想因為「經濟上有他的基礎」，所以孔子能對中國產生長達兩千多年的影響，不是因為孔子的思想是永恆不變的絕對真理，而是因為孔子的思想適應了中國兩千年來穩定的小農自然經濟的生產方式。封建的小農自然經濟的生產方式在制度上表現為以家族為單位的封建宗法制，而儒家正是封建宗法制的產物。

近代西方商品經濟的入侵，導致中國以農業經濟為主的經濟結構的解體，而建基於封建自然經濟基礎上的大家族制度也漸入沒落，適應自然經濟以及維護大家族制度的儒家思想也不得不「跟著崩頹粉碎了」。社會經濟結構的變化引起社會制度的變化，而作為社會上層建築的思想文化也不得不隨著經濟、制度的變化而變更。近代西方商品經濟強調個人的自由與獨立，它要求實現個人在經濟、政治、思想上的自由和權利。具體而言，實現個體在經濟上的獨立地位，實現男女平等，打破封建特權實現人人的自由、平等與民主。

〔註43〕李大釗：《李大釗全集（最新注釋本）》第三卷，第144頁。
〔註44〕李大釗：《李大釗全集（最新注釋本）》第三卷，第145頁。

　　李大釗以馬克思主義分析儒家思想產生的基礎，以及儒家思想在中國思想文化中的地位和作用，並說明了儒家思想的世界影響，這都是新的理論研究成果。這開啟了將馬克思主義原理運用於中國歷史文化研究的道路。但因歷史條件的限制，李大釗將馬克思主義唯物史觀理解成經濟決定論，沒有認識到上層建築對社會基礎的反作用。所以，李大釗在分析儒家思想對中國的影響以及對其他民族的影響的時，忽視了儒家思想本身所具有的正面價值。早期馬克思主義者在對馬克思主義理論的理解上還存在不成熟性，這也是當時的時代條件使然。

2.3　民本觀

　　李大釗接受了馬克思主義的唯物史觀，找到了創造歷史、建立新社會的力量，即人民群眾。由此，李大釗批判吸收了儒家的民本傳統中對民意、民力、民德的重視，同時，批判了儒家民本傳統中缺乏民治、民主等觀念，把民本傳統具體化、唯物化了。李大釗將民本傳統從抽象的概念層面論證民的重要性，落實到具體的社會生產實踐中，從客觀的物質生產活動中說明人民才是歷史的創造者，人民才是政治的主體。

2.3.1　儒家的民本傳統

　　民本是「民為邦本」的簡稱，「民為邦本」出自《尚書・夏書・五子之歌》：「皇祖有川，民可近，不可下，民唯邦本，本固邦寧」〔註45〕。民本之「本」指統治之根本、基礎。首先，「本」指民為治理之對象，沒有民的存在，也就沒有統治秩序的存在，「君者，民之心也；民者，君之體也」〔註46〕；其次，民為國家的經濟基礎，孔子說：「百姓足，君孰與不足？百姓不足，君孰與足？」〔註47〕再次，民具有顛覆政權的力量，《荀子・王制》：「君者，舟也；庶人者，水也。水則載舟，水則覆舟」〔註48〕。民本是在君民架構中界定的，以民為本

〔註45〕〔清〕阮元校刻：《尚書正義》，《十三經注疏》（一），北京：中華書局（清嘉慶刊本），2009 年，第 330 上。

〔註46〕〔清〕蘇輿撰，鍾哲點校：《春秋繁露義證》，北京：中華書局，1992 年，第 320 頁。

〔註47〕〔清〕程樹德撰，程俊英、蔣見元點校：《論語集釋》，北京：中華書局，1990 年，第 851 頁。

〔註48〕〔清〕王先謙撰，沈嘯寰、王星賢點校：《荀子集解》，北京：中華書局，1988 年，第 152～153 頁。

的目的在服務於統治秩序。民意是天意的表現，民之輿論表示著天的政治監督功能。召穆公曾向周厲王進諫說明為治者必須注意民情輿論，他將「防民之口」比作「防川」，民潰如川潰，必多傷人，所以，治民者正如治川者，疏之導之，使民暢達其意，才能防止民怨〔註49〕。

中國有源遠流長的民本傳統：周公提出「敬德保民」說；孔子提倡「德政」，提出「惠民」、「富民」、「養民」、「保民」等措施；孟子提出「民貴君輕」論，強調民心的重要性，得民心者得天下；荀子有「君舟民水」說；柳宗元指出「吏為民役」；黃宗羲「君客民主」等。孫廣德指出安民、保民、養民和教民等是民主思想的核心內容，而尊重民意和重視人民的地位是民本的基點〔註50〕。尊重民意指統治者在制定政治措施時應以民心為指導，重視人民之地位，即認識到人民在政治格局中的地位，安民即不擾民維持穩定的社會秩序，保民即衛民免遭外部的侵略，養民即解決人民的生活問題，教民即對民的道德教化。

民本傳統通過對封建專制君主的批判與限制，以及對民力、民心、民德的重視，其最終目的在維護封建專制政治秩序的穩定。民本思想通過在君之外設置一個至高無上的「天」，以監督君權。君為「天」之子，君是天意的執行者，必然受到天意的監督；而民由天所生，天立君以為民，民意即是天意的體現；所以，君必須順民意。民本思想雖然認識到人民在政治秩序中的地位，認識到人民力量的強大，但是在民本思想中，統治者與人民之間的關係依然是統治與被統治的關係，統治者是所謂安民、養民、保民、教民政策的制定者，民只是等待封建統治階層垂青的存在。民本沒有改變民為被治者的地位，封建統治者始終是人民的主宰。並且民意對君的限制只是封建王朝統治的最低限度，人民只要還能生存他們是不可能發起革命以推翻封建統治秩序的，只有到了除了推翻統治秩序別無其他選擇時，人民才會走向革命的道路。

晚清時期中國先進知識分子借用民本來理解和對接近代西方資產階級的民主觀念。梁啟超通過比較「民本」與「民主」兩者的差異，肯定民權的價值。梁啟超借用美國總統林肯對民主的闡釋，以說明民本和民主的差異。西方民主包括三個方面：of the people，by the people and for the people，但中國的民本思想只有 of the people 和 for the people〔註51〕。梁啟超認為西方的民主包含民

〔註49〕〔清〕徐元誥撰，王樹民、沈長雲點校：《國語集解》，北京：中華書局，2008年，第10頁。

〔註50〕孫廣德：《我國民本思想的內容與檢討》，上海：三聯書店，1988年，第3頁。

〔註51〕梁啟超：《先秦政治思想史》，湖南：嶽麓書社，2010年，第6頁。

治、民有、民享三方面內容，而儒家的民本則只包含民有、民享，缺乏民治的內容。所謂「民治」即「政由民出」，人民自身行使國家主權。基於這一認識，梁啟超大倡民權觀念，試圖通過政治制度的改良確立民權的地位。

　　孫中山將民本視為近代西方資產階級的民主，他認為傳統民本與西方民主的區別在於，中國「有其思想而無其制度」。他反覆申明：「兩千多年前的孔子、孟子便主張民權」〔註52〕，並將孟子視為民主思想的鼻祖。孫中山以民本對接民主思想，雖然一方面保存了傳統思想，也緩解了國人對民主思想的排斥，但是，將民主等於民本只會導致強民主以就民本的傾向，使民主失去了原本的意義。

　　雖然維新知識分子與革命派在建立近代西方資本主義政治制度的方式和策略上有不同，但他們都充分肯定儒家的民本傳統。孫中山認為引進西方資產階級的民主共和制度只是將中國古已有之的民主思想落實於實踐，梁啟超認為引入西方資產階級的民權概念是為了補充民本思想的缺陷。他們對於民本思想本身具有的侷限性還未有理性的認識。到五四時期，中國先進知識分子們從新的角度對民本傳統進行了新的理論探索。陳獨秀站在民主主義的立場，極力區分民主與民本的差異，批判了康有為將民本等於民主的觀點。李大釗則在區分民本與民主的基礎上，發掘出了民本思想中的積極因子，促進了民主思想的發展。這是李大釗調和論思想在政治思想領域中的體現。

2.3.2　對民本的吸收

（一）早期唯民主義思想

　　李大釗首先對人民之苦難充滿了深切的同情。1913 年 4 月在《大哀篇》中他痛斥封建專制統治給人民造成的苦難，尤其是辛亥之後，政治當局假共和民權之名以行一己之私利，對人民實施殘酷無道的統治，給人民造成更為巨大的災難與痛苦。李大釗哀歎到：封建專制制度殘害國人數千年之久，從秦朝建立封建專制，政治、經濟、學術等都實行嚴酷、慘無人道的專制統治，摧殘人性〔註53〕。中國封建專制社會下的「以暴易暴，傳襲至今」導致民不聊生，李大釗稱之為「君禍」。以無數革命烈士之鮮血換來了辛亥革命，終於推翻了統治中國長達兩千多年的封建專制制度，但以實現人民之共和幸福為目的的辛

〔註52〕陳錫祺：《孫中山年譜長編》下，北京：中華書局，1991 年，第 701 頁。
〔註53〕李大釗：《李大釗全集（最新注釋本）》第一卷，第 10 頁。

亥革命並沒有解民於水火。辛亥革命之成果被一群烏合之眾所竊取，最終導致遠離民眾幸福的假共和。所謂民政變成了少數豪強的專政，所謂民權也被少數豪強所竊取，所謂民之幸福也被少數豪強所掠奪。

其次，李大釗強調民德在政治中的重要作用。「教民」是民本傳統的一個重要內容，儒家民本思想認為民德民風的建設對於國家社會的穩定都具有重要的作用。所以，儒家非常重視民德民風的建設，強調社會教化的政治功能。早期李大釗的唯民思想中也非常重視民德的力量。李大釗於 1913 年 5 月發表《暗殺與群德》一文，他在文中指出如果在講道義的社會中，借用暗殺的方式以為民除暴安良，則能促進社會的發展；但在社會道德水平低下的社會，則暗殺只會被奸詐之人利用，殘害社會賢良，使社會秩序更加惡化。他認為民德的衰弱是導致宋教仁之死的一個非常重要的原因。「桃源漁父，當代賢豪，不幸而隕於奸人之手。死之者武士英，所以死之者群德也。」〔註 54〕此時的李大釗雖然還沒有認識到社會之所以發生混亂的根本原因，同時，他還未擺脫在治者與被治者的關係中來理解民德民風的社會作用。但他認識到人民道德素質的高低對政治的影響，強調道德本身具有的社會功能和價值，這是其正面價值所在。在此後的革命和社會制度的建設中，李大釗始終強調道德的力量。

李大釗於 1913 年 6 月《論民權之旁落》中進一步分析到，因民德之衰，導致民權旁落於奸詐強盜之手。「民力宿於民德，民權荷於民力，無德之民，力於何有？無力之民，權於何有？即無圖攘竊於其後者，恐此權之為物，終非乏擔當力者所能享有，則亦如行雲流水、僵石土礫之空存於宇宙間耳，其不能加諸仔肩而運行之。」〔註 55〕李大釗認為是民德之衰導致民力弱，而民力弱則無法獲得民權。李大釗將權比喻成一種力，人民欲獲得民權，就需要一種與民權相當的民力，只有這樣才能獲得力之平衡，民權才不會旁落於姦邪之徒。民權與民力之間的關係，正如秤稱物之重，稱碼必須與物的重量相等，否則就會失去平衡。民權的強弱在民力的強弱，而民力之強弱又在民德之強弱，所以，重建民德成為解決民權的根本方法。重建民德的辦法就是發展國民教育，李大釗認為通過知識分子發展教育，十年之後國民之智識與道德修養都會得到極大的提升，如此，國民便具有駕馭民權的能力。

第三，保群論。李大釗依然從民德與國家之間的關係入手，認為民德是國

〔註 54〕李大釗：《李大釗全集（最新注釋本）》第一卷，第 23 頁。
〔註 55〕李大釗：《李大釗全集（最新注釋本）》第一卷，第 41 頁。

家存亡的根本。李大釗以「群像」指稱社會風俗，而「群」即具有共同思想的人之集合體。在這種團體中，團體與個體之間，以及個體與個體之間具有相互影響的作用，隨著團體的擴大，則團體所具有的影響他人的作用越大。風俗之良善則由人心所決定，人心向道義，則風俗日善，人心向勢力，則風俗日弊。「為今之計，吾人當發揮正義，維護人道，昭示天地之常則，回復人類之本性，俾人人良心上皆愛平和，則平和自現，人人良心上皆惡暴力，則暴力自隱，人人良心上皆悔罪惡，則罪惡自除。」〔註56〕李大釗繼承儒家人性善的傳統，認為人人皆有「良心」，並認為通過恢復人心之本，就可以建立一個和諧穩定的社會秩序。此時，李大釗強調的依然是儒家的由內聖開出外王的思路，由個體內心的良善開出外在的和諧的社會秩序。這是儒家以德治國論的內在邏輯。李大釗始終認為人所具有的道德力量在人類社會的發展過程中具有極大的作用力，這也是李大釗何以能接受「互助論」的原因。即使李大釗在接受共產主義信仰之後，也沒有放棄從道德角度思考社會問題，他提出的「物心兩面」的改造的觀點正是對人之道德力量的肯定。

李大釗又提出「群樞」的概念，即通過精英知識分子的模範帶頭作用，樹立良好的風俗。李大釗指出當時的社會，統治者貪污腐敗無惡不作，爭權奪利寡廉鮮恥，如此惡劣之風盛行於上，必然波及整個社會層面，這樣腐敗黑暗的社會，知識分子無法通過政治途徑影響整個社會。既然自上而下的改良路線無法實行，就只有通過發揚「天下興亡，匹夫有責」的擔當意識，通過知識分子發動底層人民形成良好的社會道德風俗以影響社會上層以至整個社會。李大釗說：「宇宙尚存，良知未泯，苟有好學知恥之士，以講學明恥為天下倡，崇尚道義，砥礪廉節，播為風氣，蒸為習尚，四方之士，望風興起，千里一人焉，百里一人焉。」〔註57〕在民間形成清議之風，以民之清議監督當政，通過民意的作用以干預政治，這是儒家民本傳統的重要內容之一。

李大釗始終堅信民德的重要性，也認定民力在國家興盛中的作用。他號召政府若要救國就必須重視民意與民力，建立真正的民意機關，普及國民教育，建立軍事制度，增強國民的戰鬥力。李大釗堅信人民有自覺心，並具有恢復本能之善的能力。這樣的認識源自李大釗對儒家性善論的信仰。1915 年 8 月李大釗發表《厭世心與自覺心》反對陳獨秀在《愛國心與自覺心》中所透露的悲

〔註56〕李大釗：《李大釗全集（最新注釋本）》第一卷，第45～46頁。
〔註57〕李大釗：《李大釗全集（最新注釋本）》第一卷，第92頁。

觀情緒。陳獨秀認為中國人國民劣根性太重，這樣的國民難以建立現代的民主國家，對於國民和國家都透露著深深的悲觀情緒。陳獨秀甚至說如果國家不能保障人民之權利與幸福，則這樣的國家棄之亦不可惜。李大釗說：「夫國家之成，由人創造，宇宙之大，自我主宰，宇宙之間，而容有我同類之人，而克造國。我則何獨不然？吾人苟不自薄，惟有本其自覺力，黽勉奮進，以向所志」〔註58〕。儒家心學對人之主觀能動性的肯定深深地影響了李大釗，他認為國人皆有「良知良能」，所以，國人也能通過自己的努力建立理想的國家。儒家肯定人的主觀能動性的思想，為李大釗接受馬克思主義的階級鬥爭說提供了內在的依據。

（二）「民彝觀」中的民本因子

1915 年袁世凱復辟帝制，袁世凱借用共和以行專制之實的真實面目終於暴露，這打碎了早期李大釗視袁世凱為救民之英雄豪傑的幻想。他不得不思考封建專制制度何以能反覆於世，他依然從人民中去發掘改變現實的力量。

1.「民彝」的含義

「民彝」這一概念源自《詩經·大雅·烝民》，李大釗說「《詩》云：『天生烝民，有物有則。民之秉彝，好是懿德。』言天生眾民，有形下之器，必有形上之道。道即理也，斯民之生，即本此理以為性，趨於至善而止焉。爰取斯義，錫名民彝，以顏本志。」〔註59〕天生眾民，民意即天意之體現，而天意即「形上之道」。李大釗繼承儒家的民本傳統，從《尚書》「天視自我民視，天聽自我民聽」，以民之視聽為視聽的角度，說明以民為本的思想。天之意志存在被別有用心者所篡改的可能，但是，秉天之意的民性則不可能被人篡改。儒家民本在民意之外設置一最高的價值「天」，目的在於說明民意之價值，說明民意源自天意，為政者不得不以民意為本。而李大釗直接凸顯民意之可貴，認為統治者必須順從民意，以民意為最根本之價值。在這裡「天」這一價值設置雖然仍有其地位，但是，民之價值已經高居「天」之上了。

李大釗對民彝之彝給出了三種解釋：第一種彝指古代國家祭祀之器。「彝」在古代被訓為「器」，器指中國古代「神器」的「器」，即「宗彝」。在古代即祭即政的政治傳統中，宗彝作為國家民族權力與傳統的象徵，同時也在政治、文化、思想領域中具有施教、施治的實踐意義。民彝雖然是精神的，但也可以

〔註58〕李大釗：《李大釗全集（最新注釋本）》第一卷，第 137 頁。
〔註59〕李大釗：《李大釗全集（最新注釋本）》第一卷，第 145 頁。

轉化為具體的實踐。因為古代的彝器上一般都有刻辭，這些刻辭記載了古代社會種種思想、文化與精神，是國家權威的象徵。在古代政治上的神器即宗彝，近代政治上的神器即民彝。民彝不同於宗彝的地方在於，宗彝是一種具有實體的存在，而民彝則是抽象的，不存在於具體的器物當中，它只存在於人民的思想、精神以及心理之中，所以，李大釗說：「宗彝可竊，而民彝不可竊也；宗彝可遷，而民彝不可遷也。」〔註60〕但民彝與宗彝又有共同之處，兩者都是國家、民族權力的代表，都是一種意識形態，在政治、思想、文化等方面具有實際意義。「宗彝」所指向的最高權威是「天」，而封建專制統治的合法性也源自「天」。封建專制統治者正是通過樹立「天」這一最高權威，並將自身解釋為天意的正統解釋者，以達到統治人民的目的。李大釗通過論述「民彝」的特質，將「宗彝」所指向的最高權威「天」置換成「民」，彰顯民在政治中的主體地位。這是李大釗對儒家重民思想的一個創造性的轉化。

　　第二種含義，李大釗將民彝之「彝」解釋為「常」。以「常」解釋「彝」這一釋意源自《尚書・洪範》「彝倫攸敘」，「彝倫」即倫常，與夷通用。所謂「常」指物之本性，民之本好易簡之理，即同民之所好惡，站在人民的角度考慮民之所需，而不是站在遠離民眾的角度創造所謂的高深理論。同民之所好惡，表現為為政者應順應民性，因勢利導，「因其天性之和合，而潛發其資能之所固有，如量以顯，勿益其所本無，以求助長之功。」〔註61〕

　　第三，李大釗以「法」釋彝。法為一種強制性規範，此種強制性規範並非成文法而是一種習慣法，所以，李大釗說：「民彝者，民憲之基礎也。」〔註62〕民彝是憲法之根基。一個國家的人民心理、風俗、習慣等是一個國家制定政治措施，以及設立法律等的社會基礎。如果脫離一個國家或民族的心理、風俗、習慣而生硬地建立起政治體制和法律等，其所建立之政治體制和法律等最終只會淪落成一紙空文。因為李大釗準確認識到民風民俗的社會力量，所以，他在處理中西文化的過程中能始終堅持從中國的社會實際出發，強調文化的民族性在傳統向現代轉化中的重要性。

　　民彝是一個包含多層含義的概念：它首先是一種文化心態，即一個國家或民族的歷史傳統在人民心理以及精神上的文化積澱；其次，民彝是人民的意

〔註60〕李大釗：《李大釗全集（最新注釋本）》第一卷，第146～147頁。
〔註61〕李大釗：《李大釗全集（最新注釋本）》第一卷，第147頁。
〔註62〕李大釗：《李大釗全集（最新注釋本）》第一卷，第148頁。

志、要求以及願望等在國家或民族的歷史和現實生活中的體現；第三，民彝是國家權力的根本。李大釗的「民彝」觀既繼承了儒家傳統對民德的重視，同時，也將近代的法制思想融入到「民彝」中。並且，李大釗還闡釋了道德與法制之間的關係，民德是社會穩定與發展的基礎，同時也是建立法制的前提，這樣就把儒家民本中對道德的重視與近代西方的法治觀念有機的結合起來，為近代中國社會由禮治到法制的轉變提供了有價值的思考。

2. 為政之本在「民彝」

莫里斯・邁斯納指出，「所謂民彝，就是『人民的法則』」〔註63〕。這個解釋正確揭示了「民彝」之本質。李大釗說明自己創造「民彝」之目的就是為了樹立人民為政治之根本這一思想的合法性。「民彝」可以發揮以下兩個方面的作用：「一以示為治之道，在因民彝而少加牖育之功，」「一以見民彝者，吾民衡量事理之器。」〔註64〕「民彝」首先揭示了為治之道應以民為本，順民之性，依民之理；「民彝」是衡量政治良善的標準，只有「民彝」才能防止專制的出現。

「蓋政治者，一群民彝之結晶，民彝者，凡事真理之權衡也。民彝苟能得其用以應於事物之實，而如量以彰於政，則於紛紜錯綜之間，得斯以為平衡，而一一權其畸輕畸重之度，尋一至當之境而止。」〔註65〕經過民彝之「純瑩智照」，則必能得「政治休明之象」。將「民彝」視為政治良善之標準，實質是將民提升至政治主體的地位，這樣的改變為李大釗走向民主奠定了理論基礎。李大釗雖然把「民彝」提升至政治之根本的地位，但是他依然侷限在民本傳統的思維框架之下論述民在政治中的作用。他只是從為政者角度說明創建良好的政治秩序應從哪些方面入手，政治之根本在順從民意，而政治措施的制定以及法律法規的制定都必須應民之性。他還沒有認識到人民在政治中的主權者的地位。

（三）革命論

儒家民本傳統歸結起來有四大要素：天下為公，立君為民，政在養民，革命論。所謂「革命論」，儒家認為當君已失去為君之本，則人民就會聯合起來

〔註63〕〔美〕邁斯納著，中共北京市委黨史研究室編譯組編譯：《李大釗與中國馬克思主義的起源》，北京：中共黨史資料出版社，1989年，第34頁。
〔註64〕李大釗：《李大釗全集（最新注釋本）》第一卷，第145～146頁。
〔註65〕李大釗：《李大釗全集（最新注釋本）》第一卷，第150頁。

推翻封建君主的殘暴統治。《左傳・襄公十四年》：「夫君，神之主，而民之望也。若困民之主，匱神乏祀，百姓絕望，社稷無主，將安用之，弗去何為？天生民而立之君，使司牧人，勿使失性；有君而為之貳，使師保之，勿使過度。……善則賞之，過則匡之，患則救之，失則革之。」〔註66〕天立君以為民，當君已失其職，則君也就沒有存在的必要和價值。孟子發展了這一革命思想，《孟子・梁惠王下》記載了孟子與齊宣王的對話。齊宣王將湯流放桀，周武王伐紂視為臣弒君的不道行為，而孟子認為湯與紂都是賊仁賊義之人，這樣的人不配稱為君只能被稱為「一夫」，所以，孟子說：「聞誅一夫紂矣，未聞弒君也。」〔註67〕當一國之君已不成其為君，而是成了一個危害國家人民的獨夫，這樣的君主就是人民革命的對象。儒家民本中的革命說，只是作為一種政治勸告，從消極方面說明君一旦失德失職就有被民推翻的危險，說明維持封建統治的最低限度問題。儒家民本思想中的革命論是在遵循封建君主專制的前提下提出的，也就是說，民之生存是由君所主宰的，當封建專制統治者無法保障民之生存，則君主就有被推翻的危險，而不是徹底廢除封建君主制。

　　儒家民本傳統中肯定了人民具有推翻政權的能力，雖然，古代思想家是為了維護統治者的權力的前提下提出的，但是他們確實看到了民眾所具有的力量。而李大釗正是認識到民眾所具有的反抗壓迫的能力，並將這種反抗壓迫的行為合法化，將其視為人民追求自由的一種行為，大力倡導農民革命。封建專制統治是民賊交替的統治，在學術上崇尚一尊無思想自由之可言，在政治層面更無人權之可言，以暴易暴的朝代更替方式，造成兩千年來人民的不堪忍受的殘酷生活。李大釗進一步從經濟角度說明，農民即具有推翻封建專制殘暴統治的能力，把儒家民本思想中的革命論唯物化了。李大釗將他所理解的馬克思列寧主義運用到中國農民革命的分析中。馬克思主義的唯物史觀確立了人民在歷史中的主導地位，而這一主導地位是通過人民在社會經濟發展中的作用來確立的。近代以來雖然中國社會的經濟結構發生了巨大的變化，但是在廣大的農村占主導地位的還是封建的農業自然經濟。這一經濟基礎決定了中國的革命必須發動占人口多數的農民群眾，而土地問題是農民革命的根本問題。

　　李大釗說中國的土地問題，有其歷史淵源，中國歷史上的農民運動中就是

〔註66〕〔戰國〕左丘明撰，〔西晉〕杜預集解：《左傳》上，上海：上海古籍出版社，2015年，第549頁。
〔註67〕〔宋〕朱熹撰：《四書章句集注》，北京：中華書局，1983年，第221頁。

為了解決土地問題，至近代的太平天國運動、辛亥革命都未能解決這一問題。而中國土地問題的徹底解決，「有待於中國現代廣大的工農階級依革命的力量以為之完成。」〔註68〕李大釗從歷史上的農民革命中認識到土地問題對於農民的重要性，並將土地問題視為聯繫歷史上農民革命和現代廣大工農階級的無產階級革命的紐帶。在半殖民半封建的近代中國，農民約占總人口百分之七十以上，農業依然是國民經濟的基礎。所以，在發動革命力量的時候，必須注意挖掘農民的力量。武裝農民的力量，使農民革命的力量與工人相結合，形成新的革命力量的集合體。

李大釗對近代以來農民受到的壓迫和剝削有深入的研究，其研究成果主要集中在《中國內戰與中國農民》（1924年）、《土地與農民》（1925年）、《魯豫陝等省的紅槍會》（1926年）等文章中。李大釗揭示了農民日益失去土地，並且受到愈來愈嚴重的經濟剝削與政治壓迫，農民為了生存有走向革命的必然性；解決農民土地問題就能調動農民革命的積極性。此外，必須將農民革命與無產階級相結合，這樣農民革命才能向正確的方向發展。20世紀初葉以來，中國的農民因為受到外國商品侵佔中國市場，軍閥混戰，人民處於水深火熱之中，農村已經陷入凋敝的狀態。資產階級和官僚地主階級等在加重對自耕農和佃農的剝削的同時，又大量收購破產農民的土地，導致土地日益集中在少數統治階級手中，耕地的農戶日益減少，造成大片荒蕪的耕地。農民被迫流入城市，投身工廠，或者成為人力車夫，或者成為兵匪。李大釗專門考察了1920年與1921年陝西、山西、河南、安徽、江蘇、察哈爾六省農戶情況。他發現中國農民的數量在急劇地減少，失去生產資料的農民被迫離開農村，農村經濟一片蕭條。與此同時，李大釗還考察了農民佔有土地的情況，考察結果顯示農民土地喪失嚴重，農民逐漸失去了他們賴以生存的生產資料——土地，導致全國農民的破產如潮水般，呈現出不可逆轉的趨勢，「破產的農民是起義的基本力量」〔註69〕。

李大釗一方面認識到農民有反抗剝削反抗壓迫的革命性，另一方面也認識到農民身上具有的一些問題：如農民缺乏自救意識，他們將解放自己的力量寄託到英雄或者神祇上。農民群眾有盲目的排外傾向，認為洋人都是帝國主義，都應該反抗，他們不知道帝國主義者才是壓迫他們的敵人，世界上其他國

〔註68〕李大釗：《李大釗全集（最新注釋本）》第五卷，第76頁。
〔註69〕李大釗：《李大釗全集（最新注釋本）》第五卷，第28頁。

家的工農民眾都是他們的朋友。農民具有狹隘的鄉土思想與村落思想，這種狹隘的鄉土思想、村落思想很容易被軍閥土豪所利用，導致農民群眾之間的互相殘害。由此，先進知識分子們應該向廣大的農民群眾普及無產階級革命知識，使他們認識到自己的階級地位，漸漸消除狹隘的鄉土觀念，認識到農民的團結在革命中的重要性，認識到革命應是聯合的不是分立的〔註70〕。

李大釗號召發動先進的革命知識分子到農村去幫助農民改善他們的組織，將廣大的農民群眾引導到無產階級革命的道路上。這需要動員農民群眾讓他們認識到自己的能力，建立屬於自己維護自身利益的組織；同時認清真正的敵人，認清革命的對象。無產階級知識分子應讓農民首先樹立起自己解放自己的意識，讓他們認識到世界上沒有所謂的救世主、更沒有神仙，只有靠自己才能拯救自己，其次，讓他們認識到只有團結全世界革命的工農群眾形成統一的聯合戰線，才能徹底推翻一切國內的資產階級、封建殘餘和帝國主義的侵略〔註71〕。

李大釗明確指出，只有聯合知識階級與勞工階級，才能把現代文明從根底輸入中國社會。已覺悟的知識分子帶領未覺悟的農工大眾走向無產階級覺悟的道路。知識分子深入農村，考察農村，認識到造成農民痛苦的原因，教育引導農民，提高他們的覺悟，帶領他們找到正確的解放之道。在鄉村中做工作的知識分子們必須幫助農民，建立自己的武裝，組織農民協會，以「保障其階級的利益」。同時，李大釗還重視對農民的精神文化教育，他提倡知識分子們應該利用農閒時間，向農民群眾普及科學常識以及國民革命教育知識，還應該利用鄉間學校，開辦農民補習班。

李大釗對農民反抗剝削反抗壓迫的革命性的論述，以及以唯物史觀對農民土地問題在革命中作用的分析，對瞿秋白和毛澤東產生了重要的影響。此後，瞿秋白從理論層面論證了農民革命在中國革命中的地位，並挖掘了中國農民革命傳統中的積極因素。毛澤東則從實踐層面落實並發展了李大釗對農民革命問題的認識，提出了「工農武裝割據」的革命理論。

2.3.3 從民本到民主

李大釗繼承民本傳統中重民意、重民德以及革命論因素，同時將這些因素

〔註70〕李大釗：《李大釗全集（最新注釋本）》第五卷，第132頁。
〔註71〕李大釗：《李大釗全集（最新注釋本）》第五卷，第130～131頁。

與近代西方民權觀念相結合，形成他的民主思想。李大釗非常重視民之道德問題，即使在成為馬克思主義者之後，他依然認為個體「心之改造」與社會「物之改造」具有同樣重要的作用。所謂「心之改造」就是以人道主義的精神，去宣傳「互助」、「博愛」的理念，以改造墮落的人心，「使人人都把『人』的面目拿出來對待他的同胞；把那佔據的衝動，變為創造的衝動；把那殘殺的生活，變為友愛的生活；把那侵奪的習慣，變為同勞的習慣；把那營私的心理，變為公善的心理」〔註72〕，最終建立適應社會主義經濟的新道德。李大釗認為只有精神與物質兩方面的同時改革，同時提高，最終才能實現人類一體，世界一家的理想社會。

（一）民意

李大釗認為，民主主義之特徵即國家與人民之間民意的疏通。在儒家的民本傳統中，雖然也有重視民意的思想，但是缺乏表達民意的機構與保障民意的組織。李大釗提出以法律以及現代民主制度作為保障民意的措施，他說：「國家為維持其政府之存在，自不能不賴乎刑典，而欲刑典之得以施行而有效，自不能不需乎物質之強力。但此種強力之施行，概為法律所認許，專以防遏犯法之徒而與以強制之抑裁。」〔註73〕

既然民主主義之特徵在民意的充分表達，由此，如何形成民意則需要進一步思考。李大釗認為民意的形成既不是所謂的少數決定多數，也不是多數決定少數的原則。人人處於自由平等的地位上，通過充分的討論之後，獲得一共同的認可。民意之形成不在依據多數裁決原則，而是依據「公認」，以多數決定少數只是「公認」的一種表達方式。李大釗認為民主政治之實質即自由政治，而自由政治之基礎在公意，人民意願的自由表達。公意不同於眾意，公意是通過具有平等地位的個體在自由表達自己思想的基礎上，通過集體的充分討論、商榷，得到共同的認識，然後通過多數表決的方式取得最後的結果。「自由政治之真諦，非依多數，乃依公認。」〔註74〕在商討階段多數派會吸收少數派之意見，而在公決之後，少數派對多數派之服從是發自內心自願之接受，而不是迫於強力。而所謂「眾意」強調的是多數人對少數人的強力，並沒有真正實現全民思想自由，所以，李大釗肯定「公意」之價值。李大釗強調「公意」反對

〔註72〕李大釗：《李大釗全集（最新注釋本）》第三卷，第12頁。

〔註73〕李大釗：《李大釗全集（最新注釋本）》第二卷，第174頁。

〔註74〕李大釗：《李大釗全集（最新注釋本）》第二卷，第204頁。

「眾意」是防止民主被暴力所控制走向另一個極端。

　　李大釗指出在民主國家中個人意志與國家意志是一致的。真正的民主就是建立「屬於人民、為人民、由於人民的執行」之政治，即「自由政治」。「自由政治」建立在民眾的「自由認可」上。「自由認可」是民眾憑藉自己的自由意志所作出的決斷。迫於外在壓力的認可不是一種自由的認可，不可能取得政治上的認同。李大釗借用孟子的話，「以力服人者，非心服也，力不贍也」〔註75〕，說明以強力的方式迫於民眾認同，所建立之政治並非民主政治。民主政治必須建基於人民的自由意志之總積之上，換句話說，只能由人民自由意志合成「國民公意」，才能建立強有力的屬於人民，為人民，由人民執政的民主政治。李大釗以「自由意志」作為民意的核心，民主即人民自由意志的體現，堅持「公意」原則，防止民主走向多數之暴政之途。這是李大釗對民主思想的貢獻。

（二）消除階級對立

　　民本傳統中的「民」是被統治的對象，是社會的底層，與高高在上的統治階級截然相對。在民主國家中，「官吏與公民無殊，同為國家之公僕，人人皆為治者，同時皆為屬隸，其間無嚴若鴻溝之階級。」〔註76〕所謂政府只是執行民意的機構，民與官員之間沒有等級的區分，都是為國家服務的公僕。成為馬克思主義者之後，李大釗主張將君主、貴族等平民化，真正實現人與人之間的平等地位。「平民政治的真精神，就是要泯除一切階級，都使他們化為平民。」〔註77〕實現人之平等，是現代民主思想的重要內容。打破封建等級身份的劃分是走向民主的重要步驟。

　　打破民本傳統中治者與被治者之間的關係。在民本傳統中，始終存在統治階級與被統治兩個階層的對立，「民為邦本」是指民為治理國家之根本，而不是說民為國家之主人。只有統治階層才有制定「惠民」、「養民」、「教民」、「保民」等政策的資格，民是被治理之對象，是等待統治階層賜予活路的存在。民在封建政治格局中沒有任何權利可言，更無自由。俄國十月革命勝利之後，李大釗走上了馬克思主義道路，他接受了無產階級的民主觀，將 Democracy 翻譯為平民主義。平民主義在當時又延伸出兩種平民政治：資產階級的平民政治和無產階級的平民政治。資產階級的平民政治排斥婦女和無產階級在政治中

〔註75〕〔宋〕朱熹撰：《四書章句集注》，北京：中華書局，1983 年，第 235 頁。
〔註76〕李大釗：《李大釗全集（最新注釋本）》第二卷，第 174 頁。
〔註77〕李大釗：《李大釗全集（最新注釋本）》第二卷，第 277 頁。

的地位，是一種虛偽的平民主義；只有無產階級的平民政治才是一種真正的平民政治。李大釗將無產階級的平民政治又稱為「工人政治」（Ergatocracy）以區別於資產階級的平民政治。

工人政治在革命時期，為鞏固新社會新制度的建立，會有一個無產階級專政的階段。在這一階段中，無產階級將代替資產階級掌握國家權力，實行對少數人的專政。直到資產階級的私有制度完全廢除，社會階級對立的消失，此時，無產階級專政將會結束，人對人的統治將會被人對物的統治所代替。最終，實現沒有階級統治的真正的工人政治。李大釗說真正的民主，目的在「廢除統治與屈服的關係」〔註78〕，打破將他們視如器物的制度。就是推翻富人對窮人的統治，男子對女子的統治，強者對弱者的統治，老者對幼者的統治，推翻一切剝削和壓迫的政治統治，真正實現人與人之間的自由平等。

真正的平民主義政治，在使合法的國民都具有平等地參加國家政治的權利，「在國家法令下，自由以守其軌範，自進以盡其職分；以平均發展的機會，趨赴公共福利的目的；官吏與公民，全為治理國家事務的人；人人都是治者，人人都非屬隸，其間沒有嚴若鴻溝的階級。」〔註79〕這裡的所謂「治者」是指管理事務者，並無統治人的意思。國家與人民之間有民意的疏通，沒有強力的存在，有契約規範但無強力的壓迫，政府不過是人民實現意志的工具而已。只有真正的「平民主義」才是屬於人民、為人民、由人民執政的政治。

2.4 對舊史觀的批判與繼承

杜贊奇說：「在邁入新世界之際，在我們拋棄中世紀的積累──儒教也好，夷狄統治也好，迷信也好──的同時，怎樣與過去再相連？於是，整個史學機制被調動起來恢覆文化與人民的連貫性，同時又使得歷史學家拋棄未來所不需要的東西。」〔註80〕德里克持有相同的觀點，他指出，馬克思主義者之所以想瞭解過去，是因為他們希望通過借用過去的歷史資源以塑造現代社會，他們堅信現代社會發展的動力就隱藏在過去的歷史進程之中〔註81〕。李大釗對歷

〔註78〕 李大釗：《李大釗全集（最新注釋本）》第四卷，第 88 頁。
〔註79〕 李大釗：《李大釗全集（最新注釋本）》第四卷，第 117 頁。
〔註80〕 〔美〕杜贊奇著；王憲明等譯：《從民族國家拯救歷史：民族主義話語與中國現代史研究》，南京：江蘇人民出版社，2009 年，第 34 頁。
〔註81〕 〔美〕阿里夫‧德里克著，翁賀凱譯：《革命與歷史：中國馬克思主義歷史學的起源，1919～1937》，南京：江蘇人民出版社，2004 年，第 3 頁。

史的重新認識，具有明顯的功能性和實踐性。他強調人們的歷史觀是一個不斷發展完善的過程，企圖通過重新梳理歷史的方式尋找到過去與現在的鏈接點。李大釗開啟了以馬克思主義唯物史觀為指導的近代學術歷程。

在近代對傳統的大反思中，中國的史學傳統也面臨著現代化的轉型。西方史學思想、民主思想、近代西方科學方法的傳入，尤其是進化論的引入，對中國的史學變革產生了重大的影響。20 世紀初，梁啟超立志於史學革新，他於1901 年發表《中國史敘論》，主張史學改革，1902 年，將上文擴展為長達四萬字的《新史學》，成為中國近代史學轉型的標誌。梁啟超把西方近代的進化論思想、民主思想、科學方法等引入到對傳統史學的批判當中，開啟了以西方理論為指導的對中國史學傳統的反思。

梁啟超認為歷史〔註 82〕是對人群進化規律的認識，不再是維護封建專制統治、論證封建倫理道統的工具。梁啟超對比新舊曆史家的差異：舊史家重歷史事實的記載，新歷史家強調說明歷史事實之間的因果關係；舊史家所記載的歷史事實以王朝的興衰為核心，所以，雖然名為史，實質不過是封建帝王一家之家譜，新史家著重研究整個國民生活的全部經歷，以及相互之間的關係〔註83〕。梁啟超批判封建舊史學只知道有事實、有朝廷、有個人而不知道有因果、有國家、有群體。他以社會進化觀批判封建舊史觀的倒退論或崇古論以及循環論，並以「公理公例」，即社會進化的客觀規律的觀念，批判封建舊史觀視歷史為褒貶善惡之工具的認識。梁啟超「把歷史學從善惡褒貶的倫理說教下解放出來，並賦之以追求客觀規律的任務」〔註84〕，開啟了史學從中世紀向近代的轉化。

2.4.1　史學的靈魂是史觀

李大釗在繼承梁啟超的史學革命思想的基礎上推進了史學的近代化。梁啟超將進化論思想融入史學，是為了通過史學的經世功能，達到論證中國實行近代西方資產階民主制度的合理性。而李大釗的史學變革思想是為了確立唯物史觀的指導地位，以論證社會主義實現的必然性。李大釗指出唯物史觀為社會主義奠定了科學基礎，唯物史觀通過對歷史發展過程的科學的探究，找到了

〔註82〕梁啟超：《新史學》，北京：商務印書館，2014 年，第 94 頁。梁啟超說：「歷史者，敘述人群進化之現象也而求得其公理公例者也」。
〔註83〕梁啟超：《新史學》，第 65 頁。
〔註84〕何兆武：《歷史理性批判論集》，北京：清華大學出版社，2001 年，第 595 頁。

歷史發展的必然規律，以此規律說明社會主義實現的必然性。由此，社會主義的實現是客觀歷史發展的必然，是歷史的命令〔註85〕。

李大釗從歷史哲學的高度論證了歷史與歷史觀的可變性。李大釗認為歷史並非指過去的記錄，過去的記錄只是研究歷史材料，而真正的歷史是「活潑潑的有生命的歷史」，「乃與『社會』同質而異觀的歷史。」〔註86〕封建舊史學將歷史等於歷史記錄，將歷史研究侷限於對歷史材料的探究當中。李大釗認為這樣的歷史只是對人類有生命力的歷史活動的反映而已，並不能準確反映人類歷史活動本身的發展進化。人類的生活是變動的、活的、有生命的，人類生活的創造物也是變動的、發展的，因為人類是有生命的、具有能動性的存在。歷史就是人類生命活動在時間中的歷程，人類生命不止，則歷史活動也永在發展中。

李大釗區分了「實在的事實」與「歷史的事實」兩個概念。「實在的事實」指客觀存在的歷史事實，人類在時空中的生命與生產活動。「實在的事實」一旦發生就停留在特定的時空中，是無法變更的，在時間上是單向的，一去不復返的。「歷史的事實」指人們對客觀存在的歷史事實的認識，李大釗稱之為「事實的解喻」，這是生動不已，隨時變遷的。李大釗說：「解喻是活的，是含有進步性的，所以歷史的事實，亦是活的，含有進步性的。」〔註87〕「解喻」就是指人對歷史事實的認識，具有主觀能動性的人對歷史事實的認識是可變的，會隨著不同的立場、不同的時間而發生變化。對於同一件歷史事實，古人與今人的認識就不同，同一個人在不同的歷史時間也可能有不同的認識。人類對歷史的認識包括兩個部分的內容，對客觀事實的認知以及對認知的解釋。李大釗認為人們對歷史事實的解釋會隨著人的認識能力的增長而愈趨於科學。李大釗通過界定並區分歷史與歷史觀兩個概念，抓住了歷史觀中所含有的可變性成分，並以此為基點將唯物史觀引入到對中國歷史的認識中。李大釗以新的歷史觀探尋中國歷史，這樣保證了新舊之間的連續性，又容納了新的時代內容，使舊的歷史事實具有了產生新的歷史意義的可能性。如此，既避免了陳獨秀的僅從思想層面批判傳統之弊端而忽視傳統之價值所導致的新舊之間割裂的缺陷，又避免了保守派固守儒家倫理道德的缺陷。

〔註85〕李大釗：《李大釗全集（最新注釋本）》第四卷，第316頁。
〔註86〕李大釗：《李大釗全集（最新注釋本）》第四卷，第252頁。
〔註87〕李大釗：《李大釗全集（最新注釋本）》第四卷，第403頁。

　　李大釗以人的認知能力的發展以說明人類歷史觀的不斷進步。人的認識能力會隨著人們生產實踐的日益深入、科學技術的發展而增強，人的認知能力的增強又會促進人們對歷史事實的認識，進而就會形成日益進步的歷史觀。從歷史上人們歷史觀的發展進程看，進化的歷史觀就修正了退落史觀、循環史觀的缺陷，社會史觀批判了神學史觀的弊端，並消解了神學史觀的主導地位，經濟史觀批判了政治史觀的侷限性等。凡此都說明，進步的歷史觀能使人們對歷史獲得更加客觀更加科學的認識。

　　由此，李大釗向封建史觀發出了革命的號召，提出「重作歷史的」主張。他說：「根據新史觀，新史料，把舊曆史一一改作，是現代史學者的責任」〔註88〕，一切歷史不但不怕重作，且「必要重作」。重作歷史不是去改變已經發生的歷史事實，而是重新去認識歷史事實，以新的科學的歷史觀為理論依據對歷史事實進行新的認識，為變革社會提供新的歷史依據。

2.4.2　唯物史觀是科學的歷史觀

　　李大釗指出，馬克思主義唯物史觀就是科學的歷史觀。首先，唯物史觀揭示了「歷史的真正意義」。一、人民群眾是歷史發展的主體力量。李大釗明確指出，人類的歷史「是由些全靠他們自己工作的果實生存的家族的群眾成立的」，人類的歷史決不是少數幾個人的歷史，「歷史純正的主位，是這些群眾」〔註89〕李大釗從物質生產的角度認識到人民群眾在歷史中的主導地位，這是對馬克思主義從勞動角度對人之本質界定的初步認識。馬克思主義的唯物史觀從現實的人的活動出發揭示人類歷史的發展過程。人的本質力量以及社會發展是在勞動中得以展現出來的，勞動是人類歷史發展的基礎。勞動是人的感性對象性活動，它是人的生命本質的體現，是人區別於動物的根本特徵。勞動不僅創造出物質生活資料，還創造出社會關係與人自身。人類歷史不是由抽象的理性推演而來，是由人們的勞動創造的。馬克思主義通過對人的勞動本質的確立，揭示了人民群眾才是歷史的主體這一真理。

　　歷史與社會都是指的人類社會活動及其產物，只是歷史是從縱向上看，社會是從橫向上研究。李大釗強調歷史與社會是「同質而異觀」的兩個概念，其目的就是為了論證歷史囊括了人類生活的全部內容。人類社會從內容上說包

〔註88〕李大釗：《李大釗全集（最新注釋本）》第四卷，第 255 頁。
〔註89〕李大釗：《李大釗全集（最新注釋本）》第四卷，第 312 頁。

括人類生活的各個方面：政治、經濟、文化、藝術、宗教等。從結構上說：人類社會又可劃分為社會的基礎構造（社會生產力）與社會的上層建築（人類的意識形態，即法律、政治等）。

唯物史觀將歷史上升到了科學的高度，將歷史學提升到與自然科學同等的地位，開啟了史學界的新紀元。在李大釗看來科學就是正確的揭示認識對象自身所包含的因果規律，而馬克思主義的唯物史觀正科學的揭示了人類歷史發展的內在規律〔註90〕。李大釗認為馬克思主義的唯物史觀將人類歷史的發展建立在經濟的基礎上，從而為人類歷史的發展找到了科學的、客觀的依據。因為，人們可以像研究自然科學一般對社會經濟的發展進行科學的研究與說明。馬克思主義的唯物史觀一方面強調經濟發展在社會發展中的根本性地位和作用，另一方面也並不否認其他物質因素如地理、人口等對社會發展的影響，只是認為除經濟之外的其他物質因素對人類社會發展的影響不是決定性的。再者，唯物史觀還科學的說明了人類社會意識發展的規律，即社會基礎決定社會上層建築。

因主客觀條件的限制，李大釗對唯物史觀的理解帶有片面性，他將馬克思主義的唯物史觀視為經濟決定論，認為經濟基礎決定上層建築，而上層建築不能對社會的經濟基礎有絲毫的影響，帶有機械唯物主義的色彩。這雖然是受到當時歷史條件的限制，但是此種機械式的理解也確實導致中國革命道路的曲折。

基於對唯物史觀的認識與肯定，李大釗將唯物史觀運用到對中國史學傳統的批判與分析當中。他指出舊的封建史觀「循環的、退落的、精神的、『唯心的』」〔註91〕歷史觀依然主導著人們的思想，由此，治史學者的當下責任，應該是通過對封建舊史觀的批判，樹立起科學的歷史觀，以為中國的民族解放運動提供科學的理論支撐。

2.4.3 「對封建舊史觀的抗辯」

李大釗主要從歷史的主體、歷史的內容、歷史運行規律等方面批判了封建舊史觀，論證了唯物史觀的科學性。歷史的主體是人民群眾而不是聖賢抑或帝

〔註90〕李大釗：《李大釗全集（最新注釋本）》第四卷，第329頁。李大釗說：「依馬氏的說，則以社會基址的經濟關係為中心，研究其上層建築的觀念的形態而察其變遷，因為經費〔濟〕關係能如自然科學發見其法則。」

〔註91〕李大釗：《李大釗全集（最新注釋本）》第四卷，第255頁。

王，歷史發展的動力在社會的經濟基礎，非由神或英雄所創，歷史發展的規律是螺旋式上升的並非退落抑或循環，歷史的本質是物質的並非主觀意識的產物。

1. 人民是歷史的創造者

李大釗指出人民群眾才是歷史的創造者，一切歷史都是人民創造的，不是偉人、聖人創造的，更不是上帝創造的。所以，廣大人民群眾應該認識到自己的力量，聯合起來，為創造未來理想的社會政治秩序而奮鬥。馬克思恩格斯指出：「歷史活動是群眾的事業，隨著歷史活動的深入，必將是群眾隊伍的擴大。」〔註92〕封建專制統治者利用英雄史觀麻木廣大民眾的意識，致使廣大人民形成對英雄人物的依賴性。每當社會處於劇烈變革時代，廣大人民群眾便奔走呼號，祈禱能解救自身於水火中的英雄人物的出現。此種對英雄的盲目崇拜心理，往往被政治野心家所利用，最終導致封建專制統治反覆出現。由此，李大釗指出英雄主義是戕賊民之本性，導致專制制度的原因，必須消除人們對英雄的盲目崇拜，使人民認識到自己的能力與對國家之責任。「吾民當知國家之事，經緯萬端，非一二人之力所能舉，聖智既非足依，英雄亦莫克恃，匹夫之責，我自尸之。」〔註93〕

李大釗充分肯定人民群眾在歷史進化中的作用。他批評機械唯物論將歷史僅僅視為物質發展結果的觀點。他認為這一觀點，不但消解了人在歷史發展中的主體地位，還會導致命定論的人生觀。李大釗強調社會歷史是人民群眾在繼承過去的基礎上，充分發揮主觀能動性的結果。

2. 歷史的發展是進化的

李大釗指出歷史的發展是成螺旋式上升的，是不斷進步的。人類歷史的發展方向是向前的，是日益發展進化的提升的過程，所謂的黃金時代不在過去而在人類社會發展的前方。「黃金時代不是在那背後的，是在前面迎著我們的。人類是有進步的，不是循環而無進步的。」〔註94〕人類歷史向前發展的動力源自新舊之間的矛盾運動，正是這種新陳代謝，推動著社會歷史不斷向前。社會歷史的發展過程是一個「自然進化」的過程，不是神更不是聖哲的創造物。歷

〔註92〕中共中央編譯局：《馬克思恩格斯全集（第二版）》第二卷，北京：人民出版社，1995 年，第 104 頁。

〔註93〕李大釗：《李大釗全集（最新注釋本）》第一卷，第 158 頁。

〔註94〕李大釗：《李大釗全集（最新注釋本）》第四卷，第 157 頁。

史的自然進化並不排斥人力，相反，人們可以人力促進社會的新陳代謝。

3. 歷史是整個的全人類生活

傳統史學將歷史的內容主要限制在政治領域，以王公貴族的政治活動為主要內容，這樣的歷史觀將政治等於歷史，是一種狹隘偏頗的歷史觀。李大釗強調歷史「是有生命的，是全人類的生活」〔註95〕，政治只是歷史的一個方面，此外經濟、倫理、宗教、美術、習俗等等都是歷史。總之，凡是人類社會生活所表現的各體相，均為歷史的內容。

李大釗指出，歷史就是人類生活的全部，是對社會的異觀而同質的認識，歷史與社會，兩者在內容和實質上都是相同的，只是人們觀察的角度不同罷了。人類生活中的不同領域：經濟、政治、倫理、宗教、美術等內容不是雜亂的而是有規律可尋的。馬克思主義的唯物史觀從人類的經濟生活中發現了人類歷史發展的因果律。唯物史觀認為經濟是社會的基礎，而政治、倫理、美術、宗教等是社會的上層建築是社會經濟基礎的反映，當社會的經濟基礎發生變動時，社會的上層建築也會隨之發生變化。正是因為馬克思從人類生活中發現了經濟的基礎性作用，使得人類歷史運行的規律彰顯於世，同時將歷史提升至科學的地位。傳統史觀往往從社會的上層，如文化、政治、思想等領域說明人類社會發展變化的原因，李大釗指出，文化、政治、思想等都是社會經濟發展的結果，不能成為說明人類社會發展的原因。

李大釗以唯物史觀批判封建舊史觀，是借用「歷史公式發揮作用，治理時間上的分裂問題，最終『鑄造出』一個統一、連續的民族主體。」〔註96〕歷史是人民群眾自己創造的，中華民族在過去的時間中創造出了對世界產生巨大影響的精神與物質文明，這一歷史事實證明了中華民族擁有巨大的創造力。由此，青春中華的再造必將實現。

2.4.4　對史學傳統的繼承

1. 歷史的借鑒作用

以史為鏡，是古人治史的主要目的。自《史記》問世後，中國史學逐漸發展成一門獨立的學科，史學表現出高度的社會價值，史學家通過史學所表現的

〔註95〕李大釗：《李大釗全集（最新注釋本）》第四卷，第358頁。
〔註96〕〔美〕杜贊奇著，王憲明等譯：《從民族國家拯救歷史：民族主義話語與中國現代史研究》，南京：江蘇人民出版社，2009年，第35頁。

對民族和國家命運的關注，便成為古人治史的優良傳統。司馬遷作《史記》重在總結秦亡漢興的歷史經驗，其後，荀悅修《漢記》也是為了向當權者提供借鑒。經過唐宋、明清的發展，中國史學的「經世致用」傳統得到完整的確立。至近代，梁啟超就是從史學的「經世」傳統入手，將西方近代的民主政治思想、進化論思想融入到史學研究中，提出史學革命的口號。

李大釗繼承了中國史學的「經世」傳統，欲通過歷史研究為當時社會的發展找到立足點。「立在過去的世界上，尋出來的新世界，是真的，實的，腳踏實地可以達到的」〔註 97〕，而夢想中的新世界是虛的、假的，是「無何有之鄉」，是「烏托邦」，是不可能達到的。過去的歷史「一層一層的陳列著我們人類累代相傳下來的家珍國寶」，一切過去，都是供我們利用的材料，而我們的將來就建基於過去的材料以及現在的努力上。歷史能為未來美好社會的實現以及現代化國家的建立提供基礎。這種從歷史中尋找未來社會發展根基的思路正是史學「經世」傳統的體現。

李大釗認為通過對民族歷史規律的認識，可以明瞭國家與民族的發展方向。只有科學的、客觀的掌握自己的國情才能制定出符合國家發展的政策，而國情即歷史。李大釗之所以把歷史視為國情，其目的在通過對民族歷史的探究，找到對接馬克思主義的切入點，從而論證中國實現社會主義制度的必然性。所以，他強調歷史和國情的一致性，認為歷史就是國情，只是時間有今昔之別，「昔日之國情，即今日之歷史；來日之歷史，尤今日之國情。」〔註 98〕認清過去，立足現在才能創造未來。李大釗用「溫故知新」說明史學的經世作用，他說溫故是知新的手段，知新是溫故的目的。而改作歷史即重新整理歷史材料，就是一種溫故的工夫，通過這種溫故的工夫，人自然就能得到許多新的知識。因為，人們對於客觀歷史事實的認識是一個不斷深化的過程，並且人們對於歷史的知識也是一個不斷增長的過程，所以，通過對歷史事實的溫故的工夫，就必能獲得新的見解。

李大釗認為歷史對人生有兩個方面的作用：「智識方面與感情方面」。從情感方面說，歷史正如詩歌可以激發人們的激情與認識，當人們讀史書，讀到歷史存亡之危機時刻，往往能激發內在的救國救民之情。當讀至歷史人物為民挺身而出時，也會引起「有為者亦若是」的共鳴。從「智識方面」講，從歷史中

〔註97〕李大釗：《李大釗全集（最新注釋本）》第四卷，第 444 頁。
〔註98〕李大釗：《李大釗全集（最新注釋本）》第一卷，第 109 頁。

人們可以得到思考社會思考人生的方法，增加人們認識事物處理事件的能力，並且讀史還有助於個人的人生修養。

正確的歷史觀是正確人生觀形成的前提。馬克思主義的唯物史觀打破了古代崇拜英雄，崇拜聖賢的舊觀念，它給人們提供了一種新的人生觀，它使人們認識到人民群眾才是社會進步發展的原因，英雄人物並非聖賢，他們只不過是歷史時代發展的產物。人民群眾的未來，新的時代的實現，只能靠人民群眾自己的努力。在馬克思主義唯物史觀的指導下，人們拋棄了聽天由命、悲觀消極的人生觀，而形成了一種積極的樂觀向上的人生觀。以新歷史觀引導人們從歷史中尋找人生的意義、尋找真實的世界，尋找自己的興趣，「我們在歷史中發見了我們的世界，發見了我們的自己，使我們自覺我們自己的權威。」〔註99〕人民只有認識到自己在社會中的作用，認識到自身具有的改變世界的能力，明瞭人生之真正意義、真正價值之所在，他們才會願意積極投入到改造他們命運的社會革命中。也就是說，只有把人民改造成一個獨立自主的人，他們才會認識到自身的價值，才能成為建設社會的有用之人〔註100〕。

2. 求真的治史原則

古人治史在求得歷史的真實，以供後人借鑒。李大釗說：「凡學都所以求真，而歷史為尤然。」〔註101〕李大釗指出史學家治史之目的就在於尋求真理，他說歷史學家應該：首先，整理歷史材料，確定歷史的真相；中國有豐富的歷史材料，二十四史、《紫陽綱目》等都是很重要的歷史材料，必須要精選，要考證，要整理，同時，還應重視出土文物的整理與發掘。其次，分析材料以探尋出歷史事實之間的內在聯繫。也就是說，整理歷史材料的目的在於找出真理。從歷史材料中找出歷史背後隱藏的規律，需要有科學的歷史觀的指導。人類社會是一個不斷進化發展的過程，人們的認識能力也日益提升，所以，為求得歷史的真實，人們就應該不斷的更新歷史觀。歷史是有生命的，是進步的，是不斷變化發展的，所以，我們要勇於不斷的重新認識歷史，只有這樣才能日益接近真理。李大釗舉例說明人類改做歷史的必要性，他說在人類的神話時期，人們認為自己所穿衣服所用器具都是由半神半人的聖人做出來的，但到了現在，社會科學技術發展了，人們對於歷史就有了更加清楚正確的認識，人們

〔註99〕李大釗：《李大釗全集（最新注釋本）》第四卷，第445頁。
〔註100〕李大釗：《李大釗全集（最新注釋本）》第三卷，第220頁。
〔註101〕李大釗：《李大釗全集（最新注釋本）》第四卷，第443頁。

知道衣服器具都是先民所創造的，並非什麼神人所創。再者達爾文的進化論揭示了人類的進化史，打破了神創造人的傳說。凡此都說明正確的歷史觀更能揭示人類歷史的真實。而馬克思主義的唯物史觀就是科學的歷史觀，它準確的揭示了人類歷史發展變化的規律。所以，李大釗主張以馬克思主義的唯物史觀為理論依據對中國的歷史加以重新的認識，找出真實的事實。

新的歷史觀也是相對而言的，因為歷史本身是有生命的、活的，所謂的歷史記載只是有生命的、活的歷史的表現，並不等於歷史本身。由此，對於歷史本身我們只能不斷的以新的歷史觀去整理，去認識以求趨近於真理。若後人有了新的歷史觀，形成新的認識，把現代人們所獲得的認識推翻，這是完全可能的。因為我們所獲得的歷史的真實和對真理的認識只是相對的，正是通過這個不斷獲得相對認識的過程，最終才能走向真理。所以，李大釗反覆說明歷史是不怕重做的，並且必須要重新加以認識，「把那些舊材料、舊記錄，統通召集在新的知識面前，作一個判決書。」〔註102〕

李大釗通過對歷史本體的辨析以及對歷史觀的重新認識，將古今通過線性歷史觀聯繫起來，古代是充滿精華與糟粕的，這些精華與糟粕都流入到了當下，創造未來必須通過當下的努力以西方的文明彌補東方文明的缺陷。李大釗辯證的看到傳統中的價值與缺陷，認識到這種優劣兼有的狀態是當下社會生活的組成部分，改變傳統就必須立足於當下，盲目復古以及盲目的向西都是不可取的。這樣，李大釗糾正了陳獨秀完全以西方作為評價傳統價值標準的缺陷。李大釗雖然認識到了傳統的良莠皆有的事實，但是，他還沒能提出如何解決傳統中良莠並存的方法。瞿秋白在李大釗的基礎上，以辯證的唯物主義和歷史唯物主義的理論為支撐，明確提出了「批判繼承」這一認識傳統的科學方法。

小結

李大釗融合了傳統宇宙生存論與近代西方的進化論思想，提出了自然實體進化論的宇宙觀。這一宇宙觀揭示了新舊事物之間的辯證關係。他指出宇宙的進化是自然實體內在的新舊勢力之間的矛盾運動的結果，對抗與調和是宇宙大化運行的不可或缺的法則，只有調和與對抗達到一個平衡的狀態才能促進社會的穩定發展。從進化角度講新舊之間並非截然對立的關係，兩者都是促

〔註102〕李大釗：《李大釗全集（最新注釋本）》第四卷，第361頁。

進社會進化不可或缺的因素。新事物是從舊事物中發展而來，舊事物中的精華與糟粕都流入到了當下，由此，不能僅僅凸顯新舊價值之間的對立面，還應看到新舊之間的聯繫。李大釗從宇宙本體論層面論證新舊之間的辯證關係，試圖在傳統的民族性與時代性之間找到一個平衡點，避免自由主義者式的極端西化以及保守主義者固守傳統的缺陷。

李大釗以其自然實體進化論的宇宙觀為依據提出了新舊調和的方法論。李大釗指出新舊的調和，目的在新舊兩存，不是保守主義者式的以儒家道德解救西方物質文明缺陷的「以中救西論」，也不是西化派的「以西替中論」。此外，調和並不排斥競爭，排斥競爭的調和是偽調和。真正的調和是立足於民族性的精華的基礎上吸收時代的積極成分。

由此，李大釗從歷史主義的角度以調和的方法對以孔子為代表的傳統學術，以及儒家的民本傳統進行了批判繼承。李大釗首先通過歷史的還原，將孔子劃分為「實在的孔子」和「歷史的孔子」兩種形象。「實在的孔子」就是客觀事實中存在過的孔子本人，「歷史的孔子」指孔子逝世後，人們所理解的孔子。「實在的孔子」以其極大的創造力和與時俱進的精神創造了符合當時社會發展需要的儒家學說，成為中國學術的最高權威。對於「實在的孔子」我們應該繼承其創造力和與時俱進的精神，而不是固守孔子所創造的思想、制度與規範。「歷史的孔子」形象，因人們所處的時代不同、認知能力的不同，必然帶有個性與時代性的特徵。尤其是被封建統治階級改造過的孔子形象，徹底成為了封建專制統治的護身符。封建專制統治者們不但從思想上固化孔子思想，將孔子思想轉化成奴役人民的思想工具，而且還從制度上加以落實強化。李大釗強調必須批判被封建專制統治者嚴重扭曲的孔子形象，打破儒家與封建專制的結合模式，恢復儒家的學術地位。李大釗在劃分了孔子的兩種形象之後，進一步以馬克思主義的唯物史觀初步分析了孔子思想產生的社會基礎以及孔子思想何以能對中國文化產生持久的影響等。李大釗開啟了以馬克思主義分析中國文化傳統的先河。

通過唯物史觀，李大釗找到了創造歷史、建立新社會的力量，即人民群眾。由此，李大釗批判吸收了儒家的民本傳統中對民德、民力和民意的重視，同時，批判了儒家民本傳統中缺乏民治、民主等觀念，把民本傳統具體化、唯物化了。李大釗將民本傳統從抽象的概念層面論證民的重要性，落實到具體的社會生產實踐中，從客觀的物質生產活動中說明人民才是歷史的創造者，人民才是政

治的主體。儒家民本傳統中重視「民意」是從維護封建專制統治穩定性的角度立論的。李大釗批判從封建專制統治的階級對立的角度去審視「民意」，他將「民意」置於近代的民主政治框架中，強調民意在民主建設中的重要作用，認為只有真正的尊重民意才能建立真正的民主政治。他提出「公意」的概念，所謂「公意」是通過具有平等地位的個體在自由表達自己思想的基礎上，通過集體的充分討論、商榷，得到共同的認識，然後通過多數表決的方式取得最後的結果。「公意」強調的是共同的認識，它不是以多數否決少數，而是強調多數與少數的共識。

李大釗肯定了民德在近代法治建設中的作用，他認為國民道德素質的高低直接影響著法治的建設。李大釗以民主、平等、自由等近代倫理道德置換了儒家以維護封建等級尊卑為核心的忠孝節等封建倫理，但肯定了儒家對民德在政治秩序建設中的重要作用的認識。他認為良好的國民道德素質能夠形成良好的社會風俗，而良好的社會環境與國民修養是近代法治建設的基本前提。李大釗還從儒家民本傳統中的「革命論」，即人民具有推翻封建專制統治的能力的角度肯定了民力的作用，並將其與馬克思主義的從剝削角度論證人民具有反抗剝削反抗壓迫的革命性相結合。通過這一結合，李大釗論證了中國農民革命的合法性。

李大釗強調將傳統置於整個的客觀歷史運行的過程中去考察，而不是抽象的加以取捨。由此，李大釗主張以馬克思主義唯物史觀這一科學史觀重新認識中國的歷史，提出「重做歷史」的主張。他從歷史哲學的層面論述了史觀會隨著人們認識能力的增強而漸趨於科學，由此，以科學的史觀去重新認識歷史則能更加科學地揭示民族歷史發展的規律。李大釗在肯定史學的經世致用傳統以及求真的治史原則上，主要從歷史的主體、歷史的內容、歷史運行規律等方面批判了封建舊史觀。揭示了：歷史的主體是人民群眾而不是聖賢抑或帝王；歷史發展的動力在社會的經濟基礎，非由神或英雄所創；歷史發展的規律是螺旋式上升的並非退落抑或循環等。李大釗對馬克思主義唯物史觀的引入與研究，並將其運用到中國傳統的分析與研究中，開啟了中國傳統向現代轉化的新路徑。

第三章　陳獨秀的傳統觀

　　陳獨秀（1879～1942），原名慶同，官名乾生，字仲甫，號實庵，安徽懷寧（今安慶）人。陳獨秀年幼喪父，跟著祖父陳章旭學習四書五經，祖父去世之後，跟隨長兄學習八股文章。但陳獨秀對八股文章非常反感，加之其長兄脾氣溫和，所以，陳獨秀在跟隨長兄學習的過程中並沒有認真的學習八股文章，而喜歡上了魏晉南北朝時期梁朝文學家蕭統主編的《昭明文選》。《昭明文選》是一部大型的詩文總集，選編了從先秦至梁的具有代表性的詩歌、辭賦、雜文等。1896 年，十七歲的陳獨秀通過了院試成為秀才。1897 年，陳獨秀和大哥一起去南京參加鄉試，這次鄉試徹底改變了陳獨秀的人生。在考場上，他看到各種考生的怪相，認為若讓這般功名利祿之徒做了官，遭殃的必然是人民大眾。從此，陳獨秀轉向了康有為、梁啟超的維新思想，成為封建禮教的叛逆者。陳獨秀從 1901 年至 1915 年五次東渡日本，在日本接受了西方資產階級思想。1915 年 9 月在上海創辦《新青年》雜誌，向封建舊文化發起了總攻。1919 年五四運動爆發，陳獨秀從早期的激進民主主義轉向了馬克思主義，開始大量研究馬克思主義理論，為馬克思主義在中國的傳播做出了極大的貢獻。陳獨秀是中國共產黨最早的創始人之一，是大革命時期中共中央主要領導人。在大革命時期，陳獨秀為國共兩黨的第一次合作做出了巨大的貢獻，但因嚴重的右傾投降主義，致使黨在大革命末期遭到嚴重打擊，由此，1927 年陳獨秀離開黨中央的主要領導職務。此後，陳獨秀思想上轉向托洛茨基主義，嚴重偏離馬克思主義，於 1929 年被開除黨籍。1932 年陳獨秀被國民黨逮捕入獄，在監獄中渡過長達五年的時間。1937 年抗日戰爭爆發，國民黨釋放政治犯，陳獨秀得以

釋放。1938 年陳獨秀抵達重慶江津，在江津渡過了他生命中的最後四年，於 1942 年 5 月逝世。陳獨秀的後半生貧困潦倒，但他依然沒有放棄學術研究，在國民黨監獄時期和在江津的四年，他創作了大量的古文字學方面的著述，這些研究成果在今天依然具有極大的價值。陳獨秀晚年對民主的制度層面的思考，對於今天依然具有借鑒意義。

3.1　哲學依據與方法

革命進化論是陳獨秀反思傳統的哲學依據。他將進化論的競爭法則與革命的除舊布新相結合，以傳統的經世思想對接進化論的「適者生存」原則，創造了具有功利主義色彩、強調競爭對抗的革命進化論。競爭法則被陳獨秀視為自然界、人類社會的普遍法則，人與人、人與物、物與物之間都是一種競爭關係，能競則存，不競則亡。世界就是一個對抗的世界，新舊、中西之間斷無調和的餘地，只能是存一而去一的競爭關係。根據競爭法則，陳獨秀堅決反對調和說，反對漸進的量變的改良，強調新舊之間性質的對立，肯定突進的質變的破舊立新。

3.1.1　革命進化論

進化論一詞源自拉丁文 evolutio，指把卷在一起的東西展開。在英文中，進化論對應的是 evolution，最早用於生物學中，描述子宮中胚胎的生長。後來，衍生出「變化」、「發展」等意義，其主要表示的是自然科學上的發展、演變，並沒有進步的含義。至斯賓塞在保留進化發展、變化的含義上，又賦予進化以進步的意義，使進化成為進步的代名詞。十九世紀末二十世紀初，嚴復以中國傳統的由天道到人道的思維框架對赫胥黎、斯賓塞等人的進化思想加以取捨改造，提出了具有中國特色的進化論。嚴復首先接受了斯賓塞將自然界與人類社會都視為一個物競天擇、適者生存的進化過程的觀點。其次，他又吸收了赫胥黎對人的主觀能動性的肯定，認為人可以根據倫理道德原則將競爭法則限於道義範圍之內，以彌補將物競原則引入人類社會導致的「任天為治」的弊病。此種，肯定物競天擇、適者生存法則，又肯定人的主觀能動性在進化中的作用的進化觀。一方面，為當時的人們提供了何以中國會遭到列強侵略的解釋；另一方面，也為國人改變現狀提供了理論依據。經過嚴復對進化論的引入與改造，進化論被中國先進知識分子轉化為一種哲學世界觀和方法論，它被廣

泛應用於宇宙、自然界、人類社會以及思想文化領域，成為變革社會、救國救民的理論武器。

　　晚清維新派和孫中山領導的革命派都信奉進化論，但兩派所理解的進化論又有著極大的差異。維新派認為社會的進化即漸進，強調量變，主張採用改良的方法。革命派堅決反對維新派以漸進為核心、以改良為方法的進化論，而是把革命與進化相結合，視革命為實現社會政治變革的主要手段，強調質變。革命派認為人類歷史就是通過「歷數百萬次大小之革命」形成的，「革命多而猛，則社會之進化速也。」〔註1〕他們把革命視為社會進化的動力，革命的次數和激烈程度決定了社會進化的速度。鄒容把革命稱之為「天演之公例」、「世界之公理」、「爭存爭亡過渡時代之要義」、「順乎天而應乎人者」、「去腐敗而存善良者」、「由野蠻而進文明者」、「除奴隸而為主人者」〔註2〕。鄒容從「公例」、「公理」的高度論述革命法則的普遍性與必然性，唯有革命才能實現人類由野蠻至文明，由奴隸至主人的轉變，從正面充分肯定了革命的價值和意義。

　　革命派強調，所謂革命就是質的變革而非量的漸變。革命是以新的社會代替舊的，而不是對舊社會的修修補補。社會革命就是以新質代替舊質。新舊之間在性質上是相反的，並非簡單的以新換舊。革命強調「所欲破壞之目的物，與所欲建設之目的物，其性質必相反，此適宜於社會，則彼必不適應於社會。」〔註3〕革命是為了除舊布新，強調質變，新舊之間是性質上的差異而不是量的不同，新舊之間是對立的生死存亡的關係。

　　中國人接受進化論是為了給自己主動改變現狀提供一個合理的意識形態根據。這一現實的社會需要，使進化論傳入中國就帶有深厚的工具色彩。陳獨秀在繼承晚清革命派的革命進化論的基礎上，將革命中所含有的新舊相替與進化的適者生存原則相結合，模糊革命與進化的差異性，最終形成進化即革命的原則。陳獨秀把新舊事物之間的關係視為一種生死存亡的關係，他極力突出新舊事物質上的不同，進化的過程就是新的不斷代替舊的過程。

　　首先，陳獨秀把萬物的變動過程視為進化過程。陳獨秀說：「宇宙間精神物質，無時不在變遷即進化之途。」〔註4〕又說：「世界之變動即進化，月異而

〔註1〕張枏，王忍之編：《辛亥革命前十年間時論選集》第二卷下，北京：三聯書店，1963 年，第 1021 頁。

〔註2〕鄒容著，周永林編：《鄒容文集》，重慶：重慶出版社，1983 年，第 41 頁。

〔註3〕張枏，王忍之編：《辛亥革命前十年間時論選集》第二卷上，第 522 頁。

〔註4〕陳獨秀：《陳獨秀文章選編》上，北京：三聯書店，1984 年，第 152 頁。

歲不同。」〔註5〕陳獨秀把「變遷」、「變動」都視為「進化」，是為了說明進化的普遍性。宇宙間精神物質都處在永恆不斷的變化過程中，但客觀事物的發展變化過程並不意味著價值上的增進。陳獨秀通過借用萬事萬物的發展變化的客觀事實，以說明進化論的客觀性，並將價值賦予到事物的發展過程中，使事物的變化過程與價值的增進過程融合為一。由此，整個自然界、人類社會都是一個向上向前的發展過程，從歷史到現代，從自然物、人類的社會組織、人類的精神世界，都在永恆的進化途程中，即使道德意識也是在不斷的變化中〔註6〕。陳獨秀把萬物的運行過程轉化為一個含有價值不斷增進的進化的過程，把進化普遍化，論證中國走向光明的必然性。世間萬物皆遵循進化原則，由此，民族國家的生存也必須與時變遷，否則，只會導致無法適應環境之生存而歸於淘汰。

其次，陳獨秀認為進化就是新舊之間的替換過程。陳獨秀強調事物的質變，認為新舊之間質的替換才是社會的進化。他將歐洲文明視為革命的賜予物，「今日莊嚴燦爛之歐洲，何自而來乎？曰，革命之賜也。歐語所謂革命者，為革故更新之義，與中土所謂朝代鼎革，絕不相類」〔註7〕西方中世紀自文藝復興開始，政治、宗教、倫理道德、文學藝術等領域興起了以人文精神反抗神學束縛的思潮。陳獨秀將這一過程視為一場思想革命，並以之對比中國，試圖通過思想領域的革新，達到救國的目的。

中國傳統的「革命」原指天道的週期性變化，從漢代開始用來指涉改朝換代。在中國傳統的家國同構社會結構的主導下，換朝即易姓，王朝更替，變更的只是誰當皇帝，並沒有改變封建專制制度的性質。近代意義上的「革命」始於法國大革命。戴維·米勒等指出，法國大革命的爆發，誕生了一種對「革命」的新的解釋。法國大革命的領導者們推翻一個過時的政體，不是為了恢復一個傳統的秩序，而是力圖將整箇舊政權傳統掃進歷史的垃圾堆，創造一個全新的政治社會制度〔註8〕。革命不再是傳統的改朝換代、易姓換朝，而是從根本上改變政治制度，即推翻專制統治，建立民主政權的運動。近代意義的「革命」，「專指其間發生了政權更替並伴隨著政治、社會和經濟

〔註5〕陳獨秀：《陳獨秀文章選編》上，第101頁。
〔註6〕陳獨秀：《陳獨秀文章選編》上，第379頁。
〔註7〕陳獨秀：《陳獨秀文集》第一卷，第202頁。
〔註8〕〔英〕戴維·米勒、韋農·波格丹諾編：《布萊克維爾政治學百科全書》，北京：中國政法大學出版社，1992年，第658頁。

秩序大規模重建的歷史時期。」〔註9〕

　　陳獨秀強調革命含有的新質代替舊質的特徵，區分於中國的「朝代鼎革」即「王朝更替」。「革命」，就是舊的消亡，新的建立，就是新質代替舊質，以新替舊就是進化的過程。陳獨秀「通過把進步性的『進化』設定為歷史發展的『價值』目標，並把『革命』作為實現這一目標的最佳『手段』來證明『革命』的合理性。」〔註10〕他認為近代西方從文藝復興開始，就是一個政治、宗教、倫理道德、文學藝術的新舊替代過程，新的代替舊的促進了社會的進化。陳獨秀把生存視為天道，人類社會的進化過程就是一個不斷適應環境以求生存的過程。他把新的視為能適應社會生存的一方，把舊的視為不能適應社會生存的一方，兩相對比，取新棄舊就成為必然的選擇。

　　再次，生存競爭是進化的根本原則。陳獨秀說：「人間萬事，恒以相競而興」〔註11〕。陳獨秀強調進化論中的競爭法則，並將萬物爭存視為宇宙萬物運行的法則。他說：「循乎自然，萬物並處而日相毀：雨水就下而蝕地，風日剝木而變衰，雷電為殃，眾生相殺，……眾星各葆有其離力而不相併，萬物各驅除其災害而圖生存」〔註12〕。萬物的生存法則就是競爭，各驅其害以求自存。陳獨秀依然繼承傳統從天道到人道的思路，既然自然萬物皆遵循競爭法則，人類作為萬物之一也必然遵循競爭原則。陳獨秀把世界視為「戰場」，把人生看作不斷的「惡鬥」，他指出人類只要一息尚存，就會處於永恆的競爭中。整個世界就是優勝劣敗、弱肉強食的戰場，奮鬥乃人生的本職，苟安則必趨於滅亡。陳獨秀認為中國人太缺乏鬥爭精神，屈服於聽天由命主義，甘心於被奴役的地位，最終形成深重的奴隸根性。此種劣根性導致國人無法在充滿激烈競爭的世界中獲得獨立、自主的人格。

　　陳獨秀提出「抵抗力」這一概念以說明萬物具有的競爭力。競爭力的有無與強弱決定著萬物能否存在與發展，「萬物之生存進化與否，悉以抵抗力之有無強弱為標準。優勝劣敗，理無可逃。」〔註13〕國家民族能否生存於世，即視

〔註9〕〔英〕戴維‧米勒、韋農‧波格丹諾編：《布萊克維爾政治學百科全書》，第656頁。

〔註10〕王中江：《進化主義在中國》，北京：首都師範大學出版社，2002年，第180頁。

〔註11〕陳獨秀：《陳獨秀文章選編》上，第177頁。

〔註12〕陳獨秀：《陳獨秀文集》第一卷，第113頁。

〔註13〕陳獨秀：《陳獨秀文集》第一卷，第114頁。

國家民族競爭力的強弱而定。由此,陳獨秀提出增強抵抗力的主張,下至個人上到國家民族都須增強自身的抵抗力,即競爭力。

最後,陳獨秀以傳統的經世思想去理解進化論的「適者生存」法則,使進化論帶有濃厚的功利主義色彩。經世思想是中國文化的精華和治國的理論基礎。經世指經邦治國、經世濟民。關注現實,以所學解決社會問題,以求達到國治民安的實效是經世思想的主要內容。經世思想重人事、重實際和事功,其精神實質在「用」上。解決社會的現實問題是經世致用學者的為學宗旨。

陳獨秀認識到進化論「適者生存」法則的功用價值。他把「適應性」視為判定競爭力強弱的標準。在自然界,達爾文的「適者生存」法則是指的生物對不同生活條件和環境的適應,是完全的自然選擇的結果。而當「適者生存」法則被運用到社會領域之後,「『適應』、『適者』不僅是『優』,而且是『善』,於是作為事實而存在的生物現象和生物進化法則,就變成了人類社會的可欲目標和生存法則。」〔註14〕適應環境者被賦予了優與善等價值意義,從而是否滿足現實需要就成為人們做出取捨的標準。陳獨秀非常強調現實需要的重要性,他說:「現實世界之內有事功,現實世界之外無希望。唯其尊現實也,則人治興焉,迷信斬焉」〔註15〕人類的一切思想和行為都植根於現實生活之上。現實社會發展需要成為陳獨秀認識與變革傳統的立足點。

具有功利主義色彩的革命進化論為陳獨秀消解傳統之弊端提供了理論依據。進化論不但為陳獨秀接受西方資產階級民主、平等以及自由等先進理念提供了理論依據,也為陳獨秀接受馬克思的科學社會主義準備了思想基礎。吳丕認為進化論的引入與傳播確實促進了中國先進知識分子對馬克思主義的接受。進化論的「生存鬥爭」和馬克思主義的「階級鬥爭」具有內在的相似性,階級鬥爭「是競爭的陣線和手段都更加明確的過程。」〔註16〕

3.1.2 破舊立新

進化論的單線時間觀將中西置於縱向的社會進化的過程中,使中西的空間上的對比轉化成具有時間意義上新舊的對比。物競天擇、適者生存的法則又

〔註14〕王中江:《進化主義在中國》,北京:首都師範大學出版社,2002 年,第 268頁。

〔註15〕陳獨秀著,任建樹等編:《陳獨秀著作選》第一卷,上海:上海人民出版社,1993 年,第 140 頁。

〔註16〕吳丕:《進化論與中國激進主義》,北京:北京大學出版社,2005 年,第 43 頁。

將新舊的對比轉化成新舊的對立。中西的時代性差異被轉化成競爭力強弱的差異。由此，以符合時代發展且更具競爭力的西方為參照系，對傳統加以變革就成為必然的選擇。陳獨秀的「破舊立新」的方法論就建立在這一哲學基礎上。

所謂「破舊立新」指在以西方先進模式的參照下，消解傳統中落後於時代的、缺乏競爭力的內容，而替以先進的、更符合時代發展的內容。首先，「破舊立新」強調的是新舊之間質的差異。此種差異在陳獨秀看來不但是時代性上的差異，更是生存力強弱的差異。他將民族的生死存亡放在第一位，與民族生死存亡相較國粹的存亡就居於次要的位置。以西方的更具有競爭力的先進理念代替傳統中與現代先進價值理念性質相反，落後於時代發展需要，缺乏競爭力的內容，則是民族生存的必然選擇。

其次，破舊是建立新文化的必然前提。破舊立新強調以新質替舊質，強調以革命的激進方式斬斷傳統之弊端對社會發展的束縛。陳獨秀認為只有以革命的方式才能割除傳統中腐朽的成分，只有割除傳統中腐朽的成分，才能為新思想新觀念的引入與建立奠定堅實的基礎。「破舊」不是時間上的先在性，它強調的是邏輯上的在先和必要性。新舊之間性質的對立被視為生死存亡的競爭關係，立新則必先破舊，新質戰勝舊質被視為一種必然。

最後，「破舊立新」反對漸進，強調突變。陳獨秀極端反對新舊調和論，他認為調和說是人類惰性在社會文化層面上的表現。陳獨秀從善惡混的人性論出發，認為人有侵略、獨佔、利己、嫉妒、虛偽、欺詐等都是人性惡的表現，而「惰性也是人類本能上一種惡德」。為促進人類社會的發展，沒有人會主張發揚人的惡性，同理，惰性也是人類惡性之一，所以，必須反對人類的惰性。「調和說」就是人類惰性的體現，由此，不能將調和視為社會發展應該遵循的規律〔註17〕。

陳獨秀承認事物存在新舊之間的自然過渡階段，但他反對任由此種狀態的發展。陳獨秀指出，雖然從文化的發展角度說，新舊之間確實有調和遞變的階段，但這是文化自身發展的自然現象，不是人主觀上應有的主張。人們應明晰新舊之間性質的差異，立新就必須掃除此種新舊之間的過渡狀態，建立全新的思想，而不是任由人之惰性，導致對文化發展的束縛〔註18〕。社會進化論者必須打破此種人類惰性對文化發展的束縛，因為，陳獨秀認為社會進化正如商

〔註17〕陳獨秀：《陳獨秀文集》第一卷，第 512 頁。
〔註18〕陳獨秀：《陳獨秀文集》第一卷，第 511 頁。

品交換中的討價還價，要價高，還價才不會低，若要價低，還價也低，社會的進化亦是如此，若有十分的革新主張，社會進化的惰性可能導致結果只有五分，若是五分的革新主張，那麼社會惰性所導致的結果就只可能有二分五。傳統確實具有保守性的一面，為了維持原有的社會秩序，傳統排斥與自身價值取向不同的思想文化、政治制度以及倫理道德等。陳獨秀認識到中國傳統的保守性的一面，主張以激烈的革命方式割除一切與時代價值不相符合的部分，為建立新的價值觀念清理地基。

3.2 儒家觀

陳獨秀首先從傳統社會的官方意識形態——儒家入手展開他對傳統的認識。他從中國傳統的倫理政治結構出發，提出「倫理的覺悟」的主張，以消解儒家的政治意識形態的地位，為新的與民主制度相應的政治意識形態的確立奠定基礎。陳獨秀對儒家傳統的反思，主要是分析儒家傳統中與現代民主、自由、平等等先進理念性質相反的部分，如禮教的等級性與民主的平等性的對立，儒家的重家族與現代的個體獨立性思想的對立等。其目的是為了通過梳理儒家傳統以清理掉儒家傳統與現代民主政治不相符合的部分，以為民主國家的建立奠定思想基礎。

3.2.1 禮教是儒家思想的核心

辛亥革命推翻了統治中國兩千年的封建專制制度，但這只是形式上的民主共和制度，中國的封建因素根深蒂固，人民的生活沒有得到根本的改變，尊孔與帝制復辟相組合的形式反覆出現，陳獨秀不得不思考帝制與尊孔之間的關係。他認為帝制之所以難以根除是因為中國人腦中裝滿了專制思想，欲在客觀上建立真正的民主共和制度必須清理人們思想中的封建殘餘。

鴉片戰爭之後，中國傳統的文化價值系統就遭到西方文化的強勢衝擊，陳獨秀總結了從鴉片戰爭開始至五四新文化運動之前，中國人面對西方文化的覺悟歷程。他認為從西洋文明輸入國內始，首先促使國人覺悟的是「學術」，其次為「政治」，「繼今以往，國人所懷疑莫決者，當為倫理問題。此而不能覺悟，則前之所謂覺悟者，非徹底之覺悟，蓋猶在倘恍迷離之境。」〔註19〕從學

〔註19〕陳獨秀：《陳獨秀文集》第一卷，第 140 頁。

術、政治到倫理覺悟，被陳獨秀視為中國近代思想演變的過程，而倫理的覺悟被視為思想覺悟的根本，被稱之為「最後覺悟之最後覺悟」。倘若不變更儒家的倫理，則中國之政治、學術都無法得到真正的發展。

　　戰爭將中西文明置於最直接的比較中，戰爭的結果無疑是最有說服力的證明：西方之強盛與中國的衰弱。改變中國勢在必行，從最直觀的器物層面，深入到制度層面，洋務的失敗立刻將失敗的原因指向制度，維新的失敗又將原因指向思想文化層面。他們沒有懷疑西方制度，西方文化自身的問題，只是從自身角度找原因，正是這種對自身的不斷否定與解剖，促進了中國的發展，可是也包藏了隱患。第一次世界大戰的爆發，西方科技文明的侷限性被曝露於廣眾之下，向西方學習的知識分子們開始意識到西方文化自身的侷限性。

　　倫理的覺悟是最後覺悟之最後覺悟，陳獨秀的這一論斷可以說是對中國傳統實質的最有力的揭示。倫理不但是中國人的思維方式還是中國人的生活方式。倫理取向是中國人文化的根子，根子上沒有走向民主共和，此前的所有改變，器物改革，制度革命最終都只會流於形式。儒家倫理是中國傳統倫理的根本，倫理覺悟所指向的首要對象就是儒家的倫理思想。在新的時代條件下對儒家倫理進行變革勢在必行。

　　倫理的覺悟即以西方的民主、平等與自由等理念，代替儒家禮教在中國社會、政治層面中的地位與作用。陳獨秀把倫理的內容置換了，但他卻肯定了倫理在中國社會政治層面中的作用，由此，禮教所具有的神聖至上性被西方的民主、平等與自由所代替，使西方政治觀念帶上了中國傳統的倫理至上的色彩。也就是說陳獨秀在倫理政治化、政治倫理化的傳統下，將西方民主、自由、平等以及科學等抽象為一種新的倫理價值標準。

　　陳獨秀提出「倫理的覺悟」這一主張的目的是為了在中國建立民主共和制度清理道路，所以，他將目光直接置於與民主共和價值理念相反的儒家禮教上。陳獨秀認為三綱說是儒家倫理政治的核心綱領，「儒者三綱之說，為吾倫理政治之大原，共貫同條，莫可偏廢。三綱之根本義，階級制度是也。所謂名教，所謂禮教，皆以擁護此別尊卑明貴賤之制度者也。」〔註20〕儒家禮教的核心是三綱說，三綱說的作用在於維護封建等級尊卑的專制制度。產生於封建宗法社會上的儒家是以血緣和等級為核心的倫理體系。在以自然經濟為基礎的封建宗法社會中，儒家適應了當時的社會經濟條件，在歷史上確實發揮了穩定

〔註20〕陳獨秀：《陳獨秀文集》第一卷，第140頁。

社會秩序的作用，但近代以來西方商品經濟的入侵打破了原有的以農業自然經濟和家庭手工業為主的經濟結構，經濟基礎的變動必然導致傳統觀念的更新。

　　陳獨秀以西方的民主平等觀念批判了儒家禮教觀念所造成的諸弊端。陳獨秀認為中國的綱常、風俗、政治、法制等都被儒家禮教精神所浸透。君對臣、父母對子女、夫對妻、男對於女、主人對於奴婢，都是前者擁有絕對的權力，都是一方面無理壓制另一方，形成一個奴婢對主人、女子對於男子、妻對於夫、子女對於父母、臣對於君盲目服從的社會〔註21〕。儒家三綱說（君為臣綱、父為子綱、夫為妻綱），強調臣、子、妻對君、父、夫的依附關係，造成各種社會弊端：首先，人格上的不平等，為人臣、子、妻者只有服從和盡義務的地位，毫無權利可言。君要臣死，臣不得不死，正說明君權的至高無上；父權擴大為族權，族長對於族人有生殺之權，竟可以不經過國家之法律；男女之間的不平等使得婦女深受迫害，男子可以隨意休妻，女子設若失偶則不可再嫁，再嫁視為不節。凡此種種都是對人性的蔑視。其次，封建宗法制度是封建禮教的制度保障。大家族制度雖然在自然經濟時代適應了當時社會生產力的發展，但大家族制度本身卻隱含諸種弊端：一損壞了個人的獨立人格，二束縛個體思想自由，三剝奪個體在法律上的平等權利，四導致個體缺乏獨立的生產能力。在大家族制度下，家族地位高於個體，族長是家族權力的掌控者，家族中的分子必須聽命於家長。個體沒有權利更無思想自由，經濟上也全依賴於家族。家族制度造成個體權利觀念的缺失，經濟獨立性的缺乏。

　　陳獨秀指出，封建宗法社會尊家長，重等級，所以，強調孝；宗法社會之政治是家族制的放大，尊君主，重等級，所以，強調忠。「忠孝」是封建宗法時代儒家道德的核心〔註22〕。陳獨秀從家國同構的角度論述了「忠孝」之間的內在一致性，說明封建宗法時代的道德是維護封建等級尊卑的，以此批判儒家倫理的落後性。儒家倫理起源於人與人之間的自然關係，以孝規定父母與子女之間的關係，孝本身具有兩個方面的內容：一方面在地位上父母高於子女，子女對於父母必須絕對服從；另一方面孝還含有血緣親疏之意。儒家以人生來就具有的天然的社會關係為基點，將善與等級都植入這一自然關係之中，進一步從

〔註21〕陳獨秀：《陳獨秀散文》，上海：上海科學技術文獻出版社，2013 年，第 137頁。
〔註22〕陳獨秀：《陳獨秀文集》第一卷，第 128 頁。

家國同構的理論框架中將君民關係比作父母與子女之間的關係，由孝延伸出忠這一概念。忠孝兩個概念都含有等級性與情感性，子女為報答父母養育之恩，必須無條件的付出，同理，君為民之父母，民為報君恩，也必須鞠躬盡瘁死而後已。陳獨秀極力反對忠這一概念，是因為忠所指向的對象為君，君是封建專制統治的最高統治者，建立民主共和制度必須推翻君主專制，推翻君主專制就需要清理服務於君主專制的忠。但陳獨秀並非徹底的反對孝，他只是反對孝這一概念中所具有的等級性和壓制人性的成分，並沒有反對孝所具有的感情成分即對父母的報恩與尊敬。陳獨秀指出新文化運動的目的不是推翻全部舊道德，新文化運動對舊道德的批判，是指舊道德將孝悌等限制在狹隘的家族範圍內，而新文化運動則主張孝悌擴展成整個社會的友善。但是，有些新青年卻將新文化運動對舊道德的批判視為一種全盤的否定，從而，他們打著新思想新家庭的旗號，拋棄了他們應盡的孝親、養老的義務〔註23〕。養親報恩，乃正常情理的體現。

儒家是從血緣與等級之中確定人之價值的，也就是說，只有從人所在的社會關係中才能判定出人的價值。從家族的倫理關係引申至政治層面，即由孝引申為忠。孝強調的是父為尊、子為卑，父對子有絕對的權力，而子對父則是絕對的義務。由此，君臣之間也是為君者有絕對的權力，而為臣者只有絕對服從。封建宗法時代，通過科舉考試進入仕途是被社會普遍承認的人生價值取向，追求利祿是被世人所肯定的。但在這個過程中，因為掌握利祿的權力在封建統治階級手裏，所以進入統治階層的知識分子們也只是維護皇權的工具，他們只不過是比底層被壓迫者高端的奴隸階層。

由此，形成國家高於家庭，家庭高於個人，最終導致個體權利觀念的缺失。陳獨秀正是從禮教所具有的不平等因素抨擊儒家禮教導致中國社會各種壓制人性，戕賊人性的社會現象。儒家的倫理道德強調尊卑、等級的區分，強調在下者、為卑者對尊者、長者絕對服從。此種不對等的關係，往往造成一系列的悲劇事件，主人虐待奴婢，長者虐待幼者等〔註24〕。陳獨秀以近代的權利、平等觀念分析儒家的三綱說，凸顯了君臣、父子、夫婦之間的不平等的權利義務關係。儒家的三綱說強調等級，強調為人臣為人子為人妻的片面義務，這違背了近代的民主平等與自由精神。

〔註23〕陳獨秀：《陳獨秀文集》第二卷，第3～4頁。
〔註24〕陳獨秀：《陳獨秀文集》第一卷，第213頁。

陳獨秀提出倫理覺悟為最後之覺悟的主張，在當時的思想界引起極大的影響。有學者如顧實君，指出儒家三綱說是自漢代董仲舒獨尊儒術之後的產物，並非孔子原旨。陳獨秀堅持認為禮教就是儒家的根本的主張，強調親疏等差是儒教禮教的本質。禮就是儒家思想的精華，並且三綱說不是宋儒憑空偽造的，三綱說本就是儒家的根本核心〔註25〕。陳獨秀認為忠孝是儒家禮教的核心，而忠孝的觀念早已存在於原始儒家思想中。孝強調尊卑、忠強調等級，而在家國同構的國家觀念中，忠與孝在本原上是相通的，都是維護等級尊卑的。由此，維護封建等級尊卑的三綱說是自成一體、不可分割的，是先秦儒家禮教的核心，並非漢儒的獨創。陳獨秀認為孔子因處於封建宗法社會，創立以別親疏明貴賤為核心的禮教是當時的時代所需，不能苛責孔子。但是中國從先秦開始中經漢、宋兩代的發展，形成了以禮為核心的倫理道德體系，這就是中國特有的文明。

儒家禮教的等級性內容為封建專制統治者提供了可供借用的理論資源。陳獨秀正是認識到儒家禮教與封建專制制度的兼容性，所以，才對儒家禮教加以猛烈的批判。對於儒家倫理中的不含有等級性的內容，如信義、廉潔、誠信等，陳獨秀雖然不承認其為儒家的獨創，但也沒有否認其價值〔註26〕。陳獨秀之倫理的覺悟為最後之覺悟的主張，最終的目的是服務於救亡，即民族民主國家的建立。

3.2.2　消解儒家政治意識形態的地位

晚清革命派知識分子已論述過儒家與封建專制制度之間的關係。他們指出，封建君主借用聖人及其學說實行殘酷的封建專制統治，「彼以聖人學說，純正無弊，不妨屢用之。文則尚學，學則尊君，尊君則子孫萬世帝王之業可固。又復出一令：當法聖人，非聖者無法。使之不敢不從，而後可以高枕。由是言之，聖人與君主，互相為因，互相為果。」〔註27〕這深刻的揭示了尊孔與帝制之間的關係。但因晚清革命派的重點在推翻清王朝的封建君主專制制度，他們對於封建思想文化的論述還比較薄弱。辛亥革命雖然推翻了封建君主專制制度，但是袁世凱與張勳相繼借用孔教復辟帝制，孔教與帝制的關係問題被推到

〔註25〕陳獨秀：《陳獨秀文集》第一卷，第181頁。
〔註26〕陳獨秀：《陳獨秀文集》第一卷，第182頁。陳獨秀說「若夫溫良恭儉讓信義廉恥諸德，乃為世界實踐道德家所同遵，未可自矜持異，獨標一宗者也。」
〔註27〕張枬，王忍之編：《辛亥革命前十年間時論選集》第二卷上，第545頁。

思想界的前沿。陳獨秀提出「倫理革命」的主張，試圖以革命手段切斷儒家與帝制之間的聯繫。

陳獨秀將儒家倫理劃分為兩個部分的內容，一部分是具有等級性成分的三綱說，另一部分是純粹具有倫理價值的部分。前者與近代先進的價值理念不符是被摒棄的對象，後者因具有普遍的道德實踐價值且為世界各國所共有則是應該保存的部分。陳獨秀從儒家倫理中突出三綱說的封建等級意義，其目的就是為了打破儒家與封建專制制度的相結合的結構。中國自漢代獨尊儒術之後，儒家思想一直以官方意識形態的地位居於各家思想之首，封建專制統治者借用儒家思想維護自身的專制統治。從隋朝開始，科舉制度的建立又為儒家思想的獨尊提供了制度保障。1905 年晚清政府廢除了科舉制，儒家的地位開始下降，辛亥革命推翻了封建君主專制制度，普遍王權的崩潰，使儒家失去了最後的庇護，儒家的價值問題成為當時思想界討論的核心問題之一。

五四之前以建立近代西方資產階級民主共和國家為目標的陳獨秀認為，政治制度更新必然需要思想上的更新，因為，思想求舊卻奢求制度更新這是一種緣木求魚之法。而當時的思想界極力將儒家與新的政治制度相結合，康有為極力主張將儒家立為國教並加入憲法當中，最終被袁世凱所利用，借儒家復辟帝制，隨後，張勳再次利用儒家復辟帝制。儒家與專制制度結合的形式反覆出現，使陳獨秀認識到正是因為儒家禮教中具有的等級思想，才給封建專制統治者提供了可乘之機。只有消解儒家的政治意識形態的地位，才能從思想上遏制專制思想的死灰復燃，防止專制制度的再次出現。

首先，陳獨秀肯定人權說與進化論給歐洲國家帶來的正面價值與意義。陳獨秀首先將中西文明置於兩個不同的歷史階段，中國與印度是東洋文明的代表，號稱近代文明，實質「未能脫古代文明之窠臼」。真正稱得上近代文明的是歐羅巴文明，它包括三個方面的內容：人權說，生物進化論和社會主義。五四之前的陳獨秀認為社會主義的發展必須建立在經濟充分發展的基礎上，而當時中國的經濟發展非常落後。所以，陳獨秀主張，社會主義的發展可緩於西方國家，而對人權說與進化論的價值則需積極宣揚。陳獨秀充分肯定了人權說與生物進化論在西方國家發展中的價值，人權說主張法律面前人人平等，解除了人民在封建專制統治下的奴隸地位，進化論消解了神的權威，使人力得到彰顯，解除神對人的枷鎖。陳獨秀說，英國生物學家達爾文提出了

生物進化論,指出世界萬物通過生存競爭而不斷進化的規律,否定了神創說,打破了宗教神權的束縛。從此,西方樹立了人權至上的價值導向,人成為自己命運的創造者,而不再依靠神的恩賜,神學束縛的解除,西方人力物力都得到了巨大的發展,形成了近代的歐洲文明〔註28〕。何為人權?陳獨秀認為人權就是解脫奴隸狀態,即實現個人的自由自主之權利。它包括四個方面的內容即經濟上的均貧富,政治上的民主平等,宗教上的信仰自由權,社會層面的男女平等權。簡言之,尊重個人的獨立自由,個體自身就是自己的主體,凡涉及個體自身之行為、權利,關乎個體之信仰等,都應「唯有聽命各自固有之智慧,斷無盲從隸屬他人之理。」〔註29〕經濟獨立,思想自由,信仰自由,凡自己之事皆自我主宰。歐洲國家正是因為人的解放才促進了歐洲近世文明的誕生。

　　總之,陳獨秀主張的救國之路,即通過文化的革命解除阻礙建立西方資產階級民主共和國的思想枷鎖。近代以來西方國家政治經濟上的強盛是不可爭的事實,根據進化論原理,中國前進的方向就是向西方國家學習。人權說與科學精神是西方國家走向強盛的文化原因。人權說推倒了中世紀神權對人的束縛,科學精神對理性的高揚肯定了人的主體價值。人權與科學正可以解除儒家傳統對人性的束縛。中國儒家的最高理想人格是聖人,聖人是普通大眾學習的對象,聖人之言是真理的標準,以聖人之是非為是非限制了個體主觀能動性的發展。陳獨秀認識到儒家真理標準的侷限性,引入人權說與科學精神解構儒家的價值系統,使儒家的真精神得以傳遞,而不具有價值的部分得以消解。「吾人生於二十世紀之世界,取二十世紀之學說思想文化,對於數千年前之孔教,施以比較的批評,以求真理之發見,學術之擴張,不可謂非今世當務之急。」〔註30〕由此,陳獨秀將孔子的思想劃分出兩個部分:一部分與近代民主精神相反的禮教,這是被摒棄的部分;另一部分是孔子思想中的具有科學性的部分。陳獨秀說孔子不語怪力亂神,不信宗教也不迷信,其精神近於科學,所關注的對象在人世,注重教化,具體包括四個方面的內容:德行,言語,政教以及文學,這是我們應該繼承和發揚的。陳獨秀說科學和民主是人類社會進步的兩大主

〔註28〕陳獨秀著:三聯書店編輯:《陳獨秀文章選編》上冊,北京:三聯書店,1984年,第80頁。
〔註29〕陳獨秀:《陳獨秀文集》第一卷,第91頁。
〔註30〕水如編:《陳獨秀書信集》,北京:新華出版社,1987年,第103頁。

要動力,「孔子不言神怪,是近於科學的」,而孔子以維護等級尊卑為核心的禮教,卻是違背民主原則的,而國人卻拋棄了不言神怪的近於科學的孔子,把維護禮教的孔子尊為萬世師表〔註31〕。這就是導致中國落後的原因之一。

其次,儒家禮教精神與民主政治的倫理精神截然相反。陳獨秀指出西方國家的民主共和制度的倫理精神強調民主平等,而中國的倫理政治卻強調等級尊卑,兩者在價值取向上是截然相反的〔註32〕。禮教的等級尊卑與民主共和制的平等精神截然相反,由此,欲建立民主共和制度就必須摒棄儒家禮教,引入與民主共和制度性質相同的民主平等自由的精神理念。陳獨秀從儒家傳統的倫理政治模式出發,認為政治和倫理是一貫的,欲建立西方式的民主共和制,就應樹立與民主共和制相對應的民主平等的精神理念。若以民主共和制度對接儒家倫理思想,就割裂了西方倫理政治的統一性,只會導致強民主共和以就儒家倫理的結果。最終只會導致專制的再次興起。陳獨秀準確認識到中國傳統的倫理政治模式,正是因為他看到了儒家倫理與封建專制的內在聯繫,所以,他極力批判康有為等保守主義者把民主制度和儒家禮教組合在一起的主張。

陳獨秀說:「倫理思想,影響於政治,各國皆然,吾華尤甚。」〔註33〕中國之政治模式確為一種倫理政治型,但西方近代以前之國家政治模式是一種神權政治,宗教在政治中佔有極重的地位,陳獨秀卻認為各國思想都深受倫理思想的影響,這樣的認識顯然是從中國傳統的角度出發所得到的結論。他把西方國家也視為一種倫理政治型的國家,從而為其將西方近代的政治理念引入中國奠定基礎。陳獨秀之所以認為各國倫理都對政治有極大的影響,是因為他堅持儒家將道德視為人之本的主張。正是因為陳獨秀始終堅持倫理為人之本質,所以,他以倫理性思維思考西方的近世文明,民主、自由、平等等近代西方政治理念都被倫理化了。這一傳統的思維方式,限制了陳獨秀對西方的準確認識,他僅將科學視為促進倫理更新,消解權威,解除迷信的工具,而沒有認識到科學在自然科學領域中的創造性作用。此種重德輕智的思想傾向嚴重影響了中國傳統向現代的轉化。

〔註31〕陳獨秀:《陳獨秀文集》第四卷,第 505 頁。陳獨秀說:「因為民主共和的國家組織社會制度倫理觀念,和君主專制的國家組織社會制度倫理觀念全然相反,——一個是重在平等精神,一個是重在尊卑階級,——萬萬不能調和的。若是一面要行共和政治,一面又要保存君主時代的舊思想,那是萬萬不成。」

〔註32〕陳獨秀:《陳獨秀文集》第一卷,第 233 頁。

〔註33〕陳獨秀:《陳獨秀文集》第一卷,第 140 頁。

　　儒家禮教因肯定等級尊卑貴賤之分的合理性而被封建統治階級所利用。封建統治階級利用儒家「別尊卑，重等級，事天尊君」等思想維護自身的封建專制，使儒家成為維護封建專制統治的官方意識形態。最終形成儒家與專制之間的「不可離散之因緣」〔註34〕。正是因為帝制與儒家之間的不可分的關係，所以，主張尊孔則勢必立君。

　　儒家倫理中具有被封建專制統治者所借用的等級尊卑思想，這正是陳獨秀批判儒家的原因，他說：「學理而至為他種勢力所擁護所利用，此孔教之所以一文不值也。此正袁氏執政以來，吾人所以痛心疾首於孔教而必欲破壞之也。」〔註35〕孔教之所以被封建專制統治者利用，有儒家禮教的原因，也有專制統治者的原因，但陳獨秀沒有將罪責指向專制統治者，卻指向了儒家。陳獨秀如此下結論的原因：首先在於反對專制，建立民主制度是他的政治訴求，其次是陳獨秀主張倫理之覺悟的必然結論，他不是從社會層面去分析專制制度產生的原因，而是從儒家的倫理當中去發掘導致專制的倫理原因。他認為是儒家的倫理思想形成了封建的專制制度。封建專制主義者往往標榜「以德治天下」，否定專制制度必然否定儒家。雖然在實質上，中國二千年的封建專制統治思想名義上以儒家思想為主導，實質卻行的是法家。五四之後，思想上轉向馬克思主義的陳獨秀對封建專制統治掛羊頭賣狗肉的思想有更清晰的認識。

　　既然儒家禮教帶有專制性，那麼儒家與西方民主制度就無法同存，兩者只能是「存其一必廢其一」的關係。由此，陳獨秀激烈反對康有為等尊孔派將儒家思想列入憲法的主張。康有為從倫理的民族性角度出發，強調孔教為中國歷史之特產，儒家倫理具有超越時空的普世價值，能發揮統領人心、穩定社會秩序的作用。陳獨秀則從時代角度出發，認定儒家的等級性倫理已經無法適應時代的發展。首先，憲法是人民權利的最高保障，民主平等是其根本精神，而儒家禮教重等級尊卑與民主精神相反；其次，將儒家思想列入憲法當中違背了思想自由原則；再者，儒家的禮教精神與民國教育的根本精神截然相對。陳獨秀雖然反對將儒家上升到政治層面的高度，但他並不反對個人從個體角度出發對儒家思想的信奉，「士若私淑孔子，立身行己，忠恕有恥，固不失為一鄉之善士」〔註36〕。

〔註34〕陳獨秀：《陳獨秀文集》第一卷，第173頁。
〔註35〕陳獨秀：《陳獨秀文集》第一卷，第229頁。
〔註36〕水如編：《陳獨秀書信集》，第176頁。

　　康有為與陳獨秀在儒家列入憲法中的對立主張，實質是政治意識形態合法性的爭論。辛亥革命雖然在制度上建立了民主共和制度，但在事實層面，民主共和制度並未帶來理想的政治秩序。康有為認為共和之亂就是因為儒家政治意識形態地位的削弱所導致的，他說：「行共和，言自由平等，則惟有破紀綱、壞倫紀，至上無道揆，下無法守而已。質而言之，多行歐、美一新法，則增中國一大害。」〔註37〕由此，他主張將儒教列入憲法當中，使儒家依然能夠發揮統領人心、穩定社會秩序的作用。這是康有為政治上的改良主張在意識形態的必然邏輯。康有為主張君主立憲制，君主立憲雖然以憲法、國會等限制了君權，但是君權並未完全消解並且保留了君位，君主與憲法的同時存在，衍生至思想領域，儒教同樣可以居於政治意識形態的地位。

　　陳獨秀從倫理政治這一國家模式出發，反覆論證儒家禮教與封建專制制度之間不可分離的關係，凸顯儒家在封建專制制度中居於意識形態的地位，從而為其樹立新的政治意識形態做準備。他把西方事實上的契約國家也視為倫理政治型國家，把自由、平等與民主等政治理念倫理化並視為與民主共和制度相聯繫的政治意識形態。這是普遍王權的瓦解在政治意識形態領域中的體現。

　　陳獨秀認為儒家思想一旦上升到政治層面，獲得制度的保障，思想專制的局面會再次出現。專制思想強人所同，嚴重阻礙了思想自由，而思想不自由就沒有創造性可言，這樣既不利於思想的發展，更不利於國家的發展。陳獨秀指出儒家的經學思維方式嚴重阻礙了中國學術的獨立發展。文學家「攀附《六經》，妄稱『文以載道』，『代聖賢立言』」；史學家「攀附《春秋》，著眼大義名分，甘以史學為倫理學之附屬品」；音樂家「必欲攀附聖功王道，甘以音樂學為政治學之附屬品」；醫學家拳術家「必欲攀附道術，如何養神，如何煉氣，方『與天地鬼神合德』，方稱『藝而進於道』。」〔註38〕儒家倫理道德成為判定文學、史學、藝術、醫藥等的價值標準，使中國的文學、史學、藝術和醫藥等失去了其獨立的價值，這嚴重影響了中國學術的發展。所以，欲清理經學思維對中國學術的障礙，就必須打破儒家倫理一統天下的局面。在傳統學術中，經學的地位是至高無上的，經學既是制定一切政治制度規範的準則，也是人們言行的標準，更是判定是非真理的標準。陳獨秀等早期馬克思主義者準確認識到

〔註37〕湯志鈞編：《康有為政論集》下冊，北京：中華書局，1998 年，第 927～928 頁。
〔註38〕陳獨秀：《陳獨秀文集》第一卷，第 310 頁。

儒家經學思想在傳統學術中的地位和作用，看到了經學思想在新的時代條件已漸失其生命力，由此，提出思想革命的主張，即消解儒家經學對政治、文藝、醫學、藝術等的束縛。從經學的天下獨尊，到各學科獨立自由的發展。這正是傳統學術向現代學術轉變的過程。

3.2.3　儒家思想不適應現代生活的價值取向

首先，儒家三綱說導致個人經濟地位的不獨立。

陳獨秀指出，近代歐洲國家因為商品經濟的發展，經濟上崇尚個體經濟，與商品經濟相適應的倫理原則為個體人格獨立。西方國家崇尚個人人格獨立發展的精神，使得國家的物質財富與精神文化都得到了極大的發展。儒家以綱常為核心，為人子為人妻者因為沒有獨立之人格，所以，在經濟上也處於依附關係之中。陳獨秀在論述西方國家經濟與倫理之間的關係時，是從經濟基礎到倫理原則，而當論述中國經濟與倫理之關係時，則從倫理原則到經濟基礎。五四之前的陳獨秀秉持的是從倫理角度入手解決中國的社會問題，他還沒有接受馬克思主義的唯物史觀，無法辯證的認識思想文化與社會之間的關係，他說：「一種學說，可產生一種社會；一種社會，亦可以產生一種學說。」〔註39〕

康有為以儒家「我不欲人之加諸我也，吾亦欲無加諸人」等主張與西方近代個人獨立平等觀念相似。陳獨秀指出，「我不欲人之加諸我也，吾亦欲無加諸人」確實含有平等之意，但這僅僅侷限在家庭之外的社會關係中，在家庭倫理規範中，孝悌才是核心，而孝悌所具有的等級性與平等原則相反。陳獨秀認為沒有人格的獨立就無經濟上的獨立，西方近代的個人獨立主義精神，同時兼有倫理與經濟兩個方面的內容，所謂的鰥寡孤獨皆有所養，既無倫理上的獨立性，也就無所謂經濟上的獨立。

其次，儒家禮教與政治上的民主生活不相應。

立憲國家崇尚政黨政治，而參加政黨以個人思想獨立自由為原則，父子兄弟夫婦都可以參加不同的政黨。儒家有父死三年無改於父道，女子在家從父，出嫁從夫，夫死從子之說，毫無獨立人格與自由可言。近代西方政治文明在天賦人權說下，男女平等，人人皆有參加政治活動的權利，並且婦女參政被視為政治民主的標誌。儒家禮教對婦女壓迫甚深，三綱說、貞潔觀念的存在，將女子視為男權的附屬物。無論在家庭還是社會上，女子都無獨立的人格可言，更

〔註39〕陳獨秀：《陳獨秀文集》第一卷，第 185 頁。

無自由與權利。陳獨秀將西方國家的生活方式視為一種民主的生活方式，女子可以有自己的工作，子女成人之後就與父母分開居住，子女在經濟和人格上與父母具有平等的地位，皆遵從法治。家庭與社會皆遵循法律，雖然相對於禮治有薄情之嫌，但卻摒棄了禮教掩蓋下的虛偽性。西方主張節葬，而儒家主張厚葬，誤時廢業。陳獨秀將儒家禮教生活歸結為封建時代的生活，而西方近代的生活方式才具有現代精神，才是人類社會發展的方向，孔子禮教規範下的生活方式重男女之別，重親疏，而近代法治下的生活方式強調男女平等，強調法治的公平精神。由此，陳獨秀認為儒家的價值只能是一種歷史價值，是學術研究的對象，而不應成為近代中國人的生活內容。孔子生活於封建宗法時代，其所創建的道德是封建時代之道德，禮教所維護的政治是封建時代之政治、所規範的生活也是封建宗法時代之生活〔註40〕。封建時代之道德、禮教、生活、政治都是為了維護少數封建統治階級的利益，其與近代的追求民主以保障民眾利益的時代價值相悖。陳獨秀著重強調儒家思想的時代侷限性，以此批判儒家禮教，為引入西方的價值理念，奠定基礎。

陳獨秀從個人自由與權利平等角度來理解民主。民主的對立面是專制，在專制政體中，統治者和被統治者的關係是一種主人和奴隸關係，君主是國家權力的代表，可任意踐踏人民的權利，而除君主之外的任何人都匍匐於絕對權力之下，毫無人格與尊嚴可言。專制政體只能導致被統治者的義務本位，所謂義務本位就是對權力的絕對服從，這種對權力的絕對服從，毫無權利可言。民主是徹底否定專制主義的武器，它顛覆專制政體架構中國家權力與人民權利之間的關係。民主以國家的權力屬於全體人民，人民成為社會的主人，政府機構對權力的行使是為了保障人民權利的實現，權力的行使者成為人民的公僕。范進學等認為民主政體將政治領域劃分為性質截然不同的兩個領域，即國家政府的公權力領域和市民個人的私權力領域。通過對公私權力領域的劃定，防止了政府權力對個人私人領域權利的侵蝕〔註41〕。民主對權力的公私領域的劃分，使涉及個體權利的部分得到了保障，防範了專制制度的絕對君權對人民權利的鯨吞。

「民主」的基本含義即「人民的權力」、「人民的統治」或「平民統治」。權利平等和個體自由是民主思想的兩大基石。民主是平等的。在民主制度下，

〔註40〕陳獨秀：《陳獨秀文集》第一卷，第189頁。
〔註41〕范進學：《民主的概念分析》，《西南政法大學學報》，1999年第1期，第86頁。

平等作為一種理想和原則其含義為，人們在法律上和道德上都應當享有平等的機會。民主是自由的。自由的核心是自主、自決、自治，它意味著個人積極行動以達到他的目標的能力。民主的首要內容是公民的政治自由，即公民的自治與自主。政治上的自治衍生出政治上的思想自由、出版自由、言論自由、學術自由、集會自由、結社自由等。自由選擇和選擇自由是民主制的精神。民主的終極目的是為人民帶來自由和幸福。

陳獨秀正是從民主的兩條基本原則出發，批判儒家強調等級違背「平等」，以及儒家倫理體系下對個體價值的泯滅。儒家倫理道德所具有的貴賤尊卑之分，與民主的平等原則相反。民主的平等原則，包括政治權利的平等以及經濟地位的平等，人格上的平等。儒家倫理是一種對待倫理，所有個體的價值都只有處在相對的位置中，才能彰顯出個人的價值，缺乏個體獨立性，如君臣、夫婦、父子等。經學思維方式扼殺了人們的思想自由，一切以孔孟之是非為是非的價值取向，使得傳統知識分子固守辭章，思想狹隘。

3.3 國民性

陳獨秀對傳統的認識始終圍繞著民主自由國家的建立這一目標，他通過對儒家政治意識形態的消解，樹立了與現代民主共和制度相應的政治意識形態。然後通過對國民性的改造，培養出能建立現代民主國家的國民。

人是傳統的活的載體，改變傳統必須從人入手。「傳統不是孤立的抽象物，不是高懸於人們頭頂的夢魘，它是在每個人的言談行動中的活生生的意向，每個人都是封建傳統的載體和傳播媒介。積澱於主體內部的傳統已和主體一體化，成為其屬性或者說根性」〔註42〕。此種「根性」即國民性，是一個民族所獨有的區別於其他民族的特質，往往通過民族的價值觀念、思維方式、風俗習慣等表現出來。溫元凱認為所謂國民性，就是特定民族在長期的歷史發展中，積累起來的，表現在民族共同文化上的，比較穩定的習慣、情感、態度等心理特質和精神特質〔註43〕。

陳獨秀認為造成中國的混亂與衰敗，固然是因為列強的侵略和封建軍閥的專制統治，但是招致專制統治者與列強的原因在國民「抵抗力」的衰弱。「國

〔註42〕程農：《國民性批評與陳獨秀的命運》，《安徽師大學報（哲學社會科學版）》，1989 年第 2 期，第 125 頁。
〔註43〕溫元凱：《現代化與國民性》，《當代青年研究》，1987 年第 6 期，第 1 頁。

民之行為與性質」關乎著國家的存亡問題，改造國民性成為救國的「拔本塞源之計」。

3.3.1　陳獨秀關注國民性問題的原因

首先，人的現代化是國家現代化的條件。為建立現代的民主國家，就必須具有現代的民主、自由意識的國民。個體與國家之間的關係正如細胞與肌體之間的關係，欲求國家之富強獨立就必須有獨立自強的個體。維新時期，嚴復、梁啟超等已經認識到人的現代化是國家走向現代化的前提，由此，嚴復提出「鼓民力、開民智、新民德」，梁啟超倡導「新民說」。嚴復認為中國人與西方人相比，中國在德、智、力三方面都劣於西方，所以，他指出要使中國走向自由富強，就必須提高人民的才、德、力。「力」指人民之體魄，「智」指民之「聰明智慮」，「德」指道德。嚴復指出「西洋觀化言治之家，莫不以民力、民智、民德三者斷民種之高下，未有三者備而民生不憂，亦未有三者備而國威不奮者也。」〔註44〕增強民德、民力、民智目的在強國。梁啟超說：「國也者，積民而成。國之有民，猶身之有四肢、五臟、筋脈、血輪也。未有四肢已斷，五臟已瘵，筋脈已傷，血輪已涸，而身猶能存者；則未有其民愚陋怯弱，渙散混濁，而國猶能立者。」〔註45〕培養新國民是建立現代民主國家的前提。嚴復和梁啟超認為國家是由獨立的個體所組成，個人之智力、體力、道德水平是衡量個人強弱的標準，個體強則國強，所以，提升國民德、智、力三個方面的能力成為建設新國家的重要內容。陳獨秀也遵循著由立人到立國的思路，「集人成國，個人之人格高，斯國家之人格亦高；個人之權鞏固，斯國家之權亦鞏固。」〔註46〕國民的政治覺悟程度是建立新的政治制度的前提和基礎。只有國民政治主體意識的覺醒，才能建立起民主國家。必須將國民思想中的舊思想、封建殘餘一一洗刷乾淨，並引入近代西方的先進理念，才能加速人民覺醒的步伐。因此，國民性格的變革和民族文化心理的重塑，成為建立民主共和制度的根本前提。

其次，中國人性論傳統的影響。在傳統社會的變革時期，士大夫們在探究造成當時社會秩序混亂之原因時，往往從人自身入手，人性之善惡問題必然成為當時討論的核心問題，因為人性之善惡直接決定了社會改造方案的制定與

〔註44〕嚴復：《嚴復集》第一冊，北京：中華書局，1986年，第18頁。
〔註45〕梁啟超：《新民說》，鄭州：中州古籍出版社，1998年，第46頁。
〔註46〕陳獨秀：《陳獨秀文集》第一卷，第133頁。

實行。這是中國人應對社會變革的傳統思維方式。陳獨秀繼承了傳統的善惡混的人性論。他把人性分為自然性和道德性〔註47〕兩個部分。一方面人和動物的自然性都有善和惡兩面。陳獨秀對人和動物自然性的界定也帶有濃厚的道德色彩，他賦予人和動物自然性以善惡的道德意義，把利己、嫉妒、爭殺等視為人和動物的惡，而相愛、互助則視為人和動物性善的一面。另一方面人類與動物的本質區別，在於人具有道德意識即「分別及抉擇善惡的心靈作用」，也就是說，人性雖然含有惡的部分，但人可以通過自身所擁有的道德意識去發揚善性抑制惡性。陳獨秀依然遵循傳統從道德角度區分人與動物的差異，從而界定出人之本性，即人之為人之本在於人有道德心，這完全繼承了儒家的傳統思維。

　　此種抽象的人性論導致陳獨秀在分析社會問題的產生時，誇大了人性惡的作用，進而得出了錯誤的解決社會問題的方法。他認為國際強權，政治的黑暗，私有制引發的戰爭，階級的對立，以及其他種種導致人類生存陷入困境中的問題，「都是我們本性上黑暗方面和一般動物同樣的貪殘利己心造成的惡果。」〔註48〕社會的黑暗是由人性中惡的部分引發的，那麼，解決社會問題的辦法就應以人性中善的部分去解決。陳獨秀從抽象的人性論去認識和解決社會問題，此種脫離社會實踐的解決之法，必然無法真正的觸及到社會的現實。

　　五四之前陳獨秀深信「公理戰勝強權」說，即是他從人性善惡論中引申出的必然認識，公理是善，強權是惡，人的道德意識必然以公理之善戰勝強權之惡。巴黎和會的失敗以殘酷的現實揭露了「公理戰勝強權」的實質，陳獨秀認識到公理是強權者的公理，弱者是沒有公理可言的。由此，五四之後陳獨秀開始探尋新的救國之路，蘇聯建立世界上第一個社會主義國家，馬克思主義理論在世界上得到了真正的實現。蘇聯撤銷帝俄在中國一切特權，這一舉措與歐美國家對中國的繼續瓜分形成劇烈的對比，陳獨秀開始將目光投向蘇聯，展開了對馬克思主義的理論研究，但是陳獨秀並未放棄從人性論角度對人的認識，後

〔註47〕陳獨秀：《陳獨秀文集》第一卷，第444～445頁。陳獨秀說：「在生物學上看起來，人類也是一種物。人性黑暗的方面，像貪得、利己、忌妒、爭殺等，和別種動物是一樣，並不比他們高明。而且有虛偽、欺詐的特長，比別種動物更壞。但是人性光明的方面，像相愛、互助等，也和別種脊椎動物一樣，而且比他們更是發達。至於分別及抉擇善惡的心靈作用（即道德意識），或者可以說是人類獨有的本能。若是人類沒有這種先天的本能，那幾個聖賢的教訓，必然毫無效果。」

〔註48〕陳獨秀：《陳獨秀文集》第一卷，第446頁。

者在陳獨秀接受馬克思主義的過程中產生了極大的影響。陳獨秀始終堅持認為人性惡的部分不可輕易清除，「我們要明白人類本性的確有很惡的部分，決不單是改造社會制度可以根本剷除的」〔註49〕。正是因為如此，陳獨秀對農民以及工人階級的力量始終持有保留態度，這是導致他在大革命時期走上了右傾道路的重要原因之一。

陳獨秀在提出國民性的改造問題中，繼承了傳統的精英知識分子與普通人民大眾的區分，他所指出的國民性中的各種弊端都是指的普通大眾。他所主張的啟蒙也是由精英知識分子引導的，而不是從國民自身角度出發的自我內省。陳獨秀說：「全國人既如是沉夢不醒，我等既稍育一知半解，再委棄不顧，則神州四百兆人豈非無一人耶！故我等在全國中雖居少數之少數，亦必盡力將國事擔任起來」〔註50〕。陳獨秀所說的「少數之少數」指的是擁有先進思想的知識分子階層，廣大民眾是被教化引導的對象，這裡暗含著從思想文化水平角度對人所進行的劃分。教化與被教化者之間地位上是不平等的，陳獨秀從一個不平等的基點出發必然走向對人民力量的懷疑。陳獨秀之所以會在第一次國共合作期間犯右傾投降主義錯誤，一個很重要的原因即他認為當時的中國的人民大眾思想覺悟不夠高，暫時必須借助資產階級的力量以進行革命。

3.3.2　對國民劣根性的批判與改造

（一）國民劣根性的表現

首先，中國人奴隸根性重。陳獨秀指出「奴隸云者，古之昏弱對於強暴之橫奪，而失其自由權利者之稱也。」〔註51〕中國人之奴隸性主要表現在以下幾個方面：在政治上，中國長達兩千多年的封建專制制度導致國民在政治上「惟統治者之命是從」，「依靠權勢」，人民缺乏「自覺自重之精神」。陳獨秀倡導人們樹立「自主之權」的意識，他認為西方近代的歷史可以稱為人之解放，即人從奴隸地位中解放出來，它包括四個方面的內容：政治上打破君主專制，宗教上打破教權的獨斷，經濟上求均貧富，男女問題上求男女地位之平等。人們只有從奴隸地位中解放出來，才能實現個人「自主自由之人格」。

在道德上，儒家的忠孝節都是一種「以己屬人之奴隸道德」，由儒家三綱

〔註49〕陳獨秀：《陳獨秀文集》第二卷，第35頁。
〔註50〕陳獨秀：《陳獨秀文集》第一卷，第4頁。
〔註51〕陳獨秀：《陳獨秀文集》第一卷，第90頁。

說所延伸的「忠孝節」三種道德，都是犧牲一方以供養另一方，君臣、父子、夫婦之間在地位上是不等的，君、父、夫高居於臣、子、婦之上，前三者對於後三者擁有絕對的權利。君要臣死，臣不得不死；子之命也完全掌控在父之手，婦人則既要受到精神上的束縛，更要受到肉體上的殘害，裹小腳等。只有推倒三綱說對人倫的束縛，才能真正實現人們在道德上的平等地位。

在思想上中國人保守、好古，皆以聖人之是非為是非，盲從權威，以聖人作為真理的標準。陳獨秀指出，聖人之言在事實上不可能「同萬類而無遺，歷百世而不易」，因為世界本來就沒有推之萬世而皆準的真理。1924年陳獨秀在《答張君勱及梁任公》的公開信中說，「討論真理，當以符合實際與否為標準」〔註52〕。陳獨秀以是否符合客觀實際為判斷真理的標準，批判了中國傳統的聖人真理觀。

以儒家倫理為核心的傳統社會是以「身份」為標準判定人之價值與地位的社會。儒家倫理從縱向上形成由上到下的等級秩序，由此種等級身份的劃分，形成權力與權利由上到下逐漸遞減的分布。君主擁有絕對的權力與權利，服務於封建專制統治者的官僚階層具有相對的權力與權利，而普通民眾則無權力也無權利，唯有義務。所有人都必須服從於絕對君權，君主的至上性與絕對性，使國人毫無獨立自主之權。儒家倫理在橫向上形成以血緣為基點的親疏遠近的社會關係網。等級與親疏是中國人處理社會關係的法則。陳獨秀等激進知識分子試圖以西方法制觀念中人人平等獨立的思想批判儒家的等級性倫理，以達到在中國建立近代法治的目的。但他們對血緣所形成的遠近親疏缺乏批判，而熟人法則也是阻礙法治建設的重要因素。

其次，國人公德私德極為低下。私德指個體的道德修養，行為習慣；公德指整個社會的道德水平以及社會習俗。

1.「利祿之心重」。陳獨秀說，中國自秦始皇建立封建專制制度到袁世凱帝制復辟，兩千年的封建專制政治，造就了一批利祿之徒。國人沉迷於利祿的追求中，由此，形成惡劣的國民性〔註53〕。國人沒有宗教信仰，唯一的信仰就是做官。中國大大小小的官吏，官官相護、狼狽為奸，形成一種奴顏婢膝的國民性。對於體力勞動者則充滿歧視，視勞動人民為無知的匹夫。此種，以官位以利祿為核心的價值導向，導致士農工商皆欲投身宦海，欲求列於搖尾磕頭之列。官員本應該為國家服務，但中國的官，「無非是想弄幾文錢，回家去闊氣」，

〔註52〕《新青年》1924年8月1日。
〔註53〕陳獨秀：《陳獨秀文集》第一卷，第166頁。

至於怎樣才能使國家富強，怎樣才能為民除害，為民興利，一律不考慮。做官只是為了發財，為了買田買房，為了一己之私欲。國人對利祿的執迷，導致國人為錢而無所不為，貪贓枉法之徒遍行於世。陳獨秀並不否認人有追求利益的權利，他反對以犧牲社會或者他人之利益以為己利，極力批判將仕途作為為己謀利的捷徑。

2. 「道德之不誠」，陳獨秀指出「道德之不誠」主要表現為：虛偽、圓滑、詭詐。國人不誠之心，表現在各個方面，無論學術、道德、言行等。做學問者，停留於表面的虛詞浮誇，是對學問的不誠；盡孝者僅僅停留於喪葬禮節儀式上，失去對長輩的真誠的孝敬之心；孔子待陽貨不在家時去探望，這是聖人之不誠；這些都是國人缺乏「誠心」的表現。國人缺乏「誠心」還表現在對於袁世凱稱帝的態度上。很多人明明心裏反對袁世凱稱帝，但在表面上他們卻附會贊同。國人屈於強權，逢場做戲、左右逢源的劣根性，一旦遭遇強敵壓境，必然會成為奸詐的賣國之徒。

3. 「不解時間上之經濟」。國人時間意識淡薄，常將可貴的時間浪費在閒談，博弈，閒散之中〔註54〕。中國人時間觀念不強，比如與人相約，往往以某日為期，而西方國家則非常有時間觀念，與人相約都會具體到時刻上。中國人時間觀念不強，養成一種散漫的個性，往往徘徊於道路，一副無所事事的懶散樣子。中國人把時間都浪費在了不相干的事情上，縮短了國人投入到社會經濟生產中的時間，導致民生的日益貧乏。

再次，鬼神思想盛行。國人因為有深重的迷信思想，所以，對於西方的科學技術往往以迷信的方式加以解說。中國自古就崇尚鬼神，鬼神崇拜是普通大眾普遍接受的觀念。鬼神思想在近代多災多難的中國更是風行無阻。1917年，上海成立「上海靈學會」，並創辦《靈學叢刊》；1920年，北京成立「北京悟善社」，創辦《靈學要志》；1923年，上海成立「中國心靈學會」，出版了多種宣傳靈學宣傳鬼神迷信思想的書籍。面對迷信思想的泛濫，陳獨秀在《新青年》上發表多篇反對鬼神思想的文章，堅持認為世界上沒有所謂的鬼神的存在。迷信思想滲透在中國人生活的各個方面，婚喪嫁娶都需要「擇日」，修屋築路也需要請「先生」，甚至治病也會請所謂的「巫醫」，凡此都是迷信的表現。

第四，惡風陋俗。陳獨秀指出中國的殘規陋俗首先體現在傳統的婚姻觀上，中國自古以來以「父母之命，媒妁之言」決定年輕人的婚姻，此種，由別

〔註54〕陳獨秀：《陳獨秀文集》第一卷，第164頁。

人決定自己命運的婚姻觀導致諸種弊端。中國有「強逼成婚」、「指腹為婚」等方式，這完全違背了婚姻的本質。婚姻「乃因男女相悅，不忍相離」，若是男女雙方不是出於自願而是出於外在的壓迫，強行組合，只會導致各種悲慘事件的發生。中國傳統婚禮複雜繁瑣，雙方往往因為聘禮的多少，禮數的周到與否大動干戈，導致一系列不必要的麻煩。傳統的婚姻觀念是一種強調男權的體現，在婚姻關係中，男子可以休妻，但女子絕無休夫之權利，妻死則夫可以續弦，夫亡妻再嫁則視為失節。

敬神拜佛是中國人的第二大陋俗。中國人無論貧富，都會心甘情願的花大筆金錢在敬菩薩上。中國人通過「燒香打醮做會做齋」等方式將自己的所求傳遞給神佛。他們燒各種香：灶神香，土地香，城隍香，藥王香，火神香，送子娘娘香；他們去各種山各種廟進香，九華山，汪洋廟等等，他們「花費許多冤枉錢，無非是想發財發福，求子求壽。」〔註55〕這種祈求天上掉餡餅的願望必然會落空，所以，他們雖然求神求佛，卻依然不富不貴。

中國自古男女地位不平等，女性只是男權社會的附屬物，是生產工具。封建統治者以「女子無才便是德」的偏激觀念束縛女性的思想，把女性完全轉變成一種毫無獨立性的奴隸。女性受封建思想的毒害，自己將所有的時間都投入到各種穿戴上，戴手鐲，戴頭飾，戴各種裝飾物，這些在陳獨秀看來簡直就是一種刑法，但是封建女性卻盲目而不自知。尤其是裹小腳，簡直是一種酷刑，「拿一雙腳纏的像粽子一般，皮開肉爛，不管痛，也不管癢，但曉得纏得極小，任憑你行走如何不便，也不去管他，比犯重罪的囚犯，裝釘腳鐐，還要苦得幾倍」〔註56〕。陳獨秀極端反對男女不平等的觀念，他倡導廣大的女性覺醒起來，反抗自己所受的各種不平等的待遇。

第五，中國人體質衰弱。陳獨秀指出，中國人常以「白面書生」肯定讀書人的高貴，而五穀不分、四體不勤的「白面書生」正是民族抵抗力薄弱的原因。中國自古以「萬般皆下品，唯有讀書高」，讀書人高居於農工商之上，在社會上具有極高的地位，最終導致讀書人自視清高，歧視體力勞動者。他們手無縛雞之力，嫵媚若處子，柔弱若病夫，這樣的青年怎堪重建國家之重任。由此，陳獨秀主張中國人應向西方國家學習，發掘人身上的自然本性即「獸性主義」。獸性主義包括堅強的意志，善鬥的精神，強健的體魄，崇尚人性之自然，率真

〔註55〕陳獨秀：《陳獨秀文集》第一卷，第28頁。
〔註56〕陳獨秀：《陳獨秀文集》第一卷，第32頁。

而不偽飾等。陳獨秀認為人從動物進化而來，所以，人兼有人性和獸性，中國人人性發達卻獸性不足。獸性不足，人性不足都不能應對世界之局勢，由此，人性、獸性都應同時發展。

（二）國民劣根性形成的原因

一思想原因。道家崇尚慈退，儒家講禮讓，佛教主張空無，最終形成國民「退縮苟安」的國民心理。周朝崇尚虛文，漢代罷黜百家獨尊儒術，儒家禮教之所指向的理想社會生活，是維護封建等級尊卑的生活。這與現代的以民主價值理念為主導的自由生活截然相對〔註 57〕。宗法社會以儒家三綱說為核心，君、父、夫為臣、子、妻綱，則臣、子、妻皆為君、父、夫之附屬品，為人臣，為人子，為人妻者皆無獨立自主的人格。為維護三綱說又產生了忠孝節三大道德，把人分成嚴格的尊卑貴賤等級以及人身依附關係。在以家國為本位的傳統社會結構中，並沒有西方意義上的個人權利概念，有的只是對家長、對國君的完全服從以及絕對的義務。

二制度原因。君主專制制度下，「全國人民，以君主之愛憎為善惡，以君主之教訓為良知。生死予奪，惟一人之意是從人格喪亡，異議杜絕。所謂綱常大義，無所逃於天地之間，而民德，民志，民氣，掃地盡矣。」〔註 58〕封建專制統治者為了維護自身的集權，在思想上反對多元化強調獨尊與一統，以儒家三綱說維繫整個社會的社會倫理秩序，淹沒了人民的才德與志氣。專制統治的制度設置以及「天下同風」的政治思想，保障了封建專制統治的政治秩序，泯滅了人們的反抗意識，導致國人形成為官令是從的劣根性。此外，傳統的大家族制度，世代同居，個人無論是在經濟上還是在社會地位上都從屬於大家族。家族為個人既提供經濟的保障，還提供文化教育的機會，以及其他社會保障等。由此，造成個體對大家族的依賴性，使個體失去了獨立生活、獨立創造的能力。在集人成國的思路下，只有個體人格能力的提升，才能增強國家的競爭力。家族制度卻限制了個人獨立能力的發展，所以，為促進個體的發展，就必須打破大家族制度。

（三）改造國民性的方案

新文化運動時期的啟蒙思想家們認為，「傳統毒素已形成一種心理積澱潛

〔註 57〕陳獨秀：《陳獨秀文集》第一卷，第 94 頁。
〔註 58〕陳獨秀：《陳獨秀文集》第一卷，第 117 頁。

入國人靈魂深處，人們已自覺不自覺地受著這種傳統意識的支配。」〔註59〕真正擺脫國民的劣根性，就必須從根本上進行自我反省，以新的價值體系代替舊的過時的思想。陳獨秀通過創辦各種報刊，到處講學，創辦學校教育等方式，將新的觀念傳播普及到普通大眾當中以誘發國人的自覺。陳獨秀走的是一條傳統的內在修養之路，他認為只有國人內在修養的提升，真正的發自內心的覺悟才能實現人的現代化。即使五四之後，他從思想上轉向馬克思主義，認識到社會革命的重要性，依然強調國民內在修養，內在覺悟的重要性，並認為國民的覺悟程度是革命的前提。但陳獨秀對人民的覺悟能力充滿了悲觀色彩，他說：「凡經一次衝突，國民即受一次覺悟。惟吾人惰性過強，旋覺旋迷，甚至愈覺愈迷，昏瞶糊塗。」〔註60〕由此，陳獨秀將主要的精力置於國民劣根性的糾正上，所謂「不塞不流，不止不行」。此外，傳統人性論一直影響著陳獨秀對國民性的反思。陳獨秀認為人性兼有善惡，只有個人的自我反省才能發揮人性之善以抑制人性之惡的部分。

一劃除封建等級觀念，培養國民人權平等思想。在中國傳統中居於統治地位的觀念是人與人之間的尊卑等級，陳獨秀認識到尊卑等級觀念與現代民主平等的人權觀念在精神上截然相反。由此，確立國民人權平等的地位就必須劃除國民心中的封建禮教的等級觀念。陳獨秀認為西洋民主政治文化的根本特質就是崇尚個人主義；而中國固有之倫理、法律、學術、習俗，皆浸透著等級尊卑觀念。西方國家崇尚人權，憲法之作用就在於保障國民個人之權力，一切倫理、道德、政治、法律等都以追求個人的自由、權利，實現個人之幸福為宗旨。中國宗法制度是與封建自然經濟相適應的制度，它強調家族本位，缺乏個人權力意識，這樣的意識符合當時的社會需要。但近代以來隨著中國傳統自然經濟結構的解體，近代資本主義商品經濟的發展，新的社會經濟基礎需要新的促進社會發展的觀念，它需要將個體從傳統的束縛中解放出來。所以，陳獨秀肯定西方個體主義的價值，以個體主義為理論依據挖掘中國社會中潛在的社會力量，青年的解放，婦女的解放等都是為重新整合社會力量以促進社會的發展。

二打破偶像崇拜，樹立國民主體自覺的意識。人們覺醒與解放的先決條件

〔註59〕張寶明：《啟蒙與革命──五四「激進派」的兩難》，南昌：江西教育出版社，2009 年，第 240～241 頁。

〔註60〕陳獨秀：《陳獨秀文集》第一卷，第 136 頁。

就是從各種偶像和權威的束縛中解放出來。君主專制時代的偶像崇拜和賢人政治等落後思想長期束縛著國民的思想。封建專制統治者又利用國民對偶像的崇拜與對賢人政治的依賴，鞏固自身的封建專制統治，造成國民對封建專制權力的盲目崇拜，嚴重阻礙國民個體意識的覺醒以及個體價值的實現。由此，從根本上消除賢人政治、偶像崇拜以及帝王思想的束縛，才能使國民成為主人，實現個性。陳獨秀認為凡是無用而受人尊重的都是廢物，都是偶像，都應該破壞，如君主、國家、女子的貞節牌坊等都應該全部摒棄。此外，一切政治上、宗教上、道德上、學術上，自古相傳的無用的偶像都應該破壞。只有打破無用的偶像的束縛，才能使國民獲得精神的解放，才能使國民居於自覺地主人地位。

三培養國民獨立自主之人格，根除國人的奴隸根性。「中國人向來相互不承認他人的人格，所以全體沒有人格」〔註61〕，陳獨秀認為國家是由獨立的個體所組成，個體之人格高，則國格高。但是，儒家三綱說的倫理觀念形成的是「以己屬人之奴隸道德」，並非「推己及人之主人道德」。所謂奴隸道德，就是己之言行皆依附於他人，缺乏自作主宰的主體性，凡事皆以聖人之言行是非為標準，缺乏個人理性的覺醒與判斷。國民只有擺脫宗法社會的依附關係，才能獲得獨立的人格，個人獨立人格的確立才能實現社會道德的進步與政治民主化。擺脫奴隸之羈絆，實現個人自由自主之人格，實現個人的自我解放，只有國民個體人格的覺醒與獨立，才能形成獨立崇高的國格。

四培養國民奮鬥抗爭的精神，增強國民抵抗力，克服國民退縮苟安的習慣。「抵抗力」就是一種奮鬥抗爭的精神。中國傳統崇尚和諧，崇尚中庸，教人宿命知足，謙卑忍讓，以不與人爭為處理人與人之間關係的標準。導致中國人缺乏反抗壓迫的精神，所以，近代以來才會被列強侵略瓜分。依據進化論原理，樹立競爭意識，培養國民之奮鬥抗爭精神與創造精神才能增強國民的抵抗力，有強大的抵抗力，國家才能立於世界民族之林。

3.3.2　陳獨秀國民性思想的反思

陳獨秀比較全面的分析了國民的劣根性，並提出了改造的方案，為中國國民性的探討提供了寶貴的經驗。但是，因為主要從思想角度出發所作出的探討也暗含著諸多的問題。陳獨秀以一種激烈的口吻批判國民的劣根性，其救國之

〔註61〕三聯書店編輯：《陳獨秀文章選編》上，北京：三聯書店，1984 年，第 523 頁。

情，救國心之急切可以理解，卻無法掩蓋其中的弊端。國民權利意識的覺醒、道德素質的提升、行為習慣的改善等，無法從根本上解決中國的社會問題。

　　五四之後，思想上轉向馬克思主義的陳獨秀對勞工大眾的苦難生活充滿了同情，也認識到勞苦大眾在國民經濟中的重要地位，如他反對以勞心者為貴，以勞力者為賤的認識，他認為人們的衣食住行都是勞苦大眾生產的，所以，真正可貴的人是勞苦大眾。但陳獨秀始終沒有擺脫從思想層面對人所作出的劃分，從抽象的人性論對人的價值的認定，他認為普通大眾思想覺悟低這是一個不爭的事實，所有的革命路線與政策都應從這樣的事實出發。

　　革命需要國民的啟蒙，可是思想啟蒙又不能在短時間之內完成，但是革命本身又是刻不容緩的，一方面必須依靠廣大民眾的力量以進行革命，另一方面廣大的民眾在陳獨秀看來又是需要繼續啟蒙的對象。為了解決這一矛盾，陳獨秀從中國傳統中借來精英傳統模式，通過社會精英的領導，帶領思想還未完全啟蒙的國民大眾進行革命，所以，1921 年夏陳獨秀提出了「開明專制」的政治主張。他號召全國的先進知識分子組合起來，建成一個「開明專制」的政治局勢，從而將國人從普通資格水平之下救到水平線以上﹝註 62﹞。陳獨秀主張使用「嚴格的干涉主義」，解決「國民性中所含的懶惰放縱不法的自由思想」，他認為只有通過知識分子對廣大民眾進行思想啟蒙，才能發掘出民眾具有的革命力量。

　　陳獨秀反覆強調必須從政治和教育上對人民大眾進行啟蒙，否則「中華民族底腐敗墮落將永無救治」。程農指出，陳獨秀對國民劣根性的深刻認識已經成為一個根本性因素融鑄到他的思想中，成為他觀察中國問題的背景。這種背景導致陳獨秀在觀察中國社會問題時，有一種特別的「現實感」。每當他思考社會問題時，總把國民劣根性作為一個基本前提而加以思考﹝註 63﹞。對國民性的悲觀認識伴隨著陳獨秀的一生。大革命時期，對中國國民劣根性的認識也一直影響著陳獨秀，他一再強調中國無產階級思想的幼稚落後，農民的愚昧、渙散和保守。蔡和森認識到陳獨秀思想中對國民性的悲觀的一面，他說：「固然中國工人階級不是沒有缺點的，可是陳獨秀經常的樂於從缺點方面來看中國工人階級。他在三次大會的演說中，簡直把中國工人階級咒罵得不成東西。什麼『宗法思想』呵！『不脫神權帝王迷信』呵！沒有『國家覺悟』呵！他舉了

﹝註62﹞陳獨秀：《陳獨秀文集》第二卷，第 158 頁。
﹝註63﹞程農：《國民性批評與陳獨秀的命運》，《安徽師大學報（哲學社會科學版）》，
　　　　1989 年第 2 期，第 129 頁。

許許多多的瑣細事實來形容中國工人階級之『窮極醜陋』而不是獨立的革命勢力。」〔註64〕蔡和森認識到陳獨秀從國民劣根性的角度思考國民的革命性問題，所帶有的弊端。工人階級確實有自身的缺點，但是陳獨秀總是從工人階級的缺點出發，最終，無法準確地認識到國民的革命力量。

陳獨秀在《資產階級的革命與革命的資產階級》、《中國國民革命與社會各階級》等文章中都偏重於對國民思想缺陷的批判，卻鮮于肯定國民大眾具有的積極價值。他一面高談群眾具有革命性，一面又指出群眾的革命覺悟不高，無法成為獨立的革命力量，所以，革命需要依靠資產階級的引導。陳獨秀沒有正確客觀的看待國民自身的價值，是因為他始終擺脫不了從思想上解決國民問題的思路。既然國民的劣根性還未清除，大革命又需要民眾的力量，為了限制民眾具有的劣根性對革命的不良影響，那麼只有借助資產階級的力量以及先進知識分子的帶領作用，才能最終解決這一矛盾。在《青年們應該怎樣做》中，他號召青年知識分子去喚醒被他視為只知穿衣生子的人民大眾。

五四之後思想上轉向馬克思主義的陳獨秀認識到社會底層人民的革命力量，但與此同時，五四之前對國民性的認識依然影響著他的思想。一方面肯定工人階級與農民群眾在革命中的地位，另一方面又認為中國工人階級與農民群眾在思想上都是極為幼稚與落後的。陳獨秀指出，農民占中國人口的大多數，所以，中國的國民革命必須農民參加，若沒有農民的參加，則無法形成民族的大聯合，國民革命也就難以勝利。但是「農民居處散漫勢力不易集中」、「文化低生活欲望簡單易於趨向保守」並且「中國土地廣大易於遷徙被難苟安」〔註65〕，所以，農民難以加入到國民革命運動中。陳獨秀給出的農民難以加入國民革命的理由，除了最後一個地域因素之外，另外兩個都是強調農民的文化素質低下。而對農民革命性的估計，也僅僅是從人口數量上的多少來認定的，並沒有深入到社會經濟生產關係中去認識。僅以農民思想保守，力量又不夠集中，就認為農民難以成為革命的主要力量。對國民劣根性的認識阻礙了他對農民形成正確的認識。陳獨秀從思想覺悟的層面錯誤地估計農民的革命性，導致他提出了錯誤的革命主張，他認為農民運動只能在國民革命勝利之後才能展開〔註66〕。陳獨秀指出國民革命完全成功之後，中國國內經濟才能得到極

〔註64〕蔡和森：《蔡和森文集》，北京：人民出版社，1980年，第806～807頁。
〔註65〕陳獨秀：《陳獨秀文集》第二卷，第497頁。
〔註66〕陳獨秀：《陳獨秀文集》第二卷，第498頁。

大的發展，然後農業實現了資本化，廣大的農業無產階級才能發展集中起來，然後農村才能進行社會主義革命以實現真正的共產主義。陳獨秀把國民革命和農民革命劃分為兩個階段，是因為他始終對農民的革命性持懷疑態度，所以，認為農民革命應在國民革命完成之後進行。從抽象的思想層面分析問題的方法，使陳獨秀難以觸及到社會現實層面的需要，導致他對工農群眾難以形成客觀的認識。

對於工人階級，陳獨秀也從思想覺悟的層面質疑工人的革命性。他指出大多數工人階級思想覺悟還很低，他們思想裏充滿了家族、地方觀念、神權帝王思想。總之，在陳獨秀看來「真有階級覺悟並且感覺著有組織自己階級政黨的工人」，「在質量上雖然很好，在數量上實在太少，其餘的工人更是質量上數量上都還幼稚，所以不能成功一個獨立的革命勢力。」〔註67〕陳獨秀認為中國工人階級思想覺悟還不夠高，革命性不夠強，所以，中國的國民革命必須借助資產階級的力量。正因為陳獨秀對工農革命力量的錯誤認識，導致在第一國共合作時，走向了右傾的錯誤道路。

陳獨秀在走上馬克思主義的社會主義革命道路之後，依然沒有放棄從思想層面認識問題的思路。他認識到工農群眾在革命覺悟上的不足會影響到革命的進程，這也是早期馬克思主義者的共識，李大釗、瞿秋白等也都肯定思想啟蒙在國民革命中的重要性。但是，李大釗、瞿秋白沒有因為工農群眾思想覺悟不夠，就質疑工農群眾的革命性，而陳獨秀認為工農群眾思想覺悟不夠就應該先有一個思想覺悟的過程，然後工農群眾才能成為革命的主體力量。顯然，陳獨秀更偏重於從思想層面分析問題，而忽視從社會政治經濟的發展中去發掘工農群眾的革命性。

3.4 國家觀

列文森認為中國近代的思想史，就是一個使傳統的「天下」轉變為現代的「國家」的過程〔註68〕。鴉片戰爭後，西方建基於「民族國家」觀念的現代國家體系對傳統的建基於文化觀念之上的「天下」觀造成巨大的衝擊。「天下」觀的不合時宜日益凸顯。近代中國先進知識分子展開了建立近代民主國家的

〔註67〕陳獨秀：《陳獨秀文集》第二卷，第499頁。
〔註68〕〔美〕約瑟夫・R・列文森著，鄭大華、任菁譯：《儒教中國及其現代命運》，北京：中國社會科學出版社，2000年，第87頁。

歷程。康有為、梁啟超等維新知識分子雖然在建立民族民主國家的實踐中失敗了，但在客觀上推動了國家觀念的更新。辛亥革命使民主共和制從理論變為現實，也使民主共和觀念深入人心。

　　陳獨秀在繼承前人探索的基礎上推進了近代國家觀的發展。五四之前，陳獨秀是民主共和制度的支持者，他通過比較民主共和制與封建王朝國家之間的不同，以論證民主共和國家是一種更為優越更適應社會發展的國家制度。五四之後，成為馬克思主義者的陳獨秀，轉向社會主義國家觀。陳獨秀再次通過比較的方法，論證社會主義國家觀的優越性。在陳獨秀國家觀轉變過程中，有兩個標準是始終沒有改變的，即是否符合時代發展的需要以及能否真正實現大多數人的幸福。陳獨秀認識到馬克思主義的國家觀完全符合他的兩個標準之後，就轉向了馬克思主義，並積極的將馬克思主義運用到中國的革命實踐中。

3.4.1　從王朝到國家

　　甲午戰敗、八國聯軍侵華使陳獨秀認識到，世界是由不同的獨立國家組成的，國家有疆界之分，中國只是世界萬國之一，個體皆從屬於不同的主權國家。但是「我們中華民族，自古閉關，獨霸東洋，和歐美日本通商立約以前，只有天下觀念，沒有國家觀念。」〔註69〕中國在古代是以「天下觀」來認識和處理漢族與周邊民族的關係，沒有近代意義上的主權國家觀念。「天下觀」以「普天之下莫非王土，率土之濱莫非王臣」，土地和人民都歸王所有，並沒有清晰的疆界的概念。華夏為天下之中心，周邊少數民族按方位分為四夷，華夏為主體，四夷為附屬，四夷以距離中心的遠近，與華夏發生差序關係。「華夷」雖然主要是從文化水平高低所作出的劃分，但含有民族歧視的意味。

　　1. 王朝國家觀

　　「王朝國家觀」強調君權至上，封建專制君主在政治以及經濟上都是最高統治者，具有最高的決定權。絕對王權包括三個方面的內容：王為天下宗主，土地莫非王有，子民莫非王臣。

　　陳獨秀指出在傳統中一姓王朝被稱為「國」：「中國之視國家也，與社稷齊觀，斯其釋愛國也，與忠君同義。蓋以此國家，此社稷，乃吾君祖若宗艱難締造之大業，傳之子孫，所謂得天下是也。若夫人民，惟為締造者供其犧牲，無

〔註69〕陳獨秀：《陳獨秀文集》第一卷，第 490 頁。

絲毫自由權利與幸福焉」〔註70〕。「社稷」本指古代帝王、諸侯所祭祀的土神和谷神。「社」指土地神;「稷」指五穀神。以農業自然經濟為主導的古代,土地與穀物是人生存的必要條件,歷代帝王繼位都需要祭祀土神和谷神,所以,「社稷」就成為「國家」的代稱。以「社稷」等於「國家」包括兩個方面的內容:封建統治者視國家為祖先所創建的產業,並且這一產業還可傳之子孫後代,即視國家為私產;人民在這樣的國家中處於被犧牲的地位,毫無自由與權利可言。陳獨秀揭示了王朝國家觀的兩大特點:首先國家政權掌握在封建統治者手中;其次認識到王朝國家的國家職能是為封建統治者服務的,人民只是達到這一目的的工具。

中國傳統的國家觀念是一種家國同構的倫理政治型國家,以血緣關係為紐帶的宗法制度是國家的基礎,家族的擴大和延伸是國家,國是大的家,家是小的國;父即家君,君即為國父。家國同構是氏族社會血緣紐帶解體不充分的遺留,在這種結構中,家與國的組織系統和權力配置都遵循父家長制,等級制度、地緣政治都未能獨立於血緣──宗法關係之外。由家到國是由「親親」推至「尊尊」,父為子綱,父即家長,家長在家之地位至尊至尚;君為臣綱,君主權力至大,地位至尊。孝在家族關係中是由親親引申出尊尊,孝在政治上則尊尊之意多於親親之意,孝道轉化成為治國之道。所以,歷代王朝都以孝治天下,家庭倫理滲透到國家制度的各個方面,外在的等級制度被內化為家庭倫理道德,君主被稱為君父,為官者被稱為父母官,臣屬稱為臣子,百姓被稱為子民等。將家庭之孝轉化為政治之忠,忠孝的內在一致性,使為國家與民族建功立業之事兼有忠臣事君報國與孝子揚名顯親之意。

政治上的統治與被統治關係罩上了與家庭血緣相聯繫的倫理道德上的情感關係。「國」、「君臣」、「忠」,與「家」、「父子」、「孝」在內在邏輯上是一致的,政治上的忠就是宗法上的孝。所以,可以說盡忠就是盡孝,盡孝也是盡忠。家國同構的國家觀念導引於宗法制度,宗法制度因與中國的農耕自然經濟相適應,所以,在中國延續了兩千多年,深刻影響了中國文化的外在風貌和內在品格。宗法制度的社會基礎是血緣關係與地緣關係二者的結合。在親緣、地緣的基礎上,又產生出供奉神祇宗教、同業與同學、生產同種物品而結成的行會、協會。凡此帶有濃厚宗法意味的關係,皆源自親緣關係。五倫中之父子、夫婦、

〔註70〕陳獨秀:《陳獨秀文集》第一卷,第82頁。

兄弟都是親緣關係，君臣、朋友兩倫也是由親緣關係推衍而來。總之，中國的社會倫理、國家倫理都由家族倫理推演而來。中國道德的本位是孝親，由孝親推出忠君〔註71〕。

　　馮天瑜指出，「宗法家族成為『國』與『民』之間的中介，『國』與『家』因而彼此溝通，君權與父權也就互為表裏，社會等級、地緣政治始終被籠罩在宗法關係的血親面紗之下。社會賴以運轉的軸心，是宗法原則指導下確立的以父子——君臣關係為人格化體現的倫理——政治系統。這便是中國社會的『家國同構』格局。」〔註72〕父為「家君」，君為「國父」，君與父互為表裏，所以治國與齊家也相互為用。「治國必先齊其家者，其家不可教而能教人者無之。故君子不出家而成教於國」〔註73〕。移孝為忠形成忠孝相通的原則，忠與孝所服膺的對象雖然一為君，一為家長，但都是對於自上而下權力的絕對順從，所以有「求忠臣於孝子之門」說。

　　家國同構的倫理政治型國家，導致中國傳統缺乏公私倫理的理性認知和實踐活動，導致私人領域的缺乏。「崇公抑私」是中國傳統文化在公私關係上的主導思維方式。「崇公抑私的傳統理念及其與精英主義政治的結合妨礙了國人對公共事務與自身利益關聯的認識，也妨礙了他們對於政治的責任意識，從而影響了他們的政治參與意願；在政治體制、社會關係的操作層面上則導致了『公共領域』和『私人領域』的嚴重扭曲，對中國社會發展產生了深遠的影響。」〔註74〕中國政治的精英主義傳統，將政治看作少數知識分子的事情，對於百姓而言則為份外之事。因封建等級身份意識的存在，普通民眾的致力範圍只在於一家、一族，對於公共義務與責任都超出了他們的身份規定。儒家的修身、齊家、治國、平天下，事實上是針對「士」、「君子」，即社會的精英階層而言。

　　陳獨秀站在近代資產階級國家觀的角度分析傳統王朝國家觀中的缺陷，他對國家政權與國家職能的分析是近代個人主義意識覺醒的表現。陳獨秀欲打破傳統國家觀的家國同構的結構，凸顯個人之自由與權利，也就是說將傳統的由「家」到「國」轉變成由「個體」到「國」，將具有獨立自主意識的個體

〔註71〕趙缺譯著：《孝經正義》，長沙：嶽麓書社，2014 年，第 7 頁。「君子之事親孝，
　　　　故忠可移於君；事兄悌，故順可移於長；居家理，故治可移於官」
〔註72〕馮天瑜：《中國文化生成史》下，武漢：武漢大學出版社，2013 年，第 497 頁。
〔註73〕〔宋〕朱熹撰：《四書章句集注》，第 9 頁。
〔註74〕俞睿：《國家與社會關係視閾中的私人領域建構》，北京：人民出版社，2014
　　　　年，第 73 頁。

代替「家」在「國」中的地位。

2. 民主國家觀

五四之前，陳獨秀接受了近代西方資產階級的民主國家觀，他認為國家由：土地、人民與主權組成。早在維新時期康有為與梁啟超師徒就對西方資產階級民族國家觀有相關論述。康有為於 1898 年 4 月創立保國會，該會之宗旨為拯救「國地」、「國權」、「國民」，警醒國人必須認識到國家領土完整，主權獨立，人民不被欺凌，這是近代民族國家的主要內涵。梁啟超也用三要素說詮釋國家的構成，國家者「有土地，有人民，以居於其土地之人民，而治其所居之土地之事，自制法律而自守之；有主權，有服從，人人皆主權者，人人皆服從者，夫如是，斯謂之完全成立之國」〔註75〕。陳獨秀繼承了康有為與梁啟超的國家三要素說，並將這一民族國家觀念普及到大眾當中。陳獨秀創辦《安徽俗話報》所針對的讀者即是普通大眾，其目的在於宣傳普及近代新思想，開啟國民的愛國心。

民主國家觀直接否定了「朕即國家」的觀念，把主權視為國家最重要的要素，深化了國人對近代國家觀念的理性認識。土地是國家得以成立的最基本的要素。陳獨秀說國家與土地之關係，正如房子與土地之關係，所以，土地是國家建立的「第一件要緊的事」。陳獨秀從民族的角度認為組成一國的國民應該是同歷史、同風俗、同語言、同民族的人，強調人民的單一民族性，具有大漢族主義傾向。

陳獨秀非常強調國家主權。「凡是一國，總要有自己做主的權柄，這就叫做『主權』。」〔註76〕主權歸全國人民所共有，代表全國國民的政府是國家主權的執行者。國家之主權是「全國人民所共有」，政府只是作為全國人民的代表來行使國家的主權。所以，一國之中，只有國家的主權是居於至高極尊的地位。上到君主，下到平民，但凡有侵犯這主權的，都算是大逆不道。國家之主權高於君權，所以，易君並非亡國，只有國家主權的喪失才稱為亡國。國人不懂得國家和朝廷的區別，將封建王朝的更替視為「亡國」，實質上皇帝異姓，只是換朝。若是國家之土地、主權被外國所侵佔，才是真正的「亡國」〔註77〕。

〔註75〕梁啟超著，李華興、吳嘉勳編：《梁啟超選集》，上海：上海人民出版社，1984年，第124頁。

〔註76〕陳獨秀：《陳獨秀文集》第一卷，第39頁。

〔註77〕陳獨秀：《陳獨秀文集》第一卷，第39頁。陳獨秀說：「一國之中，像那制定刑法，徵收關稅，修整軍備，辦理外交，升降官吏，關閉海口，修造鐵路，採

　　主權這一概念是相對其他獨立的民族國家而言，在近代以前，天下觀念是中國人的世界觀，中國人自認為是世界的中心，是天朝上國，其他國家因為文化不如中國被稱為東夷、南蠻、北狄、西戎，沒有主權觀念。在古人的國家觀裏，換朝就等於亡國，但換朝不會從根本上改變封建專制統治制度。家國同構的國家觀念依然有效，保家具有盡忠之意，盡忠即愛國。面對列強的瓜分，陳獨秀認識到主權意識的重要，保家即為國的觀念已經失去了存在的價值，人們必須有主權意識的覺醒。「國原來是一國人所公有的國，並不是皇帝一人所私有的國，」人人都必須盡自己的力量去保護國家，國家與人民的關係是全體與部分的關係，國家是全身，家族好比人身上的一塊肉，全身都死了，身上的一塊肉也必然是保不住的。封建時代的換朝並未涉及國家主權的喪失，近代鴉片戰爭之後西方列強侵佔中國領土，掠奪中國的經濟，使中國陷入了半殖民半封建的地位。國家意識的覺醒成為時代的迫切要求，保家即盡忠愛國的路線已經失去愛國之意，所以，陳獨秀主張全民參與重建國家，保障國家主權的政治運動。

　　陳獨秀在這裡說的「國家」指的是近代西方資產階級式的民主國家。這種國家類型源自霍布斯、盧梭等啟蒙思想家的契約思想，他們認為國家的權利源自人民，國家之目的在保障個體之權利與經濟的獨立。國家作為全國民意的集合，高居於任何個體之上。在中國封建專制制度的國家觀念中，國家與王朝是相等同的，是專制君主一家一姓的國家。皇帝之意志就是封建國家之意志，皇帝是天在人間的代理人，服從皇帝就是服從天意。這樣的國家本就與廣大的被統治被壓迫階級沒有權利上的對等關係，人民只是作為被統治的對象而存在，所以，根本就不可能有所謂的西方資產階級式的民權觀念。

　　國家主權對內具有至高極尊的地位，對外具有獨立性〔註78〕。主權國家有獨立的立法權、行政權以及司法權等，任何一項權力被外國所侵犯則是一種國家主權喪失的表現。但當時中國的國情是無論政治權利、經濟權利都被列強所侵佔，審判權、收稅權、設官權、貨幣權以及國防權等都落在外國人的勢力下，若國人不拼盡全力奪回這些被列強侵佔的權利，以求振作自強，則國家的土地，主權以及經濟權利都會被列強侵略殆盡，那時中國就真的保不住了。此

　　　挖礦山，開通航路等種種國政，都應當仗著主權，任意辦理，外國不能絲毫干
　　　預，才算得是獨立的國家。」
〔註78〕陳獨秀：《陳獨秀文集》第一卷，第39頁。

時的陳獨秀已經能夠自覺地運用西方主權論分析當時中國的社會狀況，並從土地、主權以及利權角度分析中國當時「亡國」的具體現象，認識到中國只有振作自強才能免於亡國，這標誌著陳獨秀國家主權觀念的完善。

3.4.2 從王權到民權

早在維新時期，維新知識分子們已經認識到封建統治階層視國家為私有物的弊端。梁啟超於 1901 年先後發表了《論支那人國家思想之弱點》、《積弱溯源論》等文章，指出國家是全國人所共有的國家，並非專制君主一家之私產，異姓更替並不代表國家命運之長短〔註79〕。陳獨秀也說，國家是「國人所公有的國，並不是皇帝一人所私有。」國家是全國人的大家，是全國人民所共有的，並不是皇帝一人所私有，皇帝也是這個國家裏的一個人。梁啟超與陳獨秀都將國家視為國民之公有，這有力地破除了君主一統天下的落後觀念，在實質上否定了「朕即國家」的傳統觀念。在舊的國家觀念下，不僅封建統治者視國家為私產，而且當時的人民群眾也視國家為封建統治階層的私有物。

中國傳統的王朝國家觀形成一種在上層的極端專制與下層人民的極端散漫的社會形式。王朝即為封建統治階層的私產，供封建統治階層的私欲，而人民只是為統治階層提供經濟來源的對象，官僚階層是封建統治階級剝削人民的工具，輔助封建專制統治階層剝削人民大眾。在廣大的地方上發揮作用的是大家族，族長對族人有生殺予奪之權。封建統治者借用封建大家族在地方上的勢力以穩固封建統治，家族對人的影響大於王朝對人的作用。所以，人們往往在價值取向上更重視家族而不是國家。陳獨秀說，「中國人最重的是家，每家有家譜，有族長，有戶尊，有房長，有祠堂，有錢的還要設個義莊義學。」〔註80〕家族是一個小的行政機構，族長是家族中權力的最高掌控者，族人的糾紛可以通過族長來判定，也就是說族長具有政治與經濟雙重權力。大的家族有自己的教育機構，共同的產業行會，共同的生產組織等。家族本身就可以解決人們政治、經濟以及文化的需要，封建國家與人民之間除了訴訟與納稅之外，沒有其他的交集。封建統治的政治局面：上面是集權的統治階層，下面是極放任的被統治的人民大眾。普通大眾只有通過科舉考試，才能進入統治階層，也只

〔註79〕《清議報》1901 年 4 月 29 日。「國家者，全國人之公產，朝廷者，一姓之私業也。國家之運祚甚長，而一姓之興替甚短。」
〔註80〕陳獨秀：《陳獨秀文集》第一卷，第 62 頁。

有通過學而優則仕的道路才能改變自己，改變家族的命運。以天下為己任的學而優則仕的道路被利祿之徒所佔據。不但為官者國家觀念不強，就是士農工商階層也都「各人自掃門前雪，不管他人瓦上霜」。

家族制度發達並不必然導致國家觀念淡薄，明哲保身只是封建社會時期的諸多價值觀念之一，這是儒家名分觀念下延伸出的產物。在封建等級關係中，不同身份地位的人都有自己身份地位的責任與義務的劃分，人們的言行一旦越出自己身份所限制，就必然遭到社會的質疑。再者，封建專制統治下，個體並沒有參與政治決策的權力與途徑。

但事實上，因為家國同構的國家觀念，認為持家就是忠國的表現，此外，因為孝與忠在本質上是相通的，盡孝就是盡忠。宗法社會的最高權力掌握在君主手中，孝親本就服從忠君，這是「忠孝同義」的內在本質。王朝國家觀以天下國家為一姓之私有物，人民都處於嚴格的等級名分的劃分中，個人必須嚴格遵循自身的所處地位的倫理道德的限制。非官僚階層是不可能參加王朝政治系統決策層面的，士農工商的劃分更多的是社會身份與地位的劃分，各有各的職責與義務，不可越俎代庖。西方國家的契約國家觀作為一種新的建國理念傳入中國，在晚清民初，大多數國人對當時的社會現實缺乏清醒的認識，在他們思想中傳統觀念依然在發揮著作用。

陳獨秀把家族觀念的發達視為個體缺乏國家觀念的原因，這是他從中西國家結構的比較中得出的認識。在家國同構的國家結構中，個體皆從屬於不同的家族，個體被淹沒在家族中。而西方契約國家觀的核心是個體主義，獨立自由的個體是形成國家的基礎。陳獨秀正是認識到西方國家觀中的個人主義特質，欲將國人從家族的束縛中解放出來，實現個體的獨立，最終促進家國同構的國家觀向以個體獨立為基礎的契約國家觀的轉變。

中國古代改朝換代十幾次，每次都以建國自稱，「凡百施政，皆以謀一姓之興亡，非計及國民之憂樂，即有聖君賢相，發政施仁，亦為其福祚攸長之計，決非以國民之幸福與權利為準的也。」〔註81〕所謂仁政目的只是在於維持自身的專制統治，不是從根本上為人民謀幸福，它只是一種封建統治者的統治策略，為了掩蓋自身對普通大眾剝削的一張面紗而已。陳獨秀指出，歐美之民主國家，將謀求國人的安寧幸福視為國家之根本，人民的權利得到憲法的保障，

〔註81〕陳獨秀：《陳獨秀文集》第一卷，第 83 頁。

避免了封建專制以全國人之力以奉一專制君主的王朝國家觀的弊端〔註82〕。真正的民主國家，其目的就在保障人民之權利，謀求人民之幸福，這是成立國家的根本精神。土地、人民、主權只是組成國家的形式，國家之精神實質是保障人民權利，共謀人民幸福。

中國傳統的國家觀在意識上具有雙重性，統治集團作為既得利益者，為保障自身統治秩序的穩定，對國家經濟、政治文化的解釋和操作都是朝著有利於自身統治的方向進行，使傳統國家呈現出鮮明的主導意識形態屬性。與此同時，統治階層為了維護自身的統治，又不得不對底層人民的力量有所顧忌。所以，使傳統國家觀表現出明顯的雙重性。潘建雄認為中國傳統文化雙重結構，人文與專制，理想與信仰，個人與群體的相互交織、滲透，形成了傳統文化特有的穩定性〔註83〕。這種雙重性文化結構具有正反兩方面的價值：有夷夏之辯但又不排斥向其他民族學習，封建迷信與無神論思想共存，既有大智大勇的改革精神，又有保守的一面。

陳獨秀著力喚醒民眾的民權意識，他從民權與民主國家的關係角度，說明民權的重要性。國家是建基於人民權利之上的，捨棄人民之權利，國家也就不成其為國家。近代西方的民主共和國家實質是一種契約國家觀。契約國家通過人的自然狀態與政治狀態的二分，論證個體權利的至上性，說明國家的目的在保障個體的自由與權利。契約國家是近代西方資本主義商品經濟發展在政治領域中的體現。陳獨秀借用民權概念以反對封建王權。國家是「為國人共謀安寧幸福之團體」，由此，欲保障國家就必須保障人民之權利，只有這樣的國家，才會得到人民的擁護。陳獨秀將保障民權作為判定國家的最高標準，當國家對外無以禦侮，對內無以安民、保民時，國家也就失去了存在的意義。

所謂真正的民主國家，陳獨秀認為就是建立人民政權，實現真正的民治主義。通過人民直接議定憲法，用憲法規定政府的權限，以所選代表遵循憲法的規定來執行民意，就是打破政治上的統治與被統治的格局，即人民成為國家政治的主人，人民自己管理自己的事物〔註84〕。這才是真正的實現了民治。從「官治」轉化成「民治」，彰顯了人民的政治權力，顛覆了傳統的政治結構。

〔註82〕陳獨秀：《陳獨秀文集》第一卷，第83頁。
〔註83〕潘建雄：《中國文化的雙重性結構及其對近代中國社會的影響》，《社會學研究》1987年第3期，第88頁。
〔註84〕陳獨秀：《陳獨秀文集》第一卷，第496頁。

在傳統國家觀中，皇帝是最高統治者，士大夫階層是為國家服務的，人民是被統治被壓迫的對象；在民治國家中，人民是國家權力的掌握者，政府機構只是民意的執行者，政府是服務於人民的。陳獨秀比較徹底地把握住了西方自由主義國家觀的個人本位原則，他非常重視個人權利的重要，國家是個人的集合體，那麼個人人格的高低決定國家國格的高低。由此，提高個人人格就成為建立高國格的前提與基礎。

他強調近代西方國家一切政治、法律、倫理、道德等皆在「擁護個人之自由權利與幸福」。陳獨秀認為個人人權的覺醒必須經歷以下三個步驟：首先，國民必須認識到國家是人民的公產，人是政治動物；其次，中國欲獨立於世界民族之林，就必須拋棄數千年的封建官僚專制制度，建立近代的民主制度；最後，通過思想啟蒙喚起國民的權利意識，使國民認識到自身的政治主體地位，自覺投身於挽救國運的革命運動中。

由「主權在民」的原則必然引申出國家的行政人員為人民之公僕。國家以維護大多數國民之權利為目的，並非為少數專制者服務。民主的國家，人民是國家的主人，執政者為人民之公僕。民主國家在犧牲個人一部分的權利，以保障全國人民之權利，而封建的王朝國家卻是以犧牲全國大多數人民的權利以成就少數封建統治者。陳獨秀準確的揭示了近代民主國家「人民為主人，執政為公僕」的基本特徵。他將近代民主國家所具有的這一精神稱之為「惟民主義」，通過政治（打破君權）、經濟（均產）、思想（否定教權）、社會（男女地位的平等）的變革，最終使人民脫離奴隸狀態，實現歐洲那樣的輝煌的解放歷史。

陳獨秀大力倡導「主權在民」的思想，喚起國民主人翁意識，有力地批判了在中國延續兩千多年的「君權至上」觀念。在傳統封建國家觀念中，君主擁有至高無上的權力，王權即為主權，人民則為奴隸。陳獨秀對「人民為主人，執政為公僕」思想的強調，顛覆了傳統國家觀中君民之間的關係，觸及到近代民主國家的核心問題。陳獨秀從國家對外主權觀念的強調轉向國家對內的人民主權思想，形成五四之前陳獨秀國家觀念演變的脈絡。

3.4.3　從民主共和到無產階級專政

陳獨秀一生始終圍繞著民族救亡這一時代要求。五四之前，陳獨秀專注於知識分子的教育與啟蒙，從事了一系列反抗帝制、反抗北洋軍閥的統治、反抗

帝國主義的侵略，反抗封建思想的束縛等，試圖以此達到民族救亡的目的。殘酷的現實使其認識思想啟蒙的侷限性，隨著國際國內局勢的變化，陳獨秀轉而投身於工農群眾的社會革命之中〔註85〕。從五四之前的思想革命到五四之後的社會革命，陳獨秀始終秉持著救國救民之心，他希望建立能真正實現大多數人民之幸福的現代國家，解決民族面臨的危機。對儒家禮教的批判是為了確立新的適應民主制度建立的政治意識形態，對國民劣根性的批判與改造也是為了建立現代的民主國家。五四之前，陳獨秀認為經過思想層面的啟蒙與改造，為民主制度的建立掃清道路，就能達到救亡的目的。第一次世界大戰暴露了資本主義制度自身的弊端，而中國在巴黎和會的失敗更揭露了帝國主義的侵略本質。這使陳獨秀認識到資產階級的民主共和制度根本無法解決中國的救亡問題。

　　1917 年蘇聯建立世界上第一個社會主義國家，使陳獨秀看到了新的更具有生命力的新制度。蘇聯使者的來華將落後國家建立社會主義制度的實踐經驗帶到了中國，進一步促進了陳獨秀走向蘇聯的社會主義道路。五四之後，陳獨秀從思想上轉變成堅定的馬克思主義者，並積極投入到「直接行動」，即革命實踐中。陳獨秀與其他早期馬克思主義者們在蘇聯的幫助下，創建了中國共產黨並積極領導工人運動，走上了從實踐層面挽救民族危亡的革命道路。

　　進化論的競爭法則再次為陳獨秀思想的轉向提供了哲學依據。陳獨秀從進化論的角度出發，將社會主義與資本主義置於新舊兩端，正如五四前，他將資本主義與封建專制置於新舊兩端一般。「我們現在只有兩條路可走：一條是帝國主義的路——舊的，一條是社會主義的路——新的。除了這兩條之外沒有第三條路可走」〔註86〕。帝國主義的道路因為資本主義私有制的存在，在資本主義國家內部造成社會化大生產和生產資料私有制之間不可調和的矛盾。資本主義國家為了緩解國內危機，向世界其他弱小民族發動侵略戰爭，搶奪殖民地，導致世界大戰，給世界各國人民造成了巨大的災難。

　　馬克思的科學社會主義建立在唯物史觀這一科學的歷史觀基礎上，採用歸納的方法，從資本主義制度的生產方法與分配方法中，探尋出資本主義制度必然滅亡，社會主義制度必然建立的歷史必然性。馬克思的科學社會主義不但從實踐層面分析出資本主義制度的內在矛盾，並從實踐層面提出了變革資本

〔註85〕陳獨秀：《陳獨秀文集》第四卷，第 475 頁。
〔註86〕陳獨秀：《陳獨秀文集》第二卷，第 407 頁。

主義制度實現社會主義制度的方法。科學社會主義不但能解決資本主義制度的矛盾，還能真正實現全世界無產階級的解放。所以，陳獨秀說民主共和制度代替封建專制制度，社會主義制度代替民主共和制度，都是社會歷史發展的必然，是社會新陳代謝不可避的命運〔註87〕。

1. 國家的階級性

陳獨秀接受了馬克思主義將國家視為階級統治的工具的觀點，並以此分析了民主共和國家制度的階級性。「國家這一個抽象名詞，本來就是一切統治階級的所有物，誰取得統治權，誰便有權拿國家這一名義做統治全國人民之工具；國家權就是統治權，國家的利益就是統治階級的利益」〔註88〕民主共和制度是資產階級為了維護自身利益的統治工具。他們所標榜的民主實質是新興財產工商階級要求權利的旗幟，根本不是人民的民主。普通人民群眾根本無法進入民主政治領域。資本主義共和制度並不能實現大多數人民的幸福，人民大眾依然被少數資本家所統治、壓迫，無法獲得自由與幸福。而要實現大多數人的幸福，只有實行社會主義制度。

國家既為階級統治的工具。由此，工農群眾應以革命方式從資產階級手中奪取國家政權，將服務於資產階級的國家機器轉變成服務於占人口多數的工農群眾的國家。「用階級戰爭的手段，打倒一切資本階級，從他們手中搶奪來政權；並且用勞動專政的制度，擁護勞動者底政權，建設勞動者的國家以至於無國家，使資產階級永遠不至發生。」〔註89〕陳獨秀強調必須用革命的強力方式才能推翻資產階級的國家機器，因為資產階級作為既得利益者，是不會主動放棄已得利益的。只有被剝削被壓迫的工農群眾在無產階級政黨的領導下，組成新的革命力量，以暴力革命的方式奪取國家權力，然後利用政治、法律等維護無產階級取得的政權，廢除私有制，將過去不平等的經濟狀況完全除去。只有勞動階級聯合起來，建立無產階級專政，才能救濟中國社會的危機。

2. 私有制與公有制的對立

馬克思主義的國家觀使陳獨秀認識到社會生產力對於國民生活的重要性。陳獨秀指出國家的目的是實現大多數人民的幸福，而人民的幸福建立在社會經濟的基礎上，如果社會的生產力落後，則國民的幸福，就只能是一句空話。

〔註87〕陳獨秀：《陳獨秀文集》第二卷，第57頁。
〔註88〕陳獨秀：《陳獨秀文集》第三卷，第434頁。
〔註89〕陳獨秀：《陳獨秀文章選編》中，第50頁。

資本主義社會化大生產與資本主義私有制之間的矛盾，造成了資本主義國家生產過剩的危機。資本主義國家為緩解生產過剩的經濟危機，而以戰爭方式侵略弱小民族，搶佔市場以及掠奪生產資料，最終導致世界大戰，給世界人民造成了前所未有的災難。

實行生產資料公有制的社會主義可以免除資本主義的弊端。陳獨秀指出實行生產資料公有制，首先從生產上說，消除了少數統治者佔有生產資料的弊端，實現了人們在生產資料佔有上的平等。社會主義實行有計劃的社會生產，避免了資本主義生產制度下的無政府狀態。社會主義生產的所有產品都是為了滿足人民群眾的需要而生產，不再是為了資本家的利潤而生產，生產是為了用，而不再是為了賣。其次從分配上說，按勞分配，可以實現人人分配上的平等，消除了資本家對工人階級勞動剩餘價值的榨取。生產資料公有制，實現了人們經濟地位、社會地位的平等。由此，解除了資本主義生產方式下，對社會生產力束縛，所導致的世界大戰的根源〔註90〕。總之，只有實行生產資料公有制才能從根本上解決資本主義私有制所引發的經濟政治危機，才能實現真正的世界和平。

陳獨秀準確的抓住了無產階級國家觀的兩個核心內容，並從政治與經濟兩個層面批判了資本主義制度的弊端，論證了社會主義制度的優越性，並指出以暴力革命的方式實現無產階級專政的必然性。陳獨秀開啟了以馬克思主義理論為指導的以實現共產主義為目的的中國革命歷程。

小結

革命進化論是陳獨秀反思傳統的哲學依據。他將進化論的競爭法則與革命的除舊布新相結合，以傳統的經世思想對接進化論的「適者生存」原則，創造了具有功利主義色彩、強調競爭對抗的革命進化論。競爭法則被陳獨秀視為自然界、人類社會的普遍法則，人與人、人與物、物與物之間都是一种競爭關係，能競則存，不競則亡。世界就是一個對抗的世界，新舊、中西之間斷無調和的餘地，只能是存一而去一的競爭關係。

在革命進化論的哲學基礎上，陳獨秀提出了「破舊立新」的方法論。這一方法含有三個方面的內容：首先，新舊之間被視為性質截然相對的兩方。陳獨

〔註90〕陳獨秀：《陳獨秀文集》第二卷，第 406～407 頁。

秀認為新舊事物之間的差異不僅是時代上的更是性質上的。其次，破舊是立新的必要前提。陳獨秀提出「不塞不流，不止不行」的主張，認為建立新的先進理念，只能是在推翻舊有的傳統之弊端的束縛上。新舊之間性質截然相反，兩者只能是去一存一的關係，除舊才能布新。再次，強調革命，反對調和。陳獨秀認為傳統具有極大的惰性，而中國傳統深厚，此種惰性力尤其深重，欲改變中國的傳統就必須以革命的方式斬斷傳統中腐朽的部分，只有切掉傳統中腐朽的部分，傳統才有新生的可能。

在革命進化論的哲學依據下，陳獨秀以破舊立新的方法論對傳統的意識形態、國民性以及國家觀進行了批判與改造。陳獨秀著力凸顯傳統意識形態、國民性與國家觀中與西方文明性質相反的內容。儒家作為封建社會的官方意識形態，它滲透到人們社會生活的各個層面。陳獨秀認為傳統的現代轉化應從改變儒家傳統開始。建立現代的民主國家以挽救民族危亡是陳獨秀批判改造傳統的最終目的。由此，他主要從儒家與封建專制制度相聯繫的部分批判儒家思想。陳獨秀從傳統的倫理政治型思維入手，他將西方的民主政治視為一種新式的倫理政治，認為西方的民主制度就是建立在自由、民主、平等等先進價值理念的基礎之上的。中國欲建立西方式的民主制度就必須確立與民主制度相應的自由、民主、平等等先進理念。而欲建立自由、民主等先進理念就必須打破以禮教為核心的儒家與政治制度相結合的模式。陳獨秀不但從儒家與政治之關係的層面批判儒家禮教的落後性，更從社會層面論述了以維護尊卑等級之禮教與現代的民主生活格格不入。對於儒家倫理中與封建專制制度並無密切關係的部分如：誠信廉潔等，陳獨秀是持肯定態度的，並且陳獨秀並不反對從學術角度對儒家思想進行研究。他所反對的是將儒家作為一種政治意識形態的觀點。

確立了先進的政治意識形態之後，陳獨秀對國民劣根性進行了激烈的批判，並提出了改造國民性的方法。通過對國民性的批判以為民主國家的建立培養出具有現代意識的國民。陳獨秀對國民劣根性的批判依然主要是從政治層面入手，他認為封建專制制度以及封建專制思想導致國民形成深重的奴隸根性、缺乏權利意識、缺乏獨立性等。這嚴重阻礙了現代民主國家的建立。所以，陳獨秀不但從理論上提出了改造國民性，增強民力的方針，並深入實踐，通過辦學校、辦報刊的方式達到改變國民性的目的。

建立能實現大多數人民之幸福的國家，是陳獨秀反思傳統的落腳點。在對

封建國家觀的批判中，陳獨秀堅持從新舊國家觀性質的差異角度入手進行批判。他從國家的主旨、要素、結構等方面對比封建王朝國家觀與現代民主國家觀之間的差異。民主國家之目的在服務於人民，人民是國家的主人，人民、土地、主權是民主國家的組成要素。封建王朝國家觀其目的在服務於封建專制統治者，君主是國家的主人，人民只是奴隸，其結構為家國同構。五四之前，陳獨秀認為現代的民主國家是能真正實現大多數人幸福的國家而加以接受的。五四之後，陳獨秀逐漸認識到民主國家只能實現少數人的幸福，只有馬克思主義的科學社會主義才能實現大多數人的幸福。由此，他從國家的階級性與經濟制度兩個層面批判了資產階級民主國家的侷限性，論證了社會主義國家的科學性。他指出資產階級式的民主國家是服務於資產階級的，而廣大的無產階級是被剝削的對象。資本主義國家的生產資料私有制不但造成了國內無產階級生活的貧困，而且造成了世界大戰，給世界人民造成了巨大的災難。唯有通過革命的方式建立無產階級專政的、實行生產資料公有制的國家才能避免資本主義制度所具有的缺陷，最終實現大多數人民之幸福。陳獨秀通過對封建王朝國家觀、資本主義民主國家觀的批判，確立了馬克思主義科學國家觀的地位，為中國的無產階級革命確立了科學的方向。

第四章　瞿秋白的傳統觀

　　瞿秋白（1899～1935），江蘇常州人。瞿氏祖上世代為官，是傳統的士大夫階層，至瞿秋白這一代，瞿氏家族已家道中落。瞿秋白的父親瞿世瑋對老莊、佛教都有深厚的研究，瞿母金璇對傳統古詩詞也有較高的修養。瞿秋白自幼在父母的薰陶下，喜歡古詩詞歌賦與老莊哲學，對佛教更是情有獨鍾，他曾對人說，老莊是哲學，佛教也是哲學，都值得人研究。1904 年瞿秋白入私塾讀書，後轉入冠英小學。1911 年入常州府中學堂預科，1914 年升入正科。1917 年是瞿秋白人生中的轉折點，瞿母金璇迫於家計，服火柴頭自殺。從此，瞿秋白兄妹以及父親都不得不過寄人籬下、散居各地的艱辛生活。瞿秋白在母親死後，先到江蘇一個偏遠的小山村當國民小學校長，但因對知識的渴望，又驅使其輾轉到湖北表兄周均量家，數月之後，為了考大學而投靠北京的堂兄瞿純白。1917 年剛到北京的瞿秋白本欲打算考北大的中文系，但因為資金問題，而被迫放棄。同年入北京俄文專修館學習。1919 年參加五四運動，並創辦《新社會》旬刊。該刊從 1919 年 11 月 1 日至 1920 年 5 月 1 日，共出版十九期，瞿秋白在其中發表了著述和翻譯作品二十三篇，這些文章主要抨擊舊社會、舊道德、舊倫理，同時，積極宣傳反帝反封建的革命思想，研究社會主義和勞動問題。1920 年 3 月，瞿秋白參加由李大釗主辦的「馬克思主義研究會」，10 月，以《晨報》記者身份赴蘇俄考察。在蘇俄的實地考察徹底改變了瞿秋白的人生觀和世界觀，他接受了馬克思主義，確立了為共產主義奮鬥終生的志向，並於1922 年正式加入中國共產黨。1923 年年初瞿秋白回國，先後擔任《新青年》、《嚮導》等中央機關刊物的編輯，同時，參加創辦上海大學，並兼任上海大學

社會學系主任。在中共第三次到第六次全國代表大會上，當選為中央委員。1927 年 8 月，召開中央緊急會議，結束了陳獨秀右傾投降主義在黨內的統治，確立了土地革命和武裝反抗國民黨反動統治的總方針。1928 年 6 月至 1930 年 8 月，瞿秋白作為中共駐共產國際代表團團長在莫斯科工作兩年時間。從 1931 年到 1935 年，瞿秋白和魯迅一起領導了左翼文化運動，為革命文化事業作了大量開創性、奠基性的工作。1935 年 2 月被捕，同年 6 月 18 日在福建長汀羅漢嶺英勇就義。

4.1　哲學依據與方法

馬克思主義認為辯證唯物主義是世界觀與方法論的統一。瞿秋白在肯定辯證唯物主義的世界觀的基礎上，更加突出辯證唯物主義的方法論意義。這一科學方法成為他認識傳統的哲學依據。五四時期，李大釗、陳獨秀等人已經將馬克思主義的唯物史觀、政治經濟學說以及社會主義等理論傳入中國，並初步將其運用到對中國的歷史與現實的分析當中。但因主客觀原因他們還未對馬克思主義的辯證唯物主義哲學進行系統的研究，而隨著國共的第一次合作以及第一次國內革命的展開，革命指導思想的確立成為迫在眉睫之事，這一任務落在了瞿秋白身上。瞿秋白致力於將蘇聯的馬克思主義與中國的革命實踐相結合，強調辯證唯物主義的方法論意義，著力構建無產階級革命的指導思想。

瞿秋白從哲學的定義以及哲學基本問題的角度分析馬克思辯證唯物主義的科學性。他首先將哲學視為方法論和認識論的統一，瞿秋白認為，哲學最初囊括了一切知識，隨著人們認識能力的發展，其他科學逐漸從哲學中分化出去，現代「所剩的僅僅是方法論和認識論」〔註1〕。然後，瞿秋白從哲學的基本問題——物質與意識的關係角度出發，闡述了唯物論與唯心論的區別。他指出各種哲學學派對「我」與「非我」、「意識」與「實質」這一哲學的根本問題有不同的回答，可以劃分為兩種：一種以客觀為出發點，在客觀之上加以主觀，這是唯物論，與此對應的是唯物主義的方法論；另一種以主觀為出發點，在主觀之上加以客觀，這是唯心論，與此相應的是唯心主義的方法論。唯心論產生於原始社會的萬物有靈論，唯物論則傾向於科學，隨著人類認識能力的增加，唯心論的弊端日益暴露，與此相反唯物論的科學性則日益彰顯。因為，唯心主義將

〔註 1〕瞿秋白：《瞿秋白文集》政治理論編，第二卷，第 305 頁。

人的主觀意識視為一切事物的來源和根本，而主觀意識卻只是「不可捉摸的抽象的『觀念』」，導致人們的認識無法獲得客觀的校正。唯物主義從客觀的物質發展中加以調查，就能為人們的主觀認識提供可以校正的客觀依據。因為人的主觀認識是對客觀物質現象的認識，而客觀物質又是可以通過人們的實踐加以考察論證的〔註2〕。馬克思主義的辯證唯物論科學的揭示了自然界與人類社會的物質統一性，為人類的認識找到了可以驗證的客觀依據，使人們對自然界對人類社會的認識建立在客觀的物質基礎上，為人們的世界觀和方法論奠定了科學基礎。

4.1.1　互辯法唯物論

　　瞿秋白將馬克思主義劃分為四大部分：「互辯法唯物論」，「唯物史觀」，「無產階級經濟學」，「科學的共產主義」。「科學共產主義」既是前三部分的「結論」，也是實踐上形成整個馬克思主義理論體系的「動機」。「無產階級經濟學」與「唯物史觀」是為了實現科學共產主義這一目標，而對資本主義社會運行的內在規律的研究。「互辯法唯物論」是研究自然界物質之關係以及人類社會中人與人之關係的「綜合的方法」，它是貫穿於「唯物史觀」、「無產階級經濟學」、「科學的共產主義」中的科學方法論。瞿秋白認為馬克思主義這四大部分不但有同一的方法，即唯物辯證法，還有同一的目的，即無產階級革命。正是因為方法論和目的的統一，使馬克思主義理論，成為一個具有內在邏輯聯繫的整體。

　　瞿秋白指出互辯法唯物論不但是馬克思主義的方法論還是新的宇宙觀。他稱唯物辯證法是馬克思列寧主義哲學的基礎，是一個「新的整個的宇宙觀」〔註3〕。瞿秋白強調唯物辯證法的階級性，是無產階級認識世界、改變世界的理論武器。馬克思的唯物辯證法特別突出辯證法的實踐功能，即為無產階級的利益服務和指導社會主義革命。瞿秋白一方面突出辯證唯物主義的世界觀意義，以此說明整個世界的本質，揭示其總規律，另一方面又強調辯證唯物主義的方法論的意義，以將其運用到中國的具體國情的分析中，達到指導中國的革命運動的目的。

　　首先，互辯法唯物論科學的揭示了矛盾性這一事物的根本屬性。「互辯法唯物論」是瞿秋白融合馬克思主義的辯證唯物論與中國傳統辯證法的產物。瞿

〔註2〕瞿秋白：《瞿秋白文集》政治理論編，第二卷，第328頁。
〔註3〕瞿秋白：《瞿秋白文集》政治理論編，第七卷，第504頁。

秋白認為日本學者以「辯證法」翻譯英文單詞「Dialectics」是不夠準確的，因為「辯證」兩字與普通邏輯中的「邏輯」相似，而遠離了唯物辯證法的原意。他進一步指出，「辯證法」是從希臘語「Dialog」（即「對話」）翻譯而來，強調的是「互相辯駁」。由此，辯證法上升到哲學層面，強調的是「相反者往往相成，矛盾者有時可以互變」。所以，瞿秋白主張以「互辯法」或「互辯律」來翻譯「Dialectics」，核心在「互」字上〔註4〕。瞿秋白分析「辯證」與「互辯」的區別，主要是為了強調矛盾的對立統一以及矛盾雙方的相反相成、互相轉化的特質。這是瞿秋白以中國傳統的辯證思維去理解馬克思主義的辯證法的表現。「西方語境中的辯證法即『dialectics』是一種二元分叉式的思維模式，它強調同一事物內部兩個對立面之間的關係，通過揭示對立面之間的分離、矛盾以及統一，建構更高層次上的概念，以否定或超越舊概念。而中國傳統語境中的辯證法是一種互繫性的思維方式，強調偶對事物在動和變的過程中相互轉化。」〔註5〕田辰山指出「通變」的思維方式是中國傳統辯證法的哲學基礎，他說「通變」哲學的核心，最突出的特點在於，它是通過陰陽這樣的兩端對立的雙方的相反相成的運動產生事物的變化，而不是在事物之外樹立一個如上帝般的外在的作用力〔註6〕。正是同一事物的兩個組成部分的相反相成的作用，構成了一切變化發展的動力源。瞿秋白以矛盾雙方的相互轉化去理解辯證唯物論對矛盾的對立統一的界定，同時拋棄了「二元分叉式的思維模式」，強調矛盾雙方不可分割的統一性。

瞿秋白將矛盾性視為宇宙自然界和人類社會的「根本屬性」。他認為「物的矛盾及事物的互變便是最根本的原理，」〔註7〕沒有事物內部矛盾雙方的對立運動，就沒有生命和一切現象。事物內部的矛盾運動是宇宙的根本，是宇宙萬物生命力之所在，事物內部矛盾雙方對立統一運動的消失，則事物即趨於滅亡。

「宇宙現象的根本便是『物質的動』。動的本身便是矛盾。」〔註8〕從簡

〔註4〕瞿秋白：《瞿秋白文集》政治理論編，第八卷，第464頁。
〔註5〕黃志軍：《辯證法的實踐哲學闡釋》，北京：社會科學文獻出版社，2015年，第64頁。
〔註6〕〔美〕田辰山著，蕭延中譯：《中國辯證法：從〈易經〉到馬克思主義》，北京：中國人民大學出版社，2008年，第36頁。
〔註7〕瞿秋白：《瞿秋白文集》政治理論編，第二卷，第348頁。
〔註8〕瞿秋白：《瞿秋白文集》政治理論編，第二卷，第347頁。

單的機械運動到生物機體的複雜運動都是事物內在矛盾運動的表現。同自然界一樣，人類社會也充滿著矛盾的運動。矛盾普遍存在於整個自然界與人類社會，各種事物和不同的個體又都有自己的特殊矛盾。由此，對於人類社會的研究，在重視社會發展的一般規律的同時，還必須注意每一種特殊的社會形式，即注重共性和個性的統一。瞿秋白認為每一個事物或現象都各有各的「自性」，都有自己的特殊矛盾，顯出自己的個性和特點。每一事物的發展變化，都是由事物內部矛盾雙方的對立運動來完成的。瞿秋白對矛盾的普遍性與特殊性的論述，為馬克思主義與中國革命的具體實踐的結合提供了理論依據，推動了馬克思主義中國化的進程。

其次，自然界與人類社會的根本都是永恆的物質運動。辯證法與形式邏輯的區別，就在於辯證法認為一切都是流動的，強調發展、變化是其根本觀點。但辯證法並不取消形式邏輯，而是對形式邏輯的昇華，使形式邏輯的功用正確發揮出來。整個宇宙的實質就是物質的運動。萬物都有一個產生、發展到滅亡的過程，所以，對事物的研究，即對事物運行規律的研究。同時，萬物的運動不是各行其是的，而是互相聯繫的。人類社會是自然界發展的產物，也遵循自然界運行的規律，也有一個不斷發展變化的過程。社會研究與自然研究是不可分割的，人類社會的生產分配關係既是人與自然物的關係，也是人與人之間的社會關係。而世界的物質統一性，又將人與自然物的關係和人與人之間的社會關係統一起來〔註9〕。馬克思主義的唯物辯證法就是從世界的物質統一性的角度去認識自然界和人類社會的，所以能揭示出自然界和人類社會的發展規律。

社會研究與自然界的研究是緊密相關的，社會關係是物質關係在社會領域中的反映。只有互辯法的唯物論才能正確認識人與人之間、人與物之間的關係，只有在互辯法唯物論的指導下，人們才能科學的改造自然界、改造人類社會。瞿秋白指出以辯證唯物主義的方法研究人類社會，在掌握人類社會的內在矛盾運動時，還必須以歷史主義的眼光去認識人類社會的發展歷程。

4.1.2　批判繼承法

瞿秋白說我們必須繼承過去的文化遺產和文學遺產「但是一定要有批判的精神，一定要有階級的立場，一定要努力學習新的階級底宇宙觀，而在克服可能的錯誤底過程之中，去達到真正科學的對於自然界和社會現象底認

〔註9〕瞿秋白：《瞿秋白文集》政治理論編，第四卷，第21頁。

識。」〔註10〕對於古代的一切文化遺產，都要以理性的、成熟的，從歷史的必然性的角度，以發展的眼光去認識。「新的階級底宇宙觀」是指以馬克思主義為理論指導，站在無產階級立場上，科學的認識自然界與人類社會，批判地認識人類文明的發展歷程。通過對中外歷史文化遺產的批判性認識，在不斷克服過去的錯誤認識中，實現真正的對於自然界和人類社會的科學認識。

　　首先要有歷史主義的態度，正確認識新舊之間的辯證關係。瞿秋白強調，每一種社會形式都是前一社會形式發展的結果，歷史階段之間不是凝固的、僵化的，而是繼續不斷的，相互鏈接的〔註11〕。正是因為各個歷史階段是相續的關係，所以應當研究各個社會歷史階段之間新舊事物的辯證關係。要研究一種新的社會形式，一方面應認識到新舊歷史階段之間不是截然兩分的，舊事物中蘊含著新事物生長的基點；另一方面「死鬼常常會抓住活人」，過去時代的已失去生命力的部分又往往會殘留在下一歷史階段，並且反動勢力時常想利用「死鬼」來鉗制「活人」。馬克思的辯證唯物主義為瞿秋白正確處理傳統之精華與糟粕的問題提供了科學的解決方法。李大釗、陳獨秀都認識到傳統是精華與糟粕共存的，但是，他們因為沒有掌握馬克思主義的唯物辯證法，所以，在處理傳統之精華和糟粕時，還存有侷限性。李大釗主張「新舊調和」說，即以傳統中的精華為生長點，吸收新的價值理念和時代因素，以促進傳統的發展。他強調的是以傳統中具有生命力的部分消解傳統弊端的束縛。陳獨秀認識到傳統具有的惰性，由此，他著力於消解傳統的弊端，他以「破舊立新」的方法，通過以新替舊（傳統的糟粕），達到保障傳統之精華，促進傳統之發展的目的。李大釗的方法易導致忽視新舊質的差別，陳獨秀的方法則有割裂新舊之聯繫的缺陷。瞿秋白以馬克思主義的唯物辯證法為指導，從傳統的內在矛盾入手，以發展的眼光辯證地認識傳統與現代之關係，一方面認識到新舊之間的聯繫性，另一方面也認識到新舊之間質的差異。這就科學地解決了既能吸收傳統之精華又能摒棄傳統之弊端的問題。

　　馬克思指出，「辯證法對每一種既成的形式都是從不斷的運動中，因而也是從它的暫時性方面去理解。」〔註12〕辯證法要求在對事物的肯定的理解中同時包含著否定的理解，即從事物的內在矛盾及其所孕育的發展方向入手，著眼

〔註10〕瞿秋白：《瞿秋白文集》文學編，第三卷，第 133 頁。
〔註11〕瞿秋白：《瞿秋白文集》政治理論編，第二卷，第 454～455 頁。
〔註12〕《馬克思恩格斯選集（第二版）》第二卷，第 112 頁。

於事物的運動、變化的歷程中,去理解新事物的產生和現存事物的必然滅亡的客觀趨勢。以動態的眼光去認識傳統與現代之間的聯繫,就既能看到新舊之間的聯繫,也能認識到新舊之間的差異。孫正聿認為,所謂「批判」就是「以否定的形式實現人與世界、思維與存在的肯定性的統一」〔註13〕,具體而言就是在觀念和實踐中否定現存世界的基礎上,構建人所要求,所期望的新的現實。

歷史主義的態度還要求具體研究人類歷史不同發展階段的「自性」。奴隸社會、封建社會以及資本主義社會都各有各的「自性」,不可以籠統的、一概的推想一切時代,一切社會。在遵循社會歷史發展的公律的同時,必須注意不同社會歷史發展階段的特殊規律,應當深入研究每種社會的內部變動的歷程。由此,在處於各種不同民族文化的交流與衝突時,正確的文化發展道路應該是在遵循人類歷史發展的進程中,「同時實現自我的個性,即此增進人類的文化」〔註14〕,使民族文化的發展融入到人類文明的總進程中,即實現文化民族性與世界性的統一。

其次,要有階級的立場。這要求人們必須有階級的眼光,不能混淆奴隸、農奴、無產階級以及「窮人」等的區別,不能將他們視為同一階級。階級是社會歷史發展的產物,社會分工是階級產生的社會基礎,剩餘產品的出現為階級的產生提供了物質條件,私有制的出現是階級產生的直接原因。列寧認為,在一定的社會生產關係中,不同的社會集團與生產資料的關係不同,導致不同的社會集團在社會勞動中的分工不同,獲得財富的方式和財富的多少也不同。「其中一個集團能夠佔有別一個集團的勞動」〔註15〕,最終導致不同集團在經濟上的對立關係。列寧所給出的「階級」的定義是從經濟角度做出的劃分,它強調的是經濟上的對立關係。根據馬克思主義唯物史觀的社會基礎決定上層建築的原理,經濟上的對立關係必然反映到社會的意識形態等上層建築中。從經濟角度做出界定的「階級」概念,就具有了政治和文化的含義,即由經濟對立引申出政治對立、文化對立。瞿秋白把階級觀念引入到對傳統的分析中是為無產階級革命提供理論依據。

瞿秋白說無產階級站在消滅一切剝削制度的立場上,所以能夠真正認識到藝術的價值,能夠科學的繼承中外的一切優秀的文化遺產。無產階級對舊文

〔註13〕 孫正聿:《孫正聿哲學文集——哲學通論》第九卷下,長春:吉林人民出版社,2007年,第418頁。
〔註14〕 瞿秋白:《瞿秋白文集》文學編,第一卷,第212~213頁。
〔註15〕 《列寧全集》第三十七卷,北京:人民出版社,1986年,第13頁。

化遺產的批判繼承也是為了創造新的社會制度，新的宇宙觀和人生觀，所以，他們決不是「目前主義的功利論者」〔註16〕。無產階級能從文化遺產的內在矛盾中去探析文化遺產的價值所在，避免形式主義的分析對文化價值的歪曲。消除剝削制度，建立生產資料公有制的人人平等的社會，是無產階級革命的目的。無產階級能站在人之為人之本質上，以唯物主義辯證法為依據，批判吸收中外的文化遺產，並以是否能夠解放人、實現人的自由本質為標準對傳統加以批判和吸收，他們絕非文化上的功利主義者。

　　瞿秋白反覆申明對於過去的文化遺產和文學遺產的繼承要有階級的立場、批判的眼光，只有通過批判繼承的方法，才能將人類歷史文化中的精華繼承下來，因為，人類文化的發展過程本身就蘊含著時代與超時代的成分，落後於時代發展的成分，會隨時代的發展而被人們摒棄，只有超越時代、具有普世價值的成分，才能成為人們建設未來社會的基礎。瞿秋白認為人類的歷史文化，是通過一代一代人累積而成，即通過對舊文化的不斷地批判的過程中不斷吸收舊文化之精華〔註17〕。在對文化的批判的過程中，實質蘊含著新文化誕生的胚芽。

4.2　佛教觀

　　佛教雖係外來文化，但經過千年的融合，它已是傳統的組成部分。近代既是變革的時代亦是災難的時代，為挽救民族危機，傳統學術再次復興，以為救國救民之路提供理論依據。佛教亦在這一社會變遷中得以復興，但其復興的旨趣不是棄世而是入世。佛教為近代舉步維艱的變革，提供了明確的信念和堅強的意志，從知到行都提供了強有力的支持。近代佛學傳統的復興始自楊仁山，他從日本帶回大量唯識宗的著述，使失傳一千多年的法相唯識宗大顯於世。唯識宗與華嚴宗等大乘佛學一樣，有強烈的使命意識和意志力，「我不入地獄，誰入地獄」的大乘精神正是變革時代所急需的。正如池田大作等指出，大乘佛教以救濟眾生、改革社會為宗旨，而不再以消滅欲望本身作為目的，認為把慈悲的實踐貫徹下去時，自己的欲望也會得到昇華〔註18〕。「普度眾生」、「慈悲

〔註16〕瞿秋白：《瞿秋白文集》文學編，第三卷，第66頁。
〔註17〕瞿秋白：《瞿秋白文集》文學編，第二卷，第107頁。
〔註18〕〔英〕湯因比、〔日〕池田大作著，荀春生等譯：《展望二十一世紀——湯因比與池田大作對話錄》，北京：國際文化出版公司，1985年，第394頁。

救世」的大乘佛學把個體的存在與社會使命統一起來，使佛教的「出世」具有了濃厚的「入世」色彩。大乘佛學的變革適應了當時救亡的時代要求，所以，中國知識分子們紛紛從佛學中尋找拯救民族危亡之法。

譚嗣同的「應用佛學」是最突出的代表，他用佛教的眾生平等附會人類平等，企圖以心力挽救劫運，把出世的追求轉化為入世的使命感，突出反名教的倫理意義。章太炎緊隨其後，他從西方認識論角度出發，突出唯識宗，並發展出比譚嗣同更加完整的無神教體系，其精神旨趣是「用宗教發起信心」。佛教救世思潮的興起極大的影響了瞿秋白，使他在譚嗣同與章太炎等人的影響下，對佛教所構建的眾生平等的理想天國產生了極大的響往之情，並產生了將佛教理想天國「人間化」的宏願。

幼年時期，瞿秋白受父親影響接觸了佛教，中學時期就開始閱讀佛經。在《多餘的話中》，瞿秋白曾回憶自己青年時期的學習經歷，其中就提到了他曾閱讀過佛經，尤其突出《大乘起信論》[註19]。此後，在湖北黃陂表兄周均量家，北京俄文專修館時期，先後讀過《成唯實論》、《大智度論》、《涅槃經》、《壇經》等。佛教追求「平等」的宗旨是瞿秋白重視佛教的重要原因。建立平等的社會是瞿秋白社會政治思想的核心，也是他走向革命，走向馬克思主義的內在依據。佛教作為一種表達被壓迫者的苦難、反抗現實不平等的宗教而存在，此種對平等的追求與瞿秋白欲建立平等的社會理想具有內在一致性。佛教的平等思想最初是針對印度現實社會生活中的諸多不平等現象而提出，尤其是對印度婆羅門教等級森嚴的種姓制度的直接批判。佛教提出「緣起性空」論，從本體層面論證萬物的平等性。既然萬物皆統一於「性空」，則種姓、男女、人我、佛我之間都沒有本質上的不同，都處於平等的地位。但佛教的平等觀是通過抽調萬物的物質性，以主觀的唯心論來實現的，注定無法解決中國的實際問題，所以，瞿秋白在肯定佛教對平等的價值追求的同時，以馬克思主義唯物史觀批判了佛教的唯心傾向，使佛教的精華得到真正的繼承。

4.2.1 「菩薩行」的人生觀

1917 年瞿秋白北上投靠堂兄瞿純白，在北京三年裏，他親眼目睹了新官僚層的腐敗，同時，深切體會到民生的疾苦。社會的兩極分化與尖銳對立，驅使懷有救世之心的瞿秋白欲通過佛教的解脫方式，解救水深火熱中的勞苦大

[註19] 瞿秋白：《瞿秋白文集》政治理論編，第七卷，第 702 頁。

眾，萌生了「就菩薩行而為佛教人間化的願心。」〔註20〕瞿秋白深受大乘佛教的影響，通過「菩薩行」而實現佛教人間化的願心，就是大乘佛教的度人而自度人生觀的體現。

佛教認為眾生平等，一切眾生皆有佛性，人人皆可成佛。菩薩是梵文菩提薩埵的簡稱，菩提即覺、智，薩埵指眾生，菩提薩埵意為「覺有情」、「道眾生」、「用諸佛道成就眾人」。菩薩行即菩薩的修行，其教法以達到佛果為目的，稱為佛國乘。菩薩在佛教中不是指高高在上的「神」，而是指具有極高成就但尚未達到佛果的人，或者已能達到佛果但寧願留在人間普度眾生，把覺悟所得之果貢獻給眾生的佛。菩薩常以凡夫的形相，在世間隨緣化眾。「菩薩行」即凡是能發「願斷一切惡，願修一切善，願度一切眾生」的菩提心者，就是立志學習佛教的慈悲與智慧。「止惡、修善、度眾生」的菩薩行，包含兩方面：上求佛道，下化眾生。「上求佛道」是從自身角度說，即淨化自己，要常生起慚愧、懺悔的精進心和清淨心，通過慚愧與懺悔不斷的提升自己內心的修養，一種在世間的淨化，在世間的覺悟。慚愧的心和懺悔的心指人對自身言行的反思，包括兩個方面的內容：一方面對於自己有能力完成而未完成的事感到慚愧，從而產生一種激勵自己努力去完成的決心；另一方面對於自己不當犯而犯的錯誤，產生一種懺悔心，使自己可以及時改過，同時勇於承擔後果，不推卸責任。瞿秋白在《多餘的話》中所做的思想歷程的剖析正是佛教「慚愧心」和「懺悔心」的表現，並不是信仰層面的動搖，更不是極端的悲觀。

「菩薩行」的「下化眾生」，是說要關懷社會，強調一種利他的行為，度人而自度，它要求在與別人相處時，心裏要有尊重、感恩與奉獻的慈悲心。瞿秋白從1923年開始使用「屈維它」的筆名在《新青年》等刊物上發表文章，「屈維它」是「韋護」的諧音。瞿秋白曾向丁玲說明他使「屈維它」這一筆名的本義。「韋護」即韋陀菩薩，具有嫉惡如仇的性格，一但看見人世間有不平等之事，就會下凡去懲罰壞人，實現社會的公正。所以，韋陀菩薩的神象總是面朝著如來，讓他只看佛像〔註21〕。瞿秋白終其一生積極投身於人民的解放事業，為構建理想的社會秩序，甚至犧牲了自己寶貴的生命，這正是佛教慈悲救世精神的體現。

〔註20〕瞿秋白：《瞿秋白文集》文學編，第一卷，第25頁。
〔註21〕丁玲：《我所認識的瞿秋白同志》，吳福輝、錢理群主編：《瞿秋白自傳·附錄》，南京：江蘇文藝出版社，1996年，第74頁。

1. 犧牲精神

佛教普渡眾生的慈悲之心深深影響著瞿秋白，正是這種普渡眾生的慈悲之心，指引著他遠赴蘇俄，以求為「大家闢一條光明的路」〔註22〕。佛教「我不入地獄，誰入地獄」的捨己救人的犧牲精神為瞿秋白接受馬克思主義的無產階級人生觀提供了內在的理論依據。五四之前，瞿秋白沉浸在自己的理想當中，一方面因對國故研究有極大的興趣，從而產生了通過整理國故使傳統文化復興的志向；另一方面研究佛教，欲以佛教的度人方式從主觀上解脫人民的疾苦，盡一份「世間的」責任；這裡救己與救人是分開的，是「二元的人生觀」。但五四運動的爆發，以及當時中國的特殊環境決定了有救國救民之心的知識分子，不可能專注於自己的喜好，並且當時中國首要的問題，不是文化的復興，而是社會的重建，需要新的社會革命。這樣的時代課題迫使瞿秋白不得不先擱置以文化救國的志願，立刻投入到社會革命當中，把自己的一生都獻給了中國人民的解放事業。1920年年底至1923年年初，瞿秋白以《晨報》記者身份，在蘇聯學習考察兩年多時間，經歷了世界上第一個社會主義國家政治、經濟、文化等方面的建設實踐，這改變了他的人生觀。他認識到個人的生命價值只有徹底的投入到人民的事業中才能得到真正的實現，毅然放棄了自己從事文學研究的愛好，完全投入到革命事業當中。

佛教的普度眾生的獻身精神在瞿秋白的生命中得到了鮮明的體現。他將自己的精神與生命全都獻給了人民的解放事業。瞿秋白對人之「軀殼」與「靈魂」關係的表述，說明在他的思想中精神之重要性遠遠高於軀體，他認為沒有靈魂的軀體只是一副皮囊，而人有了靈魂也就不需要肉體的存在。瞿秋白自幼體弱，但在短短的三十六年中，在參加領導革命之餘，還創作了五百多萬字的精神成果。他確實把他的一生獻給了人民，他的生命在人民的事業中得以生生不息。瞿秋白剛二十二歲時，就被診斷出患有嚴重的肺病，但他仍然堅持看書、寫作，到1928年至1930年間，發燒、吐血，大病數次，一直沒有放棄工作。並且在他的遺書《多餘的話》中提出將自己的遺體捐贈給醫學院，期望對肺結核的診斷有所幫助〔註23〕。儒家道教都非常重視人的肉體，儒家講身體髮膚受之父母，不敢有絲毫損傷；道家更是重視身體，所修之道，即肉體長生之道；只有佛教認為人之肉體只是一副臭皮囊。瞿秋白確實踐行了佛教「地獄未空，誓不成佛；

〔註22〕瞿秋白：《瞿秋白文集》文學編，第一卷，第5頁。
〔註23〕瞿秋白：《瞿秋白文集》政治理論編，第七卷，第719頁。

眾生度盡，方證菩提」的捨己救人，普渡眾生，救苦救難的犧牲精神。

瞿秋白將佛教的捨己救人、普度眾生的信念融入到無產階級大公無私的人生觀中，轉變為全心全意為人民服務的精神。佛教倡導的犧牲精神，其最終目的在解除個體在俗世中的輪迴，求得彼岸的解脫。佛教的犧牲精神最終目的是為己。瞿秋白保留了佛教的犧牲精神，但置換了犧牲精神最終的指向，犧牲不再是為了自己而是為了人類的解放事業，不是為了達到理想的彼岸世界，而是為了將理想的天國落實於人間。

馬克思主義指出人是社會關係的總和，個體之價值只有在社會中才能得到真正的實現。生命是可貴的，但只有為了人民大眾的幸福和自由而奮鬥甚至犧牲才是生命價值的真正體現。瞿秋白認為個體只有將自己融入大眾事業之中，化為「大海中的一滴」才能真正實現個體的價值。在《兒時》一文中，瞿秋白說：「本來，生命只有一次，對於誰都是寶貴的。但是，假使他的生命溶化在大眾的裏面，假使他天天在為這世界幹些什麼，那麼，他總在生長，雖然衰老病死仍舊是逃避不了，然而他的事業——大眾的事業是不死的，他會領略到『永久的青年』」〔註24〕。個體的生命是有限的，但人民的事業卻是永恆的，將有限的個體生命投入到永恆的人民事業中，則人的生命也將成為不朽的。瞿秋白提出革命者必須深入到社會底層，瞭解人民的疾苦，相信人民群眾的力量。他號召覺悟的青年應當以徹底覺悟的精神，以自殺的勇氣去奮鬥，創造一個新的能真正解放人的理想社會，這樣才能實現人生的價值。

瞿秋白肯定「社會運動的犧牲者」的價值和意義，社會運動的犧牲者，他們不輕信，也不極端，不受盲目意識之暗示，而有積極的懷疑心、沉靜的研究心、堅強的毅力。他們因對社會的懷疑而覺悟，他們通過對社會、人生的研究以創建新的信仰、新的人生觀，他們因為擁有堅強的毅力所以能夠打破舊的習慣、舊的制度。真正的社會運動的犧牲者們，本著隨時犧牲的精神，他們「就能一方面自己解放，一方面自己改造。而且從他的犧牲而所做的社會運動，影響於別人時候，就可以得到真正的解放，真正的改造。」〔註25〕瞿秋白批判絕對的利己主義人生觀，主張利己和利他的統一，主張把自己的生命融入到大眾的生命之中。他認為離開社會的個體是沒有價值的，個體的價值只有在社會中才能得到體現。

〔註24〕瞿秋白：《瞿秋白文集》文學編，第二卷，第95頁。
〔註25〕瞿秋白：《瞿秋白文集》政治理論編，第一卷，第33頁。

2. 苦行生活觀

佛教的苦行生活觀也伴隨著瞿秋白的一生。「苦行」是指佛教修行人所過的一種刻苦自勵的修持生活。瞿秋白吸收了佛教「不為自己求安樂，但願眾生得離苦」的虔誠苦行主義信仰。這種苦行觀讓瞿秋白渡過了在俄國艱苦的生活，也堅守了他的共產主義信仰。他將蘇聯稱為「餓鄉」，這個稱謂源自清代文學家官異之。伯夷叔齊為了不食周栗而餓死於首陽山，官異之就稱首陽山為「餓鄉」，以肯定伯夷叔齊精神的高潔。蘇聯作為世界上第一個社會主義國家，既是世界革命的中心點，也是東西文化交流融會之地。瞿秋白稱蘇聯為「餓鄉」，實際是將蘇聯作為他救國救民之精神寄託。去俄途中的艱辛與物質的貧乏，以及伴隨著瞿秋白一生的肺病的折磨，並未動搖瞿秋白對共產主義的信仰，對人民解放事業的忠誠。

瞿秋白十七八歲時就有嚴重的肺病。1919 年醫生已診斷出瞿秋白一片肺葉已經開始潰爛，時常吐血，但他卻抱著為人民開闢一條光明之道路的心願，而於 1920 年遠赴蘇俄。治病時間的被耽擱，致使病痛一直折磨著這位精神領袖。1926 年瞿秋白的肺病進一步惡化，命在旦夕，甚至當時各大報刊都已經報出瞿秋白逝世的消息，但他依然堅持在病床上學習，或許正是這種對精神的追求，使他又從死亡的邊緣轉了回來。隨後，剛能出院的瞿秋白又開始了每日長達十幾小時的高強度工作，這進一步加速他身體的惡化。從 1920 年直到 1931 年，在長達十年的時間裏，瞿秋白除了躺在床上不能動，神志恍惚的短暫時間之外，剩下的所有時間都投入到了人民的解放事業中。八七會議之後，瞿秋白成為黨的最高領導人，從 1927 至 1930 年，為著寫政治報告常常十天八天的失眠，精神的疲憊加速身體的進一步惡化。瞿秋白短暫的一生卻為人民創造了多達五百萬字的著述和翻譯成果，包括哲學、政治、經濟、文藝等。他將自己整個生命都奉獻給了他的精神追求即為人民的解放事業而奮鬥。對精神的追求與對物質生活的淡漠形成尖銳的對比，瞿秋白踐行了佛教的苦行生活觀，雖然他的目的並不是為了自己成佛，而是為了解放人民大眾，使人民大眾從無盡的苦難中解脫出來。

4.2.2 「無常的社會觀」

1. 萬物皆變

瞿秋白說：「菩薩行的人生觀，無常的社會觀指導我一光明的路。」〔註26〕

〔註26〕瞿秋白：《瞿秋白文集》文學編，第一卷，第 25 頁。

「無常的社會觀」,「常」就是不變,不衰,不消,不滅,永恆長存;「無常」是佛教對世界萬事萬物的認識,所謂「無常」就是不斷變化不斷生滅的過程。佛教認為世間一切萬物不管是有形還是無形的都處在永遠的變動過程中。瞿秋白借用佛教「無常」的觀念表示社會運動不息的特質,社會吞沒了一切,一切都隨社會而自流自轉。人類社會就是一個隨社會不斷變動的過程,這個過程已經有幾千年歷史。

佛教的無常社會觀驅使瞿秋白投入到社會變革的過程中。五四運動的爆發,瞿秋白與當時的青年學生都懷著不可思議的熱誠全身心的投入到社會運動當中。他們雖不知道社會出了什麼問題,但他們意識到社會有「變」的要求〔註27〕。以儒家倫理道德所維繫的封建宗法關係正在解體當中,那麼社會應該走向何處?五四的爆發,為迷茫的瞿秋白找到了新的解決社會問題,人生問題的方向,他和當時很多具有救國救民之心的青年一樣,懷著極大的熱情投入到拯救社會國家的大流之中,此時的他們,雖然不知道中國社會的具體問題是什麼,但他們認識到必須要有實際的行動,順應社會的變動,才能救民於倒懸。

瞿秋白拋棄了佛教將社會視為沒有自性的存在,而保留了佛教對自然界與人類社會運動性特質的認識,並將其轉化為物質本身的運動不息的歷程。瞿秋白說世界上的一切事物都處在永恆的運動之中,「沒有一種東西是停滯不變的。天下沒有固定的形態,一切都是所謂『歷程』(Process)。」〔註28〕所有的自然物以及人類社會都處於永恆的發生、發展及消滅的過程中,所以,研究事物就是研究事物變動的過程。瞿秋白指出不但自然界與人類社會都處在不斷的變動中,並且,它們的變化還遵循著一定的規律即量變質變律。瞿秋白闡釋了馬克思主義唯物辯證法的從量變到質變的規律,他認為自然界與人類社會的變化有兩種:一種是量變,一種是質變。當事物的量變積累到一定程度時,就會發生事物質上的變化。從量變到質變是一種跳躍現象,瞿秋白認為社會領域的突變就是革命,當社會的發展需要和社會結構發生衝突時,為了促進社會的發展,社會結構就會發生根本性的變革〔註29〕。而社會結構的根本性變革就是革命,就是社會的質變。人類社會的突變都是經過革命完成的,如英國資產階級革命,法國大革命,1818 年歐洲革命,1917 年的俄國革命。社會領域和

〔註27〕瞿秋白:《瞿秋白文集》文學編,第一卷,第 25 頁。

〔註28〕瞿秋白:《瞿秋白文集》政治理論編,第二卷,第 441 頁。

〔註29〕瞿秋白:《瞿秋白文集》政治理論編,第二卷,第 453 頁。

自然界一樣都存在質變，社會領域的突變，即革命是由社會進化積累而來。社會領域只有經過革命，才能開啟一個新的發展方向，社會才能經由逐步的改造而發展完善。

2. 普遍的因果律

因果論是佛教說明世界一切關係並用以支持全部佛教思想體系的基本理論。佛教認為世間一切事物都受因果律支配，每個人的善惡行為都將會影響到自己的命運，善因必生善果，惡因必得惡報。佛教因果報應論可以稱為一種道德因果論。《涅槃經》：「善惡之報如影隨形；三世因果，循環不失。」〔註30〕《華嚴經》：「一切諸報皆從業起，一切諸果皆從因起。」〔註31〕佛教認為世界是由因緣和合而成，人在世間的思想和行為會產生相應的結果。在人未解脫以前，所有的因果都不會自行消失，只有進入涅槃境界，人才能脫離因果循環之苦。在佛教的世界觀中，萬物都處在一個巨大的因果鏈條中，萬物都被無所不在的因果所束縛著。佛教以因果律說明人的不自由，而人只有超脫因果輪迴才能獲得自由。

瞿秋白亦認為世界是由因果律所決定的，這因果律不是佛教的因緣，不是個人主觀行為引起的，也不是由神力所造成，而是客觀物質世界自己的運行規律。他把佛教建立在道德基礎上的因果律置換成建立在客觀物質基礎上的因果律。自然界、人類社會以及人的主觀意志都受客觀物質運行規律的支配。瞿秋白批判佛教以擺脫因果律為實現人之自由的條件，他認為人的自由不是擺脫因果律，而是對因果律的掌握，人越能駕馭自然界與人類社會的因果律，那麼人的自由程度就越高。他以人對自然界的征服來說明人類社會的自由。人越能掌握自然界的運行規律，則人在自然界的自由度就越大，越不受自然的約束。同理，人類社會是自然界的組成部分，人通過掌握人類社會的運行規律，便可以克服社會現象裏的自然性對人類的束縛，從而能求得各個方面協調的發展，進而獲得對於自然的真正的解放〔註32〕。

人的意志在人類社會發展中的作用。歷史是通過人的意志和行動來表現的。人類社會有不同於自然界的地方即人是有意識的，人類社會的現象本就是

〔註30〕〔北梁〕曇元識譯，林世田等點校：《涅槃經》第二卷，北京：宗教文化出版社，2001年，第770頁。

〔註31〕〔唐〕實叉難陀譯，林世田等點校：《華嚴經》第三卷，北京：宗教文化出版社，2001年，第1384頁。

〔註32〕瞿秋白：《瞿秋白文集》政治理論編，第二卷，第278頁。

有意識、有意志的人的活動。瞿秋白肯定人的意志在實踐活動中的重要性，但他強調客觀物質世界運動規律對人的意志的決定作用。他認為人類社會的因果律和人的主觀意志並不矛盾，人的主觀意志也是受因果律支配的，兩者是內在一致的，不能承認社會因果律的存在，就否認人的主觀意志的存在，也不能肯定人的主觀意志的存在，就否定社會因果律的存在。

　　瞿秋白從世界的物質統一性角度來論述自由的兩個方面的內容（人對自然的征服和人對社會規律的掌握），有力批判了佛教的唯心主義自由觀。瞿秋白認為人的自由就是人對自然界、對人類社會因果律的認識與掌握。自由不是憑空的想像，自由是對潛藏在自然界以及人類社會中因果律的認識。因為「不知因果律，便無從決定行為，只有孤注一擲的賭博的僥倖心，而絕無所謂自由意志。『自由』實在就是能克制自然及自己，然必以知悉自然的必要為根據；所以『自由』本是歷史發展之必然的產物。」〔註33〕人作為自然物與社會存在物是不可能通過主觀的幻想以超脫自然界與人類社會的，人的自由意志只能是在處理人與自然、人與社會的關係中體現出來。佛教的唯心主義世界觀把世界視為與主觀精神世界相對的虛幻的存在，這注定佛教無法認識到世界的物質本性，就只能將自由視為一種主觀的精神解脫。

　　科學的職責就在於發現自然界以及人類社會中存在的規律。規律是客觀的，不是由人主觀創造的，更不以人的主觀意志為轉移，它遍布於自然界與人類社會之中。他認為偶然「僅僅是主觀的」，一件事的發生都有他之所以發生的原因，而被人類視為「偶然」是因為人們主觀上沒有去思考事情發生的原因。瞿秋白強調天下沒有無因之事，「一切現象於客觀上必定有原因的。」〔註34〕瞿秋白將「因果」視為客觀存在的不以主觀為轉移的規律性，而將「偶然」視為人主觀上對客觀事件或現象的一種感知。他舉例說，某人因某事在某時出門到了某條街上，某人的朋友也因某事出門到了同一條街上，他們事先沒有預約，但卻在同一條街上相遇，對於某人和朋友而言，這是一次偶然的相遇。但瞿秋白指出，客觀上某人和朋友的相遇是有原因的，正是因為某人和朋友都在同一時間到同一街道上辦事，才會形成某人和朋友的「偶然相遇」，也就是說「偶然相遇」不是憑空的而是有原因的。「偶然」只是針對某人和朋友並沒有事先經過主觀上的策劃卻在客觀上相遇而言。

〔註33〕瞿秋白：《瞿秋白文集》政治理論編，第二卷，第293頁。
〔註34〕瞿秋白：《瞿秋白文集》政治理論編，第二卷，第425頁。

　　這是瞿秋白將馬克思唯物主義理解為物質決定論，並運用於認識論領域中而得出的結論。瞿秋白認為人類社會領域的任何事物都能在客觀的物質世界中找到原因。所謂「偶然」只是沒有認識到客觀上物質的原因。瞿秋白堅持認為，人類社會的一切關係無論是生產關係、分配關係還是其他的社會關係，都是由客觀的物質運行規律所決定的。由此，瞿秋白從自然界的無偶然性，推論至人類社會人類歷史也無偶然性，他說一切歷史事實，無論看起來是如何的偶然，在實際上都有其發生的原因，而歷史上所謂的「偶然」是因為人們沒有正確認識到事物發生的根本原因，所以，「歷史上的事實決沒有不在因果之內的。」〔註35〕瞿秋白認為歷史上絕沒有偶然的事，所謂「歷史的偶然」是相對而言，比如薩拉熱窩事件是第一次世界大戰的導火索，可以說薩拉熱窩事件是歷史的偶然事件，因為即使薩拉熱窩事件沒有發生，第一次世界大戰也會爆發。因為，第一次世界大戰爆發的根本原因在各資本主義國家發展的內在矛盾。薩拉熱窩事件的發生與資本主義國家發展的內在矛盾相較，後者是第一次世界大戰爆發的決定性原因，而前者對於第一次世界大戰的影響則相對較小。所以，薩拉熱窩事件被稱為「歷史的偶然」，而資本主義發展的內在矛盾則稱為「歷史的必然」，實質上兩者都是第一次世界大戰爆發的原因，只是因為前者相對後者影響較小而已。瞿秋白以物質決定論分析人類歷史，由此，得出歷史沒有偶然的結論。他認為所謂歷史的偶然只是人們還未認識到歷史事實背後的物質原因。

　　恩格斯指出，原因和結果兩個觀念，只有在個別的場合才具有本來的意義，設若將原因和結果置於整個的世界整體聯繫中加以認識，那麼原因和結果就匯合在一起，成為相互轉化的概念。在世界的整體聯繫中，原因和結果經常互換位置，此時此地是結果可能在彼時彼地就成了原因〔註36〕。恩格斯從唯物辯證法高度科學地揭示了因果之間的辯證關係。因果是辯證的，從自然界與人類社會的發生發展過程中去認識因果，沒有絕對的因，也沒有絕對的果，因果是相對而言的。但瞿秋白卻將因果絕對化了，把自然界與人類社會都置於絕對的因果關係中。他認為無論是自然物還是人類社會都有物質上的原因，所以，自然界與人類社會都處在必然的因果聯繫中，確切地說是物質決定論中。雖然，瞿秋白抽掉了佛教因果觀的唯心主義成分，將因果律置於客觀的物質世界

〔註35〕瞿秋白：《瞿秋白文集》政治理論編，第二卷，第426頁。
〔註36〕《馬克思恩格斯選集》第三卷，北京：人民出版社，1972年，第62頁。

中，但他卻沒有擺脫佛教將因果絕對化的影響，將馬克思主義的唯物史觀理解成了物質決定論。這反映了早期馬克思主義者對馬克思主義理論的掌握還具有不成熟性。此外，瞿秋白對因果律的絕對化解釋，是為了強調人類從原始社會、奴隸社會、封建社會、資本主義社會、社會主義社會發展到共產主義社會的必然性。瞿秋白對必然性的強調，對偶然性的忽視，導致個性沒有了選擇的自由，此種帶有形而上學和教條主義傾向的片面認識，最終只能導致宿命論。

4.2.3 從「唯心」到「唯物」

大乘佛教的唯識派認為，世界上一切事物都虛幻不實，只有人的心識是真實的存在。並且認為世界上所有事物都是由心識變現出來的。唯識論將人的心識分為八種、三類：第一類包括眼、耳、鼻、舌、身、意，其職能主要是進行區別性認識，前五識相當於人的心理過程的感覺，第六識則是人的知覺；第二類指第七識，即末那識，是潛在的自我意識，主要指思考和度量；第三類指第八識，即阿賴耶識，是前七識的核心、主宰、根據和前提，它潛藏著形成宇宙萬有的一切潛力的種子。佛教唯識論是一種比較徹底的主觀唯心論學說，它從人的意識的角度抽掉了世界客觀存在的真實性。

早期的瞿秋白深受佛教唯識論的影響。瞿秋白說：「安與不安的感覺，又只在前『五識』及第七識上顯現，以為行為最後的動機。」〔註37〕此時的瞿秋白認為，宇宙的發展以及人類社會的發展都是人主觀上求安定的產物，當人不知時就會產生求知的欲望，當社會基礎動搖時，人就會產生追求社會秩序穩定的需要。總之，人主觀意識的「求安而動」就是宇宙以及人類社會發展進化的動力。

對社會實際的關注使瞿秋白從佛教的唯心論轉向馬克思的唯物論。他認識到以抽象的概念去比附現實，只會導致對現實本身的曲解。因為，人類表示思想，傳達事物的語言文字本來只能在某一限度內揭示客觀事物的本質，概念只能部分揭示現實，概念不等於現實本身。所以，瞿秋白主張必須從現實出發，唯有現實才能為人類提供解決社會問題的方法，社會思想不過是副產物，是社會經濟發展的反映。

由此，瞿秋白一改從佛教抽象的概念出發認識世界的思路，而從「整頓思想方法入手，真誠的去『人我見』以至於『法我見』，當時已經略略領會得唯

〔註37〕瞿秋白：《瞿秋白文集》文學編，第一卷，第58頁。

實的人生觀及宇宙觀。我成就了我世間的『唯物主義』。」〔註38〕「人我見」
與「法我見」即「我執」與「法執」的簡稱。「我執」即執著人的自我主體性
格及其見解，以為有常一不變而主宰的自我、自性；「法執」即執著存在的事
物具有實體自性，以為現實存在的事物據於自體實在。佛教認為物質世界與精
神世界都是心識的體現，都是由條件即「緣」的集合而生起，緣集則生，緣去
則滅。諸法由因緣和合而生起，沒有獨立的自性實體，事物必須憑藉諸緣而生，
不能自己決定自己的存在，所以說緣起性空。而「我執」和「法執」都是不正
的邪念，是主體不覺的偏執。佛教認為人對主體以及事物的執念是一切謬誤和
煩惱的總根源，所以，佛教提出「人無我」、「法無我」的主張。瞿秋白借用佛
教的概念並不是為了覺悟佛教的性空觀，而是認識到世界的唯物本質，決意遠
赴蘇俄，「擔一份中國再生時代思想發展的責任」，而不是停留於主觀上的避世
和厭世。

　　瞿秋白認為宇宙現象可以分為兩類：一種是佔有空間的，並且是人們可以
感觸到的，「可以見，可以聞，可以嗅，可以嘗，可以觸，──佛家所謂色聲
香味觸」〔註39〕，即物質現象；另一是雖不可見、不佔有空間，但客觀上確實
存在的，人的思想、感覺和意志等精神現象。瞿秋白運用馬克思主義的唯物史
觀，認識到物質世界先於精神世界，人的思想是自然界進化發展的結果。人是
一種能思想的動物並非神，作為一種能思想的動物是從自然界中進化而來的，
人之精神或思想是從機體上產生的。總之，人是自然界的一部分，人的精神現
象是自然界進化的結果，物質先於精神。

　　瞿秋白以唯物論世界觀批判了佛教的唯心論世界觀。唯心論認為世界是
由自然界之上的另外一種神秘力量所主宰，人的意識是此種神秘力量的表現；
它們否認客觀世界的存在，「否認外物以至於一切『非我』的存在」。佛教認為
世界是由人主觀意識的執念所產生，世界上「只有我自己的意識，此外一無所
有；我所看見的房屋是我的視覺，我所聽見的鐘聲是我的聽覺；和我講話的人亦
是如此。總之，存在的只有『我』。」〔註40〕此種，主觀的唯心論，它只承認「精
神」，只承認一切主觀所得的想像，否認一切客觀的存在。佛教將「心」看作
一切現象之源，顛倒了物質世界與意識之間的關係。人的主觀認識都是從實踐

〔註38〕瞿秋白：《瞿秋白文集》文學編，第一卷，第31頁。
〔註39〕瞿秋白：《瞿秋白文集》政治理論編，第二卷，第433頁。
〔註40〕瞿秋白：《瞿秋白文集》政治理論編，第二卷，第436頁。

經驗中得到的，是主觀的「我」對外在世界的反映。離開人腦這種物質，人是
不會產生任何認識的。意識萬能，只是一種迷信。瞿秋白以馬克思主義的唯物
論正確的說明了物質與意識之間的關係，有力的反駁了佛教的唯心論。他認為
人的認識是由人的大腦和外界物質世界所決定的，是物質決定意識，意識只是
物質世界的反映，獨立於物質世界之外的，佛教所謂的天堂、地域、三界等是
不存在的，也是不可能出現的。唯物論的宇宙觀源自唯物論哲學。瞿秋白認為
不管是古代哲學還是現代哲學，都是人對宇宙的認識。凡是以客觀為出發點，
並堅持認為一切現象都有物質的基礎，則是唯物派；而凡是以主觀為出發點認
識世界，便是唯心派。

　　瞿秋白通過批判繼承的方法，吸收了佛教的救世精神，並將其融合到無產
階級的人生觀中，對佛教因果律的唯物主義的轉化，使立足於唯心論基礎上的
因果律有了現實的物質基礎。同時瞿秋白以馬克思唯物主義批判佛教唯心論，
正確的揭示了物質與意識的關係問題，確立了馬克思主義唯物主義的指導地
位。瞿秋白在確立了科學的世界觀與方法論之後，將先進的理論武器運用到中
國現實的革命實踐中。

4.3　儒家觀

　　文化革命與社會革命是瞿秋白革命思想的兩大組成部分。瞿秋白對傳統
的認識始終圍繞著革命實踐這一現實目標。由此，瞿秋白首先批判了儒家傳
統，實現文化領域的革命性轉變。王關興認為，五四之後，隨著中國革命實踐
的深入展開，中國先進文化的建設逐漸地從理論價值層面論證，轉向社會實踐
層面地改造，從而使五四新文化運動的「說」轉變為現實層面的「做」〔註41〕。
瞿秋白正是沿著五四新文化運動時期對儒家批判繼承的路線，從理論層面的
批判轉向現實層面的改造。拋棄一切自欺欺人的浪漫主義式的幻想，積極投身
於偉大的無產階級革命中，這才是真正的改造世界的事業。所謂「唯物辯證法
的現實主義的路線」，就是不但能夠解釋這個世界，而且還能自覺地改變這個
世界。

　　瞿秋白通過對儒家的批判與繼承，確立了馬克思主義的革命文化觀的指
導地位。歷史唯物主義認為，人民群眾既是世界物質財富的創造者也是精神

〔註41〕王關興：《試析瞿秋白推動中國文化轉型和建設先進文化的十大理念》，《上海
　　　　黨史與黨建》，2002 年第 11 期，第 24 頁。

財富的創造者。新文化的建設就是要落實人民群眾在文化中的主體地位。瞿秋白指出，人民群眾創造了豐富燦爛的文化，但封建統治階級卻剝奪了人民群眾享受文化的權利。封建統治階級不但獨佔勞動人民的文化創造，並將以儒學為核心的文化傳統改造成奴役人民的工具。瞿秋白認為多數國民的覺悟是改革舊社會、建立新社會的基礎，而只有普及新文化才能達到喚醒民眾的覺悟，只有覺悟的人民才能成為革命的力量。儒家精英文化和大眾文化的高度隔離，並始終以前者為主流，使文化的變遷侷限在士大夫範圍內。瞿秋白以文化是社會經濟和政治的反映的歷史唯物主義文化觀，闡述了人民群眾在文化創造中的主體地位，打破了精英文化與大眾文化的隔離，推進了文化大眾化的發展。

瞿秋白認為人類創造的一切都是文化，「所謂文化（Culture），是人類之一切所作」〔註42〕。它包括社會生產力、社會經濟關係、政治制度以及社會心理。凡此都是人類在一定的時空中的創造。社會經濟上的要求和變動決定了文化上的一切要求和變動。瞿秋白以馬克思主義的唯物主義的文化觀批判分析了儒家的狹隘文化觀。人類文化並不侷限在思想領域，人類在社會歷史活動中創造的一切都是文化的內容，既有物質層面的文化，也有精神層面的文化。瞿秋白對文化的唯物主義界定，推進了人們對文化的認識，擴展了文化的內容，為無產階級革命清理了封建等級思想的束縛，也為無產階級政治意識形態的建立奠定了基礎。

4.3.1　儒家思想的社會基礎

瞿秋白說所謂的宗法社會的文化，在內容上就是「一大堆的禮教倫常」。這些傳統的仁義道德是封建社會統治階級藉以扼殺人性的工具，「禮教倫常其實是束縛人性的利器」〔註43〕。封建統治階級借用具有等級尊卑之分的三綱五常說掩蓋他們剝削壓迫大眾的本質，在溫情脈脈的虛偽的封建禮教面紗下進行著殘酷的統治。從精神上說，人民的個性，人民的思想自由都被封建的禮教所扼殺，毫無獨立人格可言。瞿秋白認為儒家禮教是封建制度及宗法社會封建專制統治的武器，所謂綱常、禮教、家庭制度、社會組織、男女相對的觀念，都是束縛人們精神的枷鎖。儒家的禮教將「孝悌」視為天經地義

〔註42〕瞿秋白：《瞿秋白文集》政治理論編，第二卷，第20頁。
〔註43〕瞿秋白：《瞿秋白文集》政治理論編，第二卷，第7頁。

的規範，這泯滅了人的個性。舊社會用其無上的權威，通過制度、宗教、風俗、習慣、思想文化造成一個束縛人性的牢獄。科舉制所構建的封建等級制度，給封建知識分子營造了一個「『暮登天子堂』的幻想」，而封建宗法社會的農奴制度又給每一個農民編織了「『獨立經濟』的幻影和『爬上社會的上層』的迷夢」〔註44〕。這是一方面，另一方面，在極端壓迫而沒有出路的環境下，廣大的被剝奪了知識文化的人民群眾，只能走向迷信的道路，以自欺的方式消解外在的壓迫。

科舉制是封建官僚體制的內在更新機制，它為被統治階層進入官僚統治階層提供了途徑，在歷史上確實起到了穩定社會秩序的作用。但這並不能改變科舉制的性質，封建統治階層利用科舉制的目的是為了維護自身的封建統治。科舉制這看似公平的選拔制度，只是封建統治階級為了自身利益而創設的工具，而人民正被這種貌似公平的制度幻想所迷惑，失去了反抗等級制的意識。「租佃式的農奴制度」又給人造成一種個人獨立經濟地位的幻影，掩蓋了封建剝削的本質。封建統治階級通過政治經濟制度所設計的幻想迷惑人民，製造了一條通向美好未來的不可能到達的幻途，所以形成統治階級為人民大眾製造的騙局與受騙的人民大眾之間的對立，這種「欺人和自欺」的傳統嚴重束縛了中國文化和社會的發展。所以，瞿秋白號召人們反對腐朽的封建宗法思想，還鼓勵人們在舊宗教，舊制度，舊社會裏殺出一條血路，為實現真正的民主、民治、民本的新社會制度而努力奮鬥。

瞿秋白從封建的經濟生產方式中去分析封建禮教產生的原因。宗法社會的以家族為單位的小農生產方式的社會，底層是農奴，而在社會的上層則是層層累積的剝削階層。層層的剝削給農民造成極繁重的壓迫，封建宗法社會為了維持「這種強制性質極強的勞動組織，便需要尊卑的名分及溫情的欺罔；所以以『忠君愛主，仁慈恭順』為道德。」〔註45〕封建的以家庭為單位的自然經濟，形成以血緣為核心的社會組織結構。以家族為單位的小農生產方式需要生產的組織者「家長」，而「家長」的權威則需要外在的規範來維護，由此，形成了以「孝悌」為核心的宗法倫理。唯物史觀使瞿秋白找到了儒家思想產生的社會現實基礎，即封建的小農生產方式，以及維護封建小農生產方式的社會關係，而這一現實基礎的確定又為他推翻儒家意識形態的統治地位提供了現實依據。

〔註44〕瞿秋白：《瞿秋白文集》文學編，第三卷，第117頁。
〔註45〕瞿秋白：《瞿秋白文集》政治理論編，第二卷，第564頁。

　　瞿秋白認為，封建禮教中所謂的仁義、忠孝、中庸之道、明哲保身等道德信條都是「孔夫子的大道統」。他認為封建倫理道德的實質是小農生產方式的反映。瞿秋白指出，儒家的「倫常綱紀，孝悌禮教」是宗法社會的反映，「和平好讓」並非精神高尚的表現，而是封建宗法時代物質生產力低下，人們的物質需要無法得到正常的滿足，為避免爭奪而不得已形成的倫理原則，在實質上也是當時生產力低下的反映。此外，「習靜養心、絕欲誠意」的傳統修養工夫也有其產生的制度原因和經濟原因，瞿秋白認為在封建專制統治下人民的意願無法得到正常的抒發，人民也沒有參加政治活動的權利，再者，社會生產力發展的落後導致正常的物質追求也無法滿足。由此，人們向外追求的道路被斬斷，就只能向內追求，通過精神上的自我麻痺消解社會的不平等對人性的戕害。

　　瞿秋白認為封建自然經濟以及家族制度是封建禮教產生的社會原因，觸及到封建禮教的本質，同時揭示了封建禮教對當時社會所發揮的作用。但瞿秋白的分析帶有機械性，有過分誇大經濟作用的傾向，削弱了對儒家精神價值的肯定。這是因為瞿秋白深受蘇聯馬克思主義的影響，過分強調物質生產關係對思想文化的決定作用，雖然認識到思想文化對物質的反作用，但他認為後者的反作用是非常微弱的，因為在根本上，思想是受物質生產關係決定的。

　　封建禮教對人性的壓抑，導致中國人形成畸形的國民性。在封建專制制度下人們的正常需求無法通過正常的渠道獲得，為了生存他們被逼入非正常的謀生之道。導致中國人無視法紀，正如人體所產生的抗生素，社會秩序紊亂不堪。只有真正的科學和真正的道德才能去掉儒家禮教之惡性。宗法社會的倫理也曾發揮了維持生產秩序的作用，但是，近代以來中西經濟、文化的碰撞，中國的社會經濟、政治都發生了巨大的變化，產生於傳統社會結構之上的封建倫理道德已經「不能適應經濟的發達」，成為東方文化社會進步的障礙。所以，所謂「惡性」是指傳統中所具有的與當時社會經濟發展不一致的成分。瞿秋白所講真正的道德、真正的科學即「仁義道德說之真正的平民化及科學文明之真正的社會化」〔註46〕。

　　「仁義道德說」的平民化，即清理掉傳統倫理道德中具有封建等級性的內容，使傳統倫理道德中具有合理性的成分真正普及到大眾當中。「科學」的社會化，就是科學的普及化，人民群眾成為掌握科學的主人。瞿秋白將科學視為

〔註46〕瞿秋白：《瞿秋白文集》政治理論編，第二卷，第23頁。

對自然界以及人類社會因果關係的研究〔註 47〕。因果律不但存在於自然界而且也存在於人類社會之中，因為，人類本身也是物質世界的一部分，人與人之間的社會關係自然也受因果律支配。

在瞿秋白看來科學只是一種「征服天行的方法」，科學本身不具有好壞的性質，人是科學價值的主體。如果人民大眾能掌握科學，則能推動無產階級文化的發展。在民主平等的社會裏，科學能增進人民的福利。所以，瞿秋白說科學是顛覆一切舊社會的武器。從價值上說，科學含有個性自由和社會平等兩個方面的內容，「科學文明很有民權主義的性質。人人都有發明真理之權，只要你有這本領，──完全是個人的自由。」〔註48〕科學的民主性和自由性使科學具有清除封建等級文化落後性的功能。瞿秋白的「仁義道德說的平民化」和「科學技術的社會化」兩大主張，確立了人民群眾在文化中的主導地位，喚醒了民眾的革命意識，使民眾成為革命的有生力量。

「道德」是社會心理現象，是一種行為標準，同時也是組織勞動的一種工具。世界上並沒有永恆不變的道德範疇，道德作為一種社會上層建築受到社會經濟基礎的決定和影響，會隨著社會經濟基礎的變化而變化，世界上不存在絕對的善惡。社會的經濟基礎是道德的現實依據，但這並不意味著必須拋棄舊社會中的一切道德。「新階級也必定採取舊社會裏確係多數人共同生活的良好道德，使社會生活有規劃的良好習慣，以為現時階級鬥爭及改造經濟的工具。」〔註49〕新社會的道德是人類社會幾千年進化的結晶，所以新社會的道德並非與舊社會絕對相反，新社會完全可以繼承舊社會中能促進社會發展的良好道德。如「不許偷盜」在私有制社會裏是維護個人私有的，而在公有制社會則是為了維護公有財產。瞿秋白指出，社會主義道德的根本原則是反對私有制，反對一切剝削和壓迫，是為社會主義公有制服務的。只有共產主義社會的道德才是非階級的，超階級的道德。世界上沒有絕對的、永恆的道德觀念，道德也處於永恆的發展變化中。正確地判定階級社會裏道德價值的標準，「只能從人類大多數的勞動群眾的觀點看來，說那在現時即能含孕將來的社會關係的道德說──無產階級的道德說，是現時最正確的善惡標準，──因為他是促進社會

〔註47〕瞿秋白：《瞿秋白文集》政治理論編，第二卷，第 534 頁。瞿秋白對科學的定義，他說：「宇宙間及社會裏一切現象都有因果可尋；──觀察、分析、綜合，因而推斷一切現象之客觀的原因及結果，並且求得共同的因果律，便是科學。」

〔註48〕瞿秋白：《瞿秋白文集》政治理論編，第二卷，第 268 頁。

〔註49〕瞿秋白：《瞿秋白文集》政治理論編，第二卷，第 576～577 頁。

進化的。」〔註50〕瞿秋白以「大多數的勞動群眾」的利益作為判定舊社會道德的一個標準，使舊道德中具有超越時代價值的部分通過「人民群眾」這一歷史主體而得以繼承。

4.3.2 儒家思想的等級性

瞿秋白指出儒家的等級觀念是「萬惡之源」，若不消除人們思想中的等級觀念，社會的改革就永無成功的希望。等級觀念籠罩下的人們呈現出如下一副狀態：上等人靠著剝削壓榨下等人做著陞官發財的夢，而下等人受到極端不平等的待遇，卻不自知，至於廉恥、人格根本就不算事，你罵你的，我總有我的法子，收回這被罵的代價。等級觀念的存在造成畸形的倫理關係。

「君子小人」的劃分就是封建等級觀念在社會關係中的表現，瞿秋白認為這種等級觀念從遠古以至民國都存在於社會以及人們的思想中，從《大禹謨》上的「君子在野，小人在位」起，直到民國八年的文官考試卷子裏，還有人引證「君子喻於義，小人喻於利」，來解釋中國經濟學的分期問題。正是因為這無處不在的等級觀念導致中國近代以來的革新運動都以失敗告終〔註51〕。

君子小人原指貴族、統治者與平民、被治者，主要從政治層面做出的劃分。至孔子則將道德因素引入到這一劃分中，使君子小人不但具有政治層面的等級性，還具有道德層面的差異性。儒家雖然強調統治者的德性，但其目的是為了維護封建專制統治，通過道德的差異性以論證封建等級秩序的合法性。瞿秋白正是看到了「君子小人」之分所具有的等級性，所以極力批判此種社會等級關係。

瞿秋白質疑儒家「君子學道則愛人，小人學道則易使」的政治主張。他指出在中國歷史上，封建專制統治者大都以儒家作為官方意識形態，奉行以君子之道治國，但歷史的事實證明，儒家並沒有實現他們所構建的理想政治秩序〔註52〕。儒家的政治思想始終服務於統治階級，無論是漢代通經致用的「道」、王通的「王道」，還是韓愈的「原道」、程朱陸王的「道」，雖然對儒家思想做出了不同的闡釋，但他們在本質上是相同的，即維護封建專制統治的思想工具。

〔註50〕瞿秋白：《瞿秋白文集》政治理論編，第二卷，第342頁。
〔註51〕瞿秋白：《瞿秋白文集》政治理論編，第一卷，第25頁。「從前中國的革新運動──戊戌新政，庚子以後的新政，辛亥革命，幾次幾番的再造共和──都不是真正的革新，因為總帶著『君子小人』主義的色彩」。
〔註52〕瞿秋白：《瞿秋白文集》政治理論編，第一卷，第22頁。

在等級觀念下，封建社會的政治秩序形成在上者的「君子」與在下者的「小人」的兩極對立，儒家思想的階級侷限性，使儒家標榜的君子之道永遠也不可能構建出服務人民大眾的政治秩序。

儒家思想所維護的等級關係不但體現在政治層面，還體現在文化上。封建宗法時代，統治階級為了維護自身的專制統治壟斷知識文化，形成「非仕無所受書，非吏無所得師」的局面，而廣大的人民群眾則被剝奪了享受文化的權利。封建士大夫階層壟斷文化資源，掌控文化的解釋權，並將儒學改造成奴役人民的工具。瞿秋白用「知識私有」這一概念說明封建統治階層對知識文化的獨佔。瞿秋白認為知識與物質都是維持人類生存的工具，知識是用來維持精神生命和改善精神生活的工具。知識作為一種精神養料能改善人的生活，正如物質能為人之身體提供營養一般，但是，在階級社會裏，統治階級不但佔有物質生產資料以及生產工具，並且，獨佔人類的精神文化成果。經濟上的私有觀念，延伸至文化層面，他們將文化視為自己的創造物，並通過政治意識形態麻痹人民大眾。瞿秋白指出，知識本來是普遍的，是無限度的；但因為封建專制統治者壟斷知識，形成文化專制，導致下層人民失去文化上的平等地位，使廣大人民群眾成為封建專制統治階層的生產工具。

由此，瞿秋白主張必須實現人們知識享有上的平等權利。人們精神生活的權利和物質生活的權利都應該是平等的〔註 53〕。瞿秋白強調人們精神層面的平等，是為了將被封建專制統治者所獨佔的文化擴展成全民所享。為了對廣大人民群眾進行無產階級的革命啟蒙，就必須使廣大的人民群眾掌握知識文化。五四之前雖然先進知識分子們也肯定思想啟蒙的重要性，但他們所輸入的文化主要是西方的資產階級文化，並且思想啟蒙也主要侷限在知識分子領域。五四之後，隨著社會革命的深入發展，社會主義革命道路逐漸形成，無產階級革命需要發動廣大群眾的力量。革命道路的變化和革命主要力量的不同，使啟蒙的內容和方法也有區別。瞿秋白反覆強調人們精神層面的平等權利，就是為了打破封建專制下對人民思想造成的束縛和壓制，為人民爭奪思想文化的享有權。為實現人們精神上的平等，瞿秋白提出了具體的措施。首先，必須推翻私有制，精神文化上的不平等最根本的原因在於社會經濟上人與人之間的不平等。所以，為實現文化上的平等，第一步就是以革命手段推翻私有制，建立公有制，實現人們經濟地位上的平等。其次，改變傳統的語言表達方式。瞿秋白

〔註 53〕瞿秋白：《瞿秋白文集》政治理論編，第一卷，第 40 頁。

認為文字作為傳達知識的工具，必須能準確表達原義。但是中國的文言文表意模糊，並且學習文言文需要花大量的時間，這嚴重影響了知識的普及範圍。對於廣大的普通大眾而言，在從事繁重的體力勞動之後，根本就沒有大量的時間能夠投入到文化知識的學習中。簡單明瞭並能準確傳遞思想的語言文字成為知識普及的首要前提。瞿秋白是中國早期提出文字拉丁化的馬克思主義者，在文化大眾化方面做出了巨大的貢獻。

儒家禮教的等級觀念還表現在男女的不平等地位上。儒家禮教男尊女卑觀念，形成所謂的「三從四德」等封建倫常，將婦女限制在毫無人性的思想專制中。封建時代的女性毫無地位可言，自己的命運操縱在他人手中，完全是社會的附屬品，一種類似於物品的存在物。女性完全是封建社會的奴隸，沒有政治、經濟、社會地位，沒有人格，更無受教育的權利。瞿秋白認識到封建社會中男女地位的不平等有深厚的社會原因，舊宗教、舊學說是束縛女性的精神枷鎖，而舊社會則是女性的大監獄。封建專制制度以及封建的男尊女卑，三綱五常觀念等導致女性的個性被社會所吞沒，使女子完全成為精神麻木、唯唯諾諾的奴才。她們沒有任何經濟地位，沒有婚姻自主權，沒有參與社會事務的權利。由此，瞿秋白對封建舊道德，傳統家庭制度以及婚姻制度的反動性、腐朽性進行了猛烈的抨擊。

瞿秋白抨擊了封建禮教及束縛女性的三從四德觀念，他指出封建社會的倫常綱紀只是宗法社會與行會制度的反映，並沒有什麼永恆性的價值，只有打破宗法社會及封建制度的思想，才能為社會的發展掃清道路。儒家的道德是摧殘民主的鐐銬，扼殺人性的利器，而封建大家族制度犧牲婦女的獨立價值，摧殘她們的人性，這嚴重阻礙了社會的發展。

中國舊式的買賣婚姻，納妾和私婢制，「完全是為著肉慾」。在「不孝有三，無後為大」的封建禮教觀念的支撐下，女性根本就是生養的工具，男子可以此隨便休妻，隨意納妾。所以，等到要擔負子女的教養之責任時，就出現各種問題，因為他們並非出於男女的自願，純粹是上等人的「早完婚嫁待君來」以及下等人的童養媳、早婚主義。此種畸形的婚姻觀，完全違背人性，導致婦女極悲慘的命運。瞿秋白將封建的婚姻制度歸結為四大主義：「公夫主義」、「公妻主義」、「私婢主義」、「公婢主義」。所謂「公夫主義」就是一夫多妻制，瞿秋白說：「中國的紳商土豪，誰知不是這樣三妻四妾，雖沒有『十九御妻』，卻總有四五位姨太太。中國原是聖道盛行的古文化國；大家都在努力實行公夫主義

呢！」〔註54〕「公妻主義」就是封建的娼妓制度，女性完全淪落為被人玩弄的工具。「私婢主義」與「公婢主義」就是婦女買賣，在封建宗法時代，女在家從父，出嫁從夫，夫死從子，女性只是男權的所有物，女子作為男子的所有物可以被男子隨意買賣抵押而不受任何法律制裁。總之，在封建宗法社會，女性毫無人格可言。瞿秋白堅決反對這種極端殘忍泯滅人性的制度，主張只有徹底全面改造社會，進行社會革命，推翻一切反動政治，建立人民政權，使人民獲得經濟上、政治上的解放，將女性從封建宗法社會的魔爪之中解救出來，才能真正實現女性人之為人的地位。

推翻封建等級制，首先必須打倒帝國主義，實現民族獨立，只有在民族獨立的基礎上才有建立真正民主的可能性。其次，推翻帝國主義統治中國的工具——軍閥以及封建殘餘。第三，普及民主、平等以及科學觀念，解放人民的思想，提高整個民族的素質。瞿秋白主張只有將民主、平等觀念普遍化，力求社會上大多數人覺悟到社會的不平等，認識到爭取平等的價值，只有這樣人們才能真正的解救自己。民主、平等觀念的普及化，就是民主、平等觀念的大眾化，與一切封建思想以及反動思想進行鬥爭，實施平民教育，將民主和科學思想宣傳普及到人民大眾中，並傳播至國家的各個地方，甚至偏遠的地方如西藏、蒙古、新疆等。只有通過外在政治革命以及內在思想解放，才能實現「真正的民主，民治，民本的國家或世界。（of the people, by the people, for the people）……就是『德謨克拉西』主義 Democracy。」〔註55〕推翻人類歷史上一切等級觀念，最終實現無產階級的平等觀，即「法律上、政治上、經濟上、社會上的絕對平等。」〔註56〕消滅社會的階級對立，實現共產主義。

4.3.3 對戴季陶「道統」說的批判

封建倫理道德說並不會隨著社會生產力的發展而立刻消失，它們會在新的時代條件下，借助新的形式苟延殘喘。1925 年孫中山逝世，國民黨內部借助對三民主義的解釋形成不同的政治派系。戴季陶以孫中山思想的正統繼承者自居，並經過自己的加工將孫中山改造成為儒家道統的繼承者，使孫中山的三民主義成為儒家政治倫理的改良版。戴季陶〔註57〕誇大了孫中山對儒家倫

〔註54〕瞿秋白：《瞿秋白文集》政治理論編，第四卷，第 403 頁。
〔註55〕瞿秋白：《瞿秋白文集》政治理論編，第一卷，第 25 頁。
〔註56〕瞿秋白：《瞿秋白文集》政治理論編，第二卷，第 343 頁。
〔註57〕1925 年 6、7 月間，戴季陶相繼發表了《孫文主義之哲學的基礎》、《國民革命

理政治的肯定，並以此消解三民主義具有的革命性，以民生史觀批判馬克思主義的唯物史觀，以儒家人性論掩蓋社會階級的劃分，反對馬克思主義的階級鬥爭說。孫中山的三民主義被戴季陶改造成具有濃厚封建色彩的儒家化的貴族革命論。

　　戴季陶把孔子推到無上至尊的地位，並且把孫中山說成是孔子思想的繼承者，視孫中山為孔子以後第一個繼往開來的大聖人。戴季陶強調孫中山的思想「完全是中國的正統思想」，而所謂的「正統思想」，「就是繼承堯舜以至孔孟而中絕的仁義道德的思想」，「中山先生是二千年以來，中絕的中國道德文化的復活」〔註58〕。戴季陶認為儒家的倫理哲學和政治哲學是孫中山三民主義思想的基礎，而中國固有的倫理哲學和政治哲學是以「仁愛」為核心，體現於政治上則為「仁政」。由此，戴季陶通過凸顯孫中山對儒家倫理的肯定，將孫中山的革命思想轉變成儒家道統說在新的時代下的復活，進而「革命」被轉化為統治者對人民所實施的一種「仁政」。所以，戴季陶認為中國不存在階級對立，中國只存在先覺、後覺與不覺的區分，「革命」的目的就在於實行民生主義，途徑就是社會的先知先覺者為了不知不覺者的利益，帶領後知後覺者所進行的社會改革活動。並且認為只要誘發統治者的「仁心」，就可使統治者賜予後知後覺以及不知不覺者以政治清明的社會。

　　瞿秋白以馬克思主義的階級分析法揭示戴季陶以「仁愛」哲學為核心的革命，實質是儒家民本革命論的複製，一種唯心主義的道統說。經過戴季陶的改造，孫中山被完全儒家化，成為儒家仁慈忠孝的代表，成為堯舜禹湯周孔道統的實踐者〔註59〕，這就完全抹殺了孫中山的民主革命立場。戴季陶以民生哲學的「仁愛」來解釋國民革命，把國民革命轉變成通過促發資本家所謂的「仁愛」，使其放棄對人民的剝削和壓迫，以及通過先知先覺、智勇兼備的知識分子的熱誠來替工農群眾革命〔註60〕。經過戴季陶的改造，孫中山的民族民主革命論，淪為少數知識階級「伐罪救民」的貴族「革命」。戴季陶將革命轉化成儒家式的「仁愛」革命，將革命視為先知先覺者的救世的慈善事業。一方面是為了利用工農群眾的力量以實現他們的政治目的，另一方面把工農群眾視為被救濟

　　　　與中國國民黨》等小冊子，標誌著戴季陶主義的形成。
〔註58〕桑兵，朱鳳林編：《戴季陶卷》，北京：中國人民大學出版社，2014年，第425頁。
〔註59〕瞿秋白：《瞿秋白文集》政治理論編，第三卷，第321頁。
〔註60〕瞿秋白：《瞿秋白文集》政治理論編，第三卷，第324頁。

的對象，防止工農群眾的階級覺悟，將工農群眾置於自身的統治下。

戴季陶等國民黨右派把「革命的中山主義與賢人政治相混淆」，把中山先生視為封建時代的孔教徒，這樣就將具有革命性的國民黨變成「勸聖主行仁政的保皇黨。」戴季陶將革命視為慈善事業，將他們自己當做愛民之「君子」，他們的政治視為封建性的「仁政」。戴季陶通過對三民主義的改造，凸顯儒家「道統說」的權威地位，實質是為了論證國民黨在政治中的主導地位。孫中山在闡述民族主義時肯定了儒家倫理與儒家政治哲學的價值，其目的在於從民族文化的同根性角度激發民族的凝聚力，以促進民族主義革命的發展。而戴季陶借用儒家道統說是為了從抽象的文化角度論證國民黨革命道路的正統性。

瞿秋白以馬克思主義的唯物史觀批判了戴季陶對三民主義的改造。他指出國民革命的三民主義是工農民眾政治經濟上要求的體現，根本就用不著所謂「道統」。資產階級、小資產階級、農民及工人對民族、民權、民生的要求，是當時經濟制度下所必然產生的。人民的共同政治要求所體現出來的〔註61〕，所以，才能形成社會各階級的聯合陣線。革命是由社會經濟政治發展的趨勢所決定的，並不是所謂的抽象哲學、抽象道統所引發的。但是，戴季陶卻用唯心主義的道統說和所謂的仁慈主義來解釋當時社會的客觀需要，這完全有悖於客觀事實。1926 年「三一八慘案」的發生，客觀上揭示了反動統治階級的殘忍本性，證明戴季陶所謂的「仁愛性」道統說的欺騙性。瞿秋白說「中國平民在北京屠殺之後，更多一次經驗，知道：所謂仁愛性不是民族的而是階級的——帝國主義、買辦階級、士紳階級以及軍閥的『仁愛』，『法律』、『國家』、『秩序』，完全是用以壓迫蒙蔽民眾的工具。」〔註62〕。資產階級與無產階級的對立，決定了工農群眾的解放只能通過「革命的流血鬥爭」來實現。戴季陶在民族主義的遮蔽下，將儒家的道統視為民族獨有的、革命之根本依據，他把抽象的「仁愛」視民族之特產，且視為國民人人皆有的心理，通過文化的民族性來掩蓋國內社會階級對立。瞿秋白認識到戴季陶以文化的民族性消解國內階級矛盾的根本用意，所以，他強調所謂「仁愛」不是民族的，而是「階級的」，是統治階級用以維護自身統治的藉口。

戴季陶反對階級鬥爭法，他認為階級的對立並不是社會發展的動力，而是社會的一種病態，並且各國社會的病態也不相同，所以治病的方法各異。中國

〔註61〕瞿秋白：《瞿秋白文集》政治理論編，第三卷，第 329 頁。
〔註62〕瞿秋白：《瞿秋白文集》政治理論編，第四卷，第 70 頁。

的社會並沒有明晰的階級對立，所以，絕對不能使用階級對立的革命方式。戴季陶認為革命與反革命之間不是階級對立，而是覺悟者與不覺悟者的對立。所以，中國的革命必須促進國民全體的覺悟，而不是促起一個階級的覺悟。戴季陶以認知能力的差異抹殺了人民內部存在的階級對立，歪曲了三民主義的革命性，「革命是由先知先覺的人發明，後知後覺的人宣傳，大多數不知不覺的人實行，才能成功的」〔註63〕。戴季陶認為革命就是通過統治階級、資產階級、地主階級的覺悟，而為被統治階級、勞動階級、農民階級的利益而革命。所謂統治階級、資產階級、地主階級的覺悟就是恢復儒家的「仁愛之心」，所以，戴季陶認為「仁愛」是革命道德的基礎。戴季陶通過樹立儒家道統說的政治權威，恢復儒家政治倫理的正統地位，以維護以蔣介石為首的資產階級右翼勢力在國民黨政治中的正統地位。

馬克思主義的階級革命論，前提是把世界劃分為兩大對立階級，統治階級和被統治階級。而無產階級革命就是通過聯合全世界無產階級的力量，推翻國際國內的統治者，才能真正實現民族的獨立，最終實現共產主義理想。在馬克思主義者的革命觀中，反帝和反封是同一過程。三民主義者的革命首先是民族革命，其次才是民權革命，反帝和反封是分開的。他們認為民族革命與民權革命相較，民族革命具有優先性。三民主義者認為世界是由不同的民族國家組成，國家與國家之間是一种競爭關係。在民族共同體內部不存在階級的對立，只有覺悟與未覺悟之分。三民主義的革命論在凝聚民族革命力量方面具有積極作用，這也是中國共產黨能與國民黨合作的原因之一。但是，三民主義者以人的認知能力劃分國民，模糊統治階級與被統治階級之間的對立，這既抹殺了人民大眾的革命性，也掩蓋了統治階級的反動性。

政治上的原理，也和道德上的善惡意義一樣，絕對沒有一成不變的原則，而只有跟著社會實際的變遷而進步。理論始終必須與實際相適應，才能真正解決中國的社會政治問題。只有從客觀的物質運動出發，才能獲得對於社會、對於人類精神的科學認識〔註64〕。只有客觀的實際生活才能給人們提供建立理想的社會經驗教訓。瞿秋白始終堅持認為社會的經濟是整個社會體系的基礎，思想文化等是隨著社會經濟基礎的變化而變化的。儒家的道統說在歷史上曾經確實發揮了它的作用，維持了封建大一統的政治秩序。但是，近代以來隨著

〔註63〕桑兵，朱鳳林編：《戴季陶卷》，第424頁。
〔註64〕瞿秋白：《瞿秋白文集》文學編，第一卷，第52頁。

帝國主義國家的入侵，中國封建宗法社會經濟基礎的變動促使社會上層建築不得不發生變化。儒家的道統說失去了其存在的經濟基礎，也自然失去了在政治領域中的指導地位。瞿秋白始終堅持從社會的實際經濟狀況入手分析中國的社會問題，結合歷史和實際，以辯證唯物主義和歷史唯物主義為指導，對傳統加以批判繼承，為傳統的發展找到了正確的發展方向。

4.4 農民革命觀

瞿秋白對傳統的認識始終圍繞著中國革命這一實踐要求。他十分重視馬克思主義理論聯繫實踐的理論原則，強調中國革命必須從中國的實際出發。在革命道路上，瞿秋白沒有完全照搬共產國際的「城市中心論」，而是結合中國社會自身的發展特質，強調農民革命的重要性。瞿秋白以馬克思主義的階級鬥爭理論將封建社會的農民起義轉變為具有社會主義性質的農民革命。他通過對中國社會性質的探究，以及對中國社會階級結構的分析，在準確認識中國社會問題的基礎上，借用馬克思主義的剝削理論將傳統的地主階級與農民階級之間的不平等的對立關係歸結為經濟層面的剝削與被剝削的關係，論證了中國農民革命的合法性，從而為中國革命運動提供了現實的社會基礎。

4.4.1 農民土地問題

1. 統治階級對農民的剝削

瞿秋白從社會經濟角度分析土地對於農民的重要性。中國自古就是一個農業國家，農民占人口的大多數，農民是國家經濟力量的主體，所以，中國的革命必須農民參加。瞿秋白以馬克思主義的剝削理論分析了政權問題和土地問題在農民革命中的重要性。他在為毛澤東《湖南農民運動考察》所做的序言中明確地指出，「中國的農民要的是政權，是土地」〔註65〕。要從根本上抽掉封建政權賴以存在的基礎，首先要農民具有組織自己政權的能力，建立勞動平民的政權；然後以強力的方式取得享有土地的權利，為農民經濟的自由發展提供保障。只有這樣，國民革命才能成功〔註66〕。中國歷史上的農民革命雖然認識到土地問題的重要性，但是因為農民缺乏階級覺悟，他們無法提出能從根本

〔註65〕瞿秋白：《瞿秋白文集》政治理論編，第四卷，第 559 頁。
〔註66〕瞿秋白：《瞿秋白文集》政治理論編，第四卷，第 563 頁。

上解決土地問題的政策，也就無法徹底根除封建政權賴以存在的基礎。

　　此外，農民受到的剝削最重，農民同時受到地主階級、買辦階級以及帝國主義的重重剝削，他們具有極大的反抗精神。這種反抗剝削反抗壓迫的精神是國民革命的主要精神力量。封建統治階級和資產階級以田租和各種苛捐雜稅的方式剝削農民收入的百分之六十五到七十五左右，農民只剩下不到百分之三十五，幾乎不能解決他們的溫飽問題。當農民只能享受收成的百分之四十的時候，在事實上，官僚、軍閥和地主階級已經等於剝奪了農民對土地的所有權。所以，「耕地農有的要求，是中國革命客觀上的結論。」〔註67〕中國農民所受的剝削和壓迫超過世界上任何一個國家，所以，農民為了求生存，只有選擇革命這條道路，團結起來堅決地打破現狀，反抗各種剝削和壓迫。

　　瞿秋白從中國土地的佔有以及農產品的分配兩個方面，說明中國的農民表面上擁有土地，實質上土地私有制對於農民只是一個虛設。只要在有階級存在的社會，階級之間的關係實質是一種剝削與被剝削的關係。封建地主階級不僅剝削農民的剩餘勞動產品，還剝削農民的生產工具與生產資料，整批的土地都控制在地主手裏，地主只是分散的租給佃戶耕種，而農民除了自己的吃用之外，幾乎將剩餘產品完全繳納給地主階級才能免強完稅。官員、商人、胥吏和豪紳對農民的層層剝削，在事實上操縱著農民的生死之權，因此農民雖然在名義上有著土地，實際上是不能稱之為財產。

　　近代資本主義國家經濟政治的侵略，加重了封建的剝削關係。瞿秋白強調在帝國主義統治壓迫下的中國社會，只能維持著封建式的土地關係，只能是帝國主義的商業資本與封建剝削勢力的結合，順應著帝國主義發展資本主義的需要。也就說，在帝國主義的侵略下，只可能加重原有的封建剝削關係。即使客觀上中國工業資本得到一定程度的發展，但是，在整個社會體系中，占主導地位的依然是封建式的剝削〔註68〕。帝國主義為了掠奪中國的市場和原料，他們必須借助於中國的紳商階層，只有通過紳商階層，他們才能準確的掌握中國的市場，以及中國各種原料的具體產地。由此，帝國主義與紳商階層在對中國農民的剝削這一點上，達成了一致的經濟要求。所以，帝國主義的侵略只是加重原已存在的封建地主式的剝削關係，地主階級與農民階級之間的矛盾依然是社會的主要矛盾。

〔註67〕瞿秋白：《瞿秋白文集》政治理論編，第四卷，第563頁。
〔註68〕瞿秋白：《瞿秋白文集》政治理論編，第七卷，第486頁。

　　封建專制統治者為了維護自身的封建專制統治，一方面在經濟層面剝削壓榨農民，另一方面為了保證經濟上的剝削，在政治層面剝奪農民的權利，制定嚴刑峻法控制農民的人身自由。農民沒有政治權利，還面臨著極端苛刻的租佃制度，各種苛捐雜稅以及高利貸的盤剝，貧下中農的生活等於人間地獄。正因為中國的農民受到的壓迫比世界上任何一個國家都要深重，所以，中國農民的革命性比世界上任何國家農民的革命性都要強大。瞿秋白極力突出封建統治階級與農民在封建社會經濟關係、政治關係的對立衝突，是為了論證農民革命的合理性，把農民推翻封建專制統治秩序視為一種實現社會正義的行為。馬克思主義唯物史觀認為人民是歷史的創造者，是歷史的主體。這一認識顛覆了封建統治秩序的合法性依據，由此，封建宗法社會中被封建統治階級視為「暴亂」的農民革命，在唯物史觀的支撐下具有了社會正義的性質。所以，瞿秋白把農民革命視為中國的革命史。「中國的革命史應該是從陳勝、吳廣那時候寫起，隨後便是由赤眉、黃巾至『流寇』，最近的是白蓮教、義和團、太平天國。從來一般人認他們是『匪徒』，這是與現在說農會便是『土匪』同樣。」〔註69〕瞿秋白從經濟發展緩慢與人口增長之間的矛盾說明中國農民革命反覆爆發的原因，他從經濟角度闡述農民的反抗運動，並以此將中國的農民革命視為中國的革命史。瞿秋白將從陳勝、吳廣的農民起義，近代的義和團運動，到農會的革命運動視為中國的革命史，以農民革命具有的反抗剝削反抗壓迫的特質作為連接農民革命傳統與無產階級革命的基點。他把農民革命合法化，並將新時代的革命與歷史上的農民革命對接，進而論證當下農民革命的合法性。

　　瞿秋白指出隨著中國近代社會經濟成分的複雜化，中國的社會階級關係雖然開始分化，但封建式的剝削關係並沒有消除，中國大多數的平民依然受著嚴重的剝削和壓迫。「中國國際關係上的變更，日日促進中國社會裏的階級分化；統治者、壓迫者已經換掉了十好幾次；各帝國主義者對遠東侵略的形勢轉變了種種花樣，可是有一件事是至今還沒有改換的：便是中國民族——大多數的平民始終還是受著壓迫和剝削」〔註70〕。從鴉片戰爭開始至1925年，帝國主義侵略中國長達七八十年的時間，他們不斷的改變侵略方式，不斷的變更壓迫者，唯一沒有變更的就是中國民眾的受壓迫、受剝削這件事實，不但沒有變更，並且剝削的範圍更大，壓迫的程度也更深。瞿秋白從經濟角度既分析了國

〔註69〕瞿秋白：《瞿秋白文集》政治理論編，第四卷，第382～383頁。
〔註70〕瞿秋白：《瞿秋白文集》政治理論編，第三卷，第74～75頁。

內封建統治階級和資產階級對農民剝削和壓迫，也分析了帝國主義與國內封建統治階級和資產階級之間的關係，進而明確了工農革命的對象。

　　傳統的士大夫階層是封建專制統治的官僚機構，享有政治、經濟以及文化上的特權，他們只對最高封建統治者負責，幫助封建專制統治者壓迫剝削廣大人民大眾。近代以來，外國資本主義的入侵，中國半自然的經濟結構、宗法社會制度日益瓦解，猶其是科舉制的廢除，士大夫階層因失去了其所依附的經濟基礎和制度保障而開始分化。他們一部分轉化成封建軍閥的督軍，一部分破產的士大夫階層轉入雇傭勞動隊伍中，另一部分則轉化成買辦和紳商，成為新的時代條件下的剝削階層。買辦和紳商成為帝國主義統治剝削壓迫中國人民的新工具。在沉重的帝國主義和封建剝削之下，中國農民、小手工業者以及小商人紛紛破產，轉變成具有革命性的無產階級。中國社會的階級關係不斷分化，帝國主義統治中國的策略不停的更換，無非借助封建的剝削方式加重對中國人民的剝削和壓迫。

　　瞿秋白指出中國農村裏的商業資本與封建殘餘統治階級之間相結合的剝削形式，日益形成中國農村中兩大對立的階級。農民不斷的分化成貧農、中農、富農和苦力、雇農之間的對立，此種分化的過程，「並沒有削弱封建性的階級對抗——地主和『農民』的階級對抗。『農民』和地主的階級對抗（包含著小農群眾和軍閥制度的階級對抗）仍舊處於主要的地位。封建性的租佃制度一天不推翻，那麼，這種封建性的階級對抗就保存著一天。」〔註71〕中國的農村還保留著封建式的剝削農民和壓迫農民的方法。地主豪紳奪取農民底百分之七十收入，地主在經濟上、行政上、司法上握有實際的權力，許多區域還實行著公開的販賣人口，這種中世紀局面之中的統治力量，就是地主的文武官僚，即封建剝削與商業資本結合的封建殘餘。由此，瞿秋白指出，中國革命的當前任務，就是沒收一切地主的土地，並將其分給農民，將土地的所有權轉交給農民，從根底上清理掉封建統治的物質基礎〔註72〕。只有廢除封建的土地私有制，才能徹底剷除封建統治的物質基礎，才能真正推翻封建專制統治。

　　瞿秋白認識到農民革命中土地問題的重要性，這是他對中國革命的貢獻。但因為時代條件的限制瞿秋白對馬克思主義唯物史觀的理解帶有經濟決定論的色彩，過分強調物質利益在農民革命中的重要性，而忽視了農民革命中的其

〔註71〕瞿秋白：《瞿秋白文集》政治理論編，第七卷，第494頁。
〔註72〕瞿秋白：《瞿秋白文集》政治理論編，第七卷，第584頁。

他要素的作用。李金錚認為，參加革命的農民群眾固然有對物質利益的渴求，但是，傳統的價值和道義也是農民參加革命的一個重要因素，因為，只有當革命的口號和目標與農民個人的生存產生共鳴時，並且革命組織還能夠給革命參加者提供安全感時，才能真正吸引農民的加入〔註73〕。如果僅僅將土地問題視為農民參加革命的必要而充分條件，則忽視了農民革命的複雜性。

2. 土地國有

土地問題是農民革命的核心問題，土地與農民正如水與魚的關係。追求經濟上的均平是中國農民革命的經濟要求。從唐末農民起義，第一次提出「均平」的政治經濟主張，至兩宋時期，這一要求得到更加明確的表述，進一步提出「等貴賤，均貧富」的思想。明末的農民革命已經提出「均田」的要求，觸及到封建制度的本質。「均平」思想是農民要求經濟上獲得平等地位的表現，是對封建土地佔有關係的一種反抗。

瞿秋白指出所謂「均平」的經濟主張帶有小資產階級性，並不能從根本上解決農民的土地問題。「均平」思想是封建宗法社會的「頭目制度」與小資產階級的個人主義的雜糅。「均平」思想在實質上，「終究是代表各個想自己變成富人的意識。」〔註74〕以「均平」為目的的農民革命，是為了獲得小塊土地，實質上還是維護私有制，這種夾雜著小資產階級的個人主義是無法取得革命的勝利的，甚至很容易成為專制制度的代理人。「均產主義」帶有的私有性，並不能將農民革命引導到科學的發展方向，只會陷入無盡的治亂相替的惡性循環。

實現土地國有制是解決農民土地問題的根本辦法。瞿秋白提出「耕地農有」的方針，包含兩個方面：首先是「土地國有」，所謂「土地國有」就是國家擁有土地的所有權，農民從國家租田，土地的所有權在國家。其次是「耕地農有」，農民從國家租田耕種，勞動成果由農民自己支配，農民自己收入多少支配多少。消滅一切介於農民和國家之間的統治階層、剝削階層。農民擁有土地的使用權〔註75〕。消滅階級對立，國家作為人民權力的代表機關，掌握著國家土地的所有權，人民和國家之間再無剝削階級存在。國家擁有土地的所有

〔註73〕李金錚：《傳統與變遷——近代華北鄉村的經濟與社會》，北京：人民出版社，2014 年，第 356 頁。
〔註74〕瞿秋白：《瞿秋白文集》政治理論編，第三卷，第 85 頁。
〔註75〕瞿秋白：《瞿秋白文集》政治理論編，第四卷，第 559 頁。

權，人民擁有土地的使用權。瞿秋白以階級分析法，從政治和經濟兩個層面分析了三種土地國有制。第一種是封建時代的土地國有制，即皇帝所有。所謂「井田制」，孟子的「八家耕田，九份為公」等，不是共產制度而是農奴制，農民耕田，公侯享福，沒有絲毫的社會主義色彩。第二種資本主義時代的土地國有制。資本主義的土地國有制實質是資產階級為了推翻封建時代經濟制度對資本主義的阻礙，而提出的權宜之策，根本就不是真正意義上的土地國有制。第三種社會主義的土地國有制，「國家的政權是無產階級的，大工業等主要經濟，是社會主義的，那麼土地國有是非資本主義的，是含有社會主義性了」〔註76〕。社會主義的土地國有制，前提是國家的政權掌握在人民手中，國家是人民利益的代表，是保障人民利益的機構，並且社會上的主要經濟力量都掌握在國家手中，在這兩個前提下，土地國有制才具有社會主義公有制的性質。社會主義的土地國有制是從政治與經濟兩個方面做出的規定。由此，瞿秋白也從政治和經濟兩個方面入手給出了解決農民土地問題的措施：一實施耕地農有，二組織農民的武裝，三組織農民政權，四剝奪買辦地主階級的政治權利〔註77〕。形成農民的政治勢力，建立農民的武裝力量，以暴力的方式剝奪買辦地主階級對土地的佔有，真正實現土地農有的政策。

瞿秋白分析了中國社會的經濟關係以及階級劃分，特別突出了封建地主階級同農民階級的階級對立關係，揭示了中國無產階級和廣大勞動人民受殘酷剝削和壓迫，長期處於痛苦深淵的最根本的原因。瞿秋白指出要振興中國經濟、實現無產階級和廣大人民擺脫貧窮落後的根本途徑就是要推翻舊的剝削制度，消滅封建地主階級、買辦資產階級反動政治統治的經濟基礎，廢除帝國主義在中國的一切經濟特權，發展社會主義經濟。

4.4.2　農民革命領導權問題

封建社會階級劃分不明顯，且以等級的形式出現，這樣就掩蓋了階級對立的本質。中國封建社會與小農自然經濟生產方式相對應的是宗法社會制度。宗法社會制度以家庭血緣和地緣為基礎，在經濟上表現為「宗族共產」。「宗族共產」的假面具掩蓋了官紳對土地的佔有，形成「同姓共產」的假象，這樣進一步掩蓋了階級之間的對立。瞿秋白認為封建農民革命因為缺乏代表農民自身

〔註76〕 瞿秋白：《瞿秋白文集》政治理論編，第五卷，第567頁。
〔註77〕 瞿秋白：《瞿秋白文集》政治理論編，第四卷，第386頁。

利益的領導階級，導致革命成果往往被其他階級所竊取。農民起義成果旁落的原因，在於封建宗法社會的倫理關係掩蓋了階級之間的對立。在歷史上，農民運動的領導者往往是富農和小地主階級，他們的階級立場決定了他們只會被反動派利用，成為出賣農民革命成果的叛徒。

瞿秋白從歷史上農民革命成果旁落的分析中，認識到農民革命領導權的重要性，「革命是非常之複雜和痛苦的過程，這是舊的社會制度死滅而新的社會制度產生底過程，這是幾千百萬人底舊的生活方式死滅而新的生活方式產生過程。而這裡最主要的問題就是政權的問題。」〔註78〕政權掌握在哪一個階級手中是一切革命之中最主要的問題。瞿秋白強調革命政權只有掌握在人民自己的手中才能建立真正的民主國家。只有無產階級才是真正革命的階級，才是真正代表人民利益的階級。中國的農民革命只有在具有徹底的革命性、民主性的無產階級的領導下才能推翻帝國主義的統治，實行徹底的土地革命，掃除一切種種封建殘餘和中世紀的垃圾堆。這才是中國的真正解放，這才是中國幾萬萬民眾走上光明文化道路的開始。

瞿秋白反覆強調，工人階級領導廣大農民群眾的土地革命，推翻帝國主義和地主階級、資產階級，建立工農的獨裁，徹底完成民權革命，才能實現中國的解放，這是中國的唯一出路〔註79〕。中國農民因為自身所處的經濟地位以及生活條件，決定了他們不能產生明確的政治意識和階級覺悟，無法準確的提出自己階級的經濟政治要求。所以，只有具有階級覺悟並能代表農民利益的無產階級才能領導農民實行土地革命。馬克思認為農民雖然為無產階級革命的天然同盟，但因為自然經濟生產方式的分散性，導致農民缺乏階級覺悟。為避免農民階級身上的弱點，就必須通過具有革命覺悟的無產階級加以領導。自給自足的小農生產方式決定了農民大部分消費品都是自己直接生產的，他們主要通過與自然交換滿足生活所需，而不是靠社會交換來完成。「各個小農彼此間只存在有地域的聯繫，由於他們利益的同一性並不使他們彼此間形成任何的共同關係，形成任何的全國性的聯繫，形成任何一種政治組織。」〔註80〕小農生產方式的侷限性導致他們無法形成共同的政治訴求，無法代表他們自己的階級利益，而只能由無產階級來代表。

〔註78〕瞿秋白：《瞿秋白文集》政治理論編，第七卷，第585頁。
〔註79〕瞿秋白：《瞿秋白文集》政治理論編，第七卷，第486頁。
〔註80〕《馬克思恩格斯全集》第八卷，第217頁。

　　由此，瞿秋白對無產階級如何保持領導權問題提出了具體的措施。首先，無產階級政黨應該提出一定的符合勞動群眾實際生活的標語。根據歷史的發展歷程，提出基本的政治綱領和口號作為革命群眾一致行動的目標。其次，無產階級必須在革命中具有積極的示範作用，以最大的毅力為群眾的革命事業而奮鬥。最後，密切連絡人民群眾，無產階級一旦脫離人民群眾就會喪失革命的領導權。這要求無產階級既要反對專門跟著群眾後面的「尾巴主義派」，也要反對輕躁妄動的「庸俗的革命主義派」。

　　無產階級是最革命的階級，是最先進的階級，他們和人類的進步是一致的。無產階級以馬克思主義的唯物辯證法為指導，從客觀的社會現實出發，去改造整個社會。無產階級領導的革命不是窮人造反，更不僅是為了吃飯問題，無產階級有他們出發的「實際」，即「按照現實的社會階級關係，去改造整個的社會制度，」〔註81〕這種高尚的革命理想，決不是烏托邦更不是名利主義，而是為著構建人類理想社會而犧牲的精神。正是無產階級所具有的先進性與革命性，才能領導農民大眾走向共產主義道路。

4.4.3　農民革命的思想問題

1. 反對皇權思想和宗教迷信

　　「皇權思想」和宗教迷信思想充斥著農民革命運動。中國長達兩千多年的封建專制統治使皇權思想滲透到社會生活的各個層面。中國歷史上先後爆發了無數次的農民革命運動，從陳勝、吳廣起義，到義和團運動，他們自發的反抗鬥爭，往往都是反對貪官污吏，反對壞皇帝，他們所要推翻的是暴君而不是皇權本身，他們欲以「仁君」代替所謂的「暴君」，他們所關心的是誰當皇帝，而不是不要皇帝。所謂「國不可一日無君」正是這種皇權思想的體現。皇權思想「將革命的對象和革命的領袖，都侷限在皇室這樣一個狹小的範圍內，因而極大地削弱了革命群眾奮起鬥爭時對整個社會的影響。」〔註82〕

　　瞿秋白正確認識到封建的小農生產方式是導致農民缺乏「明確的政治意識和階級覺悟」的原因。農民往往將自己的命運託付於封建統治者，「他們是沒有皇帝不能過日子的」〔註83〕他們抱著通過革命找到所謂「真命天子」的期

〔註81〕瞿秋白：《瞿秋白文集》文學編，第三卷，第130頁。

〔註82〕李桂海：《對農民一個歷史側面的考察》，石家莊：河北教育出版社，1988年，第9頁。

〔註83〕瞿秋白：《瞿秋白文集》政治理論編，第四卷，第443頁。

望，實質上「真命天子」只是人們求解決土地問題的表現，因為「真命天子」在他們看來就等於「豁免十年錢糧」。歷史上的農民運動只有當封建社會階級矛盾達到不可調和的程度，土地兼併嚴重，極端的貧富分化，民不聊生時才會爆發。農民的暴動驅使新的封建統治階級採取緩和的政策與民休養生息，人民生活會得到暫時的緩解。封建自然經濟結構的穩定性與封建專制王朝的不斷更替，導致人民缺乏民權與獨立意識，他們無法認識到自己才是解救自己的革命力量。他們習慣於將自己的命運寄託於封建統治階級，這種意識實質是一種奴隸性的表現。如太平天國運動，他們因為沒有正確的革命方針，不知道革命的真正目的是什麼，他們認為是清朝的皇帝導致了社會的混亂，以為換一個「漢人的好皇帝」就能解決社會問題，正是這種皇權意識導致太平天國內部的分裂。又如，義和團運動因狹隘的民族主義及國家主義思想而被滿清政府所利用，他們反對一切進步的資產階級的維新運動，成為清政府維護其反動統治的工具，最終，他們也被清政府所出賣。封建統治階級往往利用農民對皇權的迷信和崇拜，削弱瓦解農民起義隊伍。而農民起義隊伍內部也往往由於對皇權的迷信和崇拜，造成內部分裂，加速了農民起義的失敗。中國的農民階級因為生活在小生產的家長制中，他們雖然能夠自發的反抗壓迫他們的地主官僚，反對各種賦稅徭役、苛捐雜稅，但卻無法改變封建生產方式，無法打破舊有的政治上層建築。這種侷限性體現在政治上表現為對皇帝和皇權的迷信，最終導致舊式農民革命運動始終衝不出封建專制的牢籠。

歷史上的農民革命深受天命論、宗教迷信等封建統治思想的影響。他們「大半都以道教為其宗教」，對宗教的依託，正是因為農民的反抗鬥爭缺少科學的革命理論指導。《水滸傳》中的「天罡地煞」，義和團的符咒說，以及各種民間會社中的「法術」，都是農民在缺乏科學的理論指導下，從宗教迷信中尋找到的策略。瞿秋白對義和團運動的反抗精神給予了充分的肯定，同時批判了義和團反對一切科學文化的迷信行為，他們盲目排外，認為凡是洋人的都是壞的，而把中國的符咒視為神聖的無所不能的東西。義和團的盲從迷信是導致義和團運動必然失敗的一個重要原因。農民的盲從迷信是中國封建的小農生產方式所決定的，小農生活在狹隘的個體小塊土地上，這樣的生產生活方式限制了他們思想的發展。當社會矛盾激化時，他們缺乏科學知識，只能從宗教迷信中尋找反抗鬥爭的武器。此外，被封建自然經濟的小農生產方式所限制，農民也缺乏對自己力量的正確認識。

2. 科學的革命思想

所謂「革命」，瞿秋白說：「把不適合大多數人生活的制度，改換成適合大多數人生活的制度。」〔註84〕革命是社會制度的轉變，是推翻為少數人服務的社會制度，建立為多數人謀幸福的社會制度。中國的革命就是打倒地主、軍閥、資本家對普通工農平民的壓迫和剝削，建立工農平民自己的政權。革命是為了建立新的社會，新的適合大多數貧民大眾生活的社會，真正實現人民政治、經濟、社會地位上平等的、公正的社會。歷史上的農民運動只能稱作「窮人造反」，因為，它們強調均分，不但沒有消滅私有制，而且沒有建立新的社會，只是緩和了社會生產力和生產關係之間的矛盾。私有制的存在是農民革命在歷史上反覆出現的根本原因。

馬克思主義是中國革命的科學指導思想。瞿秋白認為馬克思主義是中國幾萬萬群眾解放的唯一科學的指導理論。因為馬克思主義是國際無產階級的革命理論，是適合於各個國家各種國情的理論，中國的革命只能在真正的馬克思主義的指導下，才能取得勝利〔註85〕。瞿秋白通過論證馬克思主義的普適性，以將馬克思主義理論運用到中國革命中作思想準備。他認為馬克思主義是從全世界一切國家的革命思想和革命經濟中總結出來的，它是人們行動的指導，是對社會發展規律的科學認識，它是在全面客觀的認識社會現實的基礎上形成的，並能指導人們改造社會。馬克思主義站在無產階級的階級和黨派立場上，主張徹底推翻一切剝削制度，是最革命的科學理論。

新時代的農民革命必須在覺悟的無產階級的領導下，以馬克思主義為理論指導，建立嚴密的組織，以革命的手段，推翻少數人的專制統治，消滅私有制，建立大多數人當家作主的政權，建立新的社會。瞿秋白區分了「社會改良」和「社會革命」，他認為兩者都是改變社會的手段，前者是「使社會的腐敗部分慢慢的爛掉」，後者「就是用果決的行動和群眾的勢力有組織有系統的努力掃除一切封建君主時代的遺跡。」〔註86〕中華民族的獨立只能通過社會革命的方式，才能徹底摧毀一切腐朽勢力和帝國主義國家的侵略。

中國革命的最終目的，就是實現馬克思主義的共產主義理想，瞿秋白說：「新社會之中沒有窮人沒有富人，大家都做工。工作出來的東西，要由勞動者

〔註84〕瞿秋白：《瞿秋白文集》政治理論編，第六卷，第189頁。
〔註85〕瞿秋白：《瞿秋白文集》政治理論編，第七卷，第580頁。
〔註86〕瞿秋白：《瞿秋白文集》政治理論編，第二卷，第200頁。

大家享用，不像現在一樣，只歸少數富人享用。發明機器等等，也是使大家做起工更加便利，不像現在一樣，只便宜了極少數的資本家，使他們賺錢，而工人吃苦。這種新社會，就叫做社會主義的社會。」〔註87〕實現社會主義是最終實現共產主義的第一步，在社會主義社會，人與人之間在經濟上的不平等地位已經消失，人人都參加勞動，共同使用新的生產工具，共同享有勞動成果。在社會主義階段社會的生產力得到極大的發展，生產工具的更新與發展進一步促進生產力的發展，工廠、礦山、鐵路運輸等大型經濟部門都成為全民所有，階級對立消失，私有財產制度也被廢除，國家作為維護階級利益的工具也隨著階級對立的消失而消失。此時，就實現了共產主義理想。

小結

　　瞿秋白的傳統觀繼承了李大釗所開啟的新方向，並沿著李大釗、陳獨秀的思路，將對傳統的反思擴展到社會革命領域，推進了早期馬克思主義者傳統觀從理論到實踐的進程。瞿秋白對傳統的認識始終服務於中國的社會革命這一現實需要。他以馬克思主義的辯證唯物主義為哲學依據，並在這一哲學依據下明確提出了批判繼承法。瞿秋白從思想文化革命與社會革命兩個層面展開了對傳統的分析，一方面促進了無產階級革命理論的形成，另一方面也推進了馬克思主義理論與中國革命實踐的結合，從理論和實踐兩個層面推動了傳統的現代轉化。

　　佛教的眾生平等的觀念曾給瞿秋白提供了一個救世的方案，他欲將佛教人間化以消除社會的不平等給人們造成的災難。1920 年年底持著救世之心的瞿秋白以《晨報》記者身份遠赴蘇俄，探尋世界上第一個社會主義國家蘇聯。在蘇聯的兩年多時間，瞿秋白成為了堅定的馬克思主義者，回國之後以馬克思主義為理論武器展開了對傳統的批判性認識。

　　瞿秋白首先對自己早期的以佛教救國的思想進行反思，通過對佛教唯心主義宇宙觀的批判確立了無產階級的唯物主義宇宙觀。批判地吸收了佛教的慈悲救世精神和苦行生活觀的積極成分，並將其與無產階級的大公無私的犧牲精神相結合，形成無產階級的人生觀。通過對佛教道德因果觀的批判與吸收，以馬克思主義的唯物論消解了佛教因果觀中的唯心主義成分，將因果視為

〔註87〕瞿秋白：《瞿秋白文集》政治理論編，第六卷，第 203 頁。

自然界與人類社會自身的運行規律。雖然瞿秋白抽掉了佛教道德因果觀中的唯心主義成分，但卻受佛教將因果絕對化的影響，導致他將馬克思主義唯物史觀理解成了物質決定論。

其次，確立了無產階級宇宙觀與人生觀的瞿秋白，通過對儒家傳統的批判，推進了文化領域的革命。瞿秋白以馬克思主義的歷史唯物主義分析了儒家思想產生的社會基礎。他指出封建宗法社會的自然經濟與大家族制度是儒家思想形成的經濟基礎與制度基礎，而科舉制又促進了儒家思想的發展。服務於封建自然經濟的儒家思想帶有落後的階級性，封建統治階級借用具有等級尊卑之分的三綱五常說掩蓋他們剝削壓迫大眾的本質，在溫情脈脈的虛偽的封建禮教面紗下進行著殘酷的統治。

儒家倫常的階級性不但體現在政治倫理領域中的君子小人之分，還體現在封建等級文化觀中。封建宗法時代，統治階級為了維護自身的專制統治壟斷知識文化，形成「非仕無所受書，非吏無所得師」的局面。封建士大夫階層利用自身的特權，壟斷文化資源，並將儒家改造成統治奴役人民的思想工具。社會物質財富和精神財富的創造者，人民群眾被視為底層的「野人」「鄙夫」而被剝奪了享有文化的權利。瞿秋白指出為實現人們精神文化上的平等，首先，必須推翻私有制，精神文化上的不平等最根本的原因在於社會經濟上人與人之間的不平等。所以，為實現文化上的平等，第一步就是以革命手段推翻私有制，建立公有制。其次，通過文字革命，改變傳統的語言表達方式，使精神文化普及化、大眾化。只有文化的普及化和大眾化才能使廣大的人民群眾接受無產階級革命文化，只有認識到無產階級革命文化的科學性，群眾才能成為革命的力量。

最後，瞿秋白以馬克思主義的剝削理論論證了中國農民革命的正義性，並認為農民革命的歷史就是中國的革命史。同時瞿秋白對農民革命中的土地問題、領導權問題及思想問題等進行了批判與改造。他指出中國的農民不但占總人口的多數，並且中國的農民因為受到非常嚴重的剝削，他們為了生存具有極強的反抗剝削反抗壓迫的精神。由此，中國的革命必須取得中國農民的支持，而農民土地問題的解決是爭取農民革命力量的前提。瞿秋白提出了解決農民土地問題的具體措施，並論述了農民革命的領導權問題。歷史上的農民革命因為革命的領導權掌握在少數地主階級手裡，導致農民革命的成果總被少數統治者所竊取。為避免革命果實被少數剝削者所竊取，瞿秋白強調無產階級對農民革命的領導。此外，歷史上的農民革命深受皇權思想的影響，導致農民革命

始終無法打破治亂相代的模式。瞿秋白指出馬克思主義這一科學的革命理論不但能消解皇權思想對農民革命的束縛，還為革命指明了科學的方向。瞿秋白對中國農民革命傳統的批判繼承，形成了以馬克思主義理論為指導，以無產階級領導的、工農聯盟為主體的、以武裝鬥爭為主要方式的中國革命道路。

第五章　中國早期馬克思主義者傳統觀的特點、意義與不足

　　在人類歷史上，每當社會形態發生大的轉變時，社會的文化也會隨之發生相應的變動。在二十世紀中國社會的大轉型中，湧現出多種文化建構路徑。至五四時期中國思想界最終形成馬克思主義、自由主義、保守主義、三民主義幾大思想流派，它們以不同的世界觀、方法論為依據對傳統做出了不同角度的分析。四大思想流派之間相互批判的同時也相互吸收借鑒，形成了中國近代新的學術爭鳴的局面。早期馬克思主義者反對自由主義者在中西對立思維模式下的西化主張，批判保守主義體用二元思維模式下的中國文化本位論，揭示了三民主義者心物二元歷史觀在認識傳統中的侷限性。中國早期馬克思主義者以無產階級的世界觀和方法論為理論武器，對傳統加以批判繼承，最終形成了，從社會歷史發展的客觀規律出發，立足於無產階級的立場，以唯物辯證的方法批判吸收中西文化的傳統觀。早期馬克思主義者的傳統觀奠定了中國近代科學的、實踐的傳統觀的基礎。

　　早期馬克思主義者與自由主義者關於傳統的論爭。中國的自由主義者肯定了西方近世文明的優越性，主張以西方的個人本位、文化多元與科學主義來批判、改造中國傳統，實現以西方文化為體的中西結合。在變革傳統的方法上，他們主張漸進的、溫和的改良，反對激烈的革命。

　　在批判傳統這一點上，馬克思主義與自由主義是相同的。但在理論依據與方法論上，兩者存在極大的差異。自由主義者重視個體理想化、普遍化的自由權利。安德魯・文森特指出自由主義思想的本體論的核心是個人主義，社會的

經濟、道德、文化、政治的存在皆以個人主義為基點，個體相對於社會而言具有價值優先性〔註1〕。馬克思主義者批判自由主義者從脫離具體的社會關係角度來論述個體的價值。馬克思主義認為人的本質並不是單個人的抽象物，而是一切社會關係的總和。人的價值只有在人們改造自然、改造社會的實踐活動中去認定。個體政治層面的自由、權利是由社會經濟決定的，沒有獨立於經濟關係之外的抽象的政治權利。早期馬克思主義者與自由主義者在對人的本質的認識上的差異，使他們對傳統形成了不同的認識。

馬克思主義者與自由主義者對何為傳統中的民主性因素，以及實現民主的主體力量的認識上存在分歧。自由主義的民主是抽象的、普遍化的絕對的政治權利，它是超時空的。馬克思主義者強調民主和自由都是有條件的，是歷史的。在階級社會中，民主和自由都具有階級性，並非普遍化的。自由主義者將民主視為抽象的政治權利，所以，他們將實現民主的現實力量侷限在少數知識精英的思想文化改造、政治的改良和教育的改良。馬克思主義者則從具體的歷史進程中去尋找實現民主的主體力量。馬克思主義者認為貧苦大眾對民主的要求和期待，農民對封建土地所有制以及造成分配不公平制度的反抗，才是傳統中真正的民主性因素。而此種民主只有通過徹底的經濟變革，才可能得到實現。

在如何研究傳統的方法上，早期馬克思主義者和自由主義者都重視科學方法在認識傳統中的價值。但自由主義者將西方自然科學的實驗主義方法視為研究傳統的科學方法，而馬克思主義者則主張運用馬克思的歷史唯物主義和辯證唯物主義方法研究傳統，挖掘現象背後的本質和規律。自由主義者的實驗主義的方法在梳理和考證傳統文化方面取得了一定成就，但將自然科學的實驗法運用到區別於自然領域的人文領域的研究中，難以達到對中國傳統的系統認識。歷史唯物主義和辯證唯物主義科學的揭示了人類社會發展的規律，並將唯物主義的方法引入到人類歷史領域。早期馬克思主義者深入到客觀社會物質發展的規律中，從傳統產生、發展、變化的土壤中去認識傳統，科學地揭示了傳統發展演變的規律，為人們繼承和發展傳統提供了科學的理論指導。

在如何變革傳統方面，馬克思主義者與自由主義者也有不同的認識。馬克思主義者認為社會生產方式和生存方式的革命是變革傳統的根本辦法。馬克

〔註 1〕〔澳〕安德魯·文森特著，袁久紅等譯：《現代政治意識形態》，南京：江蘇人民出版社，2008 年，第 44 頁。

思主義者指出，對人民大眾而言，自由是建立在社會經濟基礎之上的。實現人的自由的前提，就是通過以社會革命的方式實現社會經濟的變革，而經濟的變革必然會帶來政治的變革。早期馬克思主義者們看到農民對土地的要求是推動傳統向現代變革的根本力量，主張將廣大人民組織起來，通過社會革命，推進傳統社會向現代的轉變。自由主義者主張傳統的變革正如世界的變革只能通過人們一點一滴一分一毫的努力去完成。自由主義者主張運用實驗主義的方法找到解決問題的具體方法，促進社會的漸進改良。他們從庸俗進化論出發，不承認事實有質變和飛躍，只承認一點一滴的不斷改良，不敢根本變革現存的制度，是資產階級的改良派。

　　早期馬克思主義者與保守主義者關於傳統的論爭。文化保守主義者認為，心性學說是傳統文化的精華。他們認為心性主體是外在自然世界和社會存在價值的來源。心性論傳統具有十分明顯的現實改造作用。孔孟認為人性並非圓滿具足的，人性必須經過個體在處理各種社會生活關係中，不斷的自我錘鍊才能逐漸的完善。儒家從倫理道德的意義上說明人的理性和自覺能動性，這是儒家思想的精華。但抽象的人性論、先天的道德論和唯心主義的方法論，把儒家的自我超越引向了脫離社會實踐的修身養性。由此，在社會轉型時刻，傳統心性論往往不能正面社會矛盾並尋求矛盾的有效解決，而轉向主觀內心世界，實現矛盾的消解。

　　儒家的心性論脫離了社會的現實基礎，把人的自然屬性和道德屬性都抽象化了。他們沒有認識到人的道德屬性僅僅是人的社會屬性的一部分。儒家在處理人與自然的關係時，始終以發展和完善人類社會為目的。他們對自然界的研究是為人類精神生活尋找客觀依據，是為了論證他們所構建的政治模式、倫理規則等的合法性與權威性。他們通過提升和完善自身來提升對自然的認識，這與西方通過對自然的研究以達到完善自身的路徑截然不同。早期馬克思主義者批判文化保守主義者強客觀以為主觀的理論傾向。馬克思主義者認為人在客觀的物質生產實踐中不但改變了自然界，同時，也改變了人自身。勞動實踐是一個雙向的互動過程，人們只有通過對客觀世界的有效改造，才能實現對自身的真正改造，才有精神生活真正意義的昇華。

　　文化保守主義將儒家道德視為超越時空的存在，早期馬克思主義者指出道德是由人們的經濟關係、階級關係和政治關係決定的。他們認為道德作為社會的上層建築是受社會經濟基礎所決定的，沒有超越時空的永恆的道德價值，

道德文化是隨著客觀的經濟基礎的發展而變化的。李大釗指出，道德是一種精神現象，而精神現象是客觀物質世界的反映，物質與精神是一體的，物質的不斷發展決定了道德不可能永不更新，所以，物質的變化必然引起道德層面的變革〔註2〕。早期馬克思主義者以馬克思主義的唯物史觀論證了道德變遷的必然性，批判了文化保守主義將儒家道德價值絕對化的觀點。

在變革傳統的方法上，文化保守主義者大多持調和、折衷的方法，確切地說是立足儒家倫理傳統開出現代價值，即「從老根上發新芽」。文化保守主義者以傳統倫理道德為主體、為本位來吸收西方的民主、科學與物質文明。他們以東方的精神文明去對接西方的物質文明，試圖從傳統的倫理道德中開出現代價值。這實質是晚清「中體西用」論的延續。文化保守主義者認識到文化的民族性在傳統向現代轉化中的重要性，但忽略了文化的時代性差異，且將中西文化的時代性差異解釋成民族性的不同。杜亞泉指出中西文化「乃性質之異，而非程度之別」。

文化保守主義者雖然正確認識到文化的變革是本土文化的更新，不是外來文化的簡單移植。鄭大華認為，文化保守主義者沒有認識到文化質變在文化演進中的意義，他們誇大了文化的同一性，只強調文化的量變，主張文化的漸進，卻反對文化的質變和飛躍。〔註3〕唯心主義的心物二元的世界觀阻礙了文化保守主義者對精神與物質之辯證關係的認識，導致他們無法正確處理文化的民族性與文化的時代性之間的關係，也就無法真正解決傳統的現代化問題。

早期馬克思主義者批判了文化保守主義者體用二元的思維方式。瞿秋白指出任何文化都是精神文明與物質文明的統一，物質與精神不能截然分開。瞿秋白說：「所謂『文化』（Culture）是人類之一切『所作』」〔註4〕。民族的文化既包括社會的物質層面也包括社會的精神層面，並且精神文化作為社會的上層建築是由社會的經濟基礎所決定的。他指出文化保守主義者所謂的「社會意識」、「精神文明」都是「經濟發展之結果」，物質生產規定著人們的精神生活，是社會存在決定社會意識，而不是社會的精神造就了社會物質的發展。文化保守主義者顛倒了物質和精神的關係〔註5〕。文化保守主義者的「東方精神文明」

〔註2〕李大釗：《李大釗全集（最新注釋本）》第三卷，第112頁。
〔註3〕鄭大華：《中國文化保守主義思潮的歷史考察》，《求索》，2005年第1期，第176頁。
〔註4〕瞿秋白：《瞿秋白文集》政治理論編，第二卷，第20頁。
〔註5〕瞿秋白：《瞿秋白文集》政治理論編，第二卷，第439頁。

實質是封建生產方式的反映，西方近代的物質文明是資本主義生產方式的反映。西方文化因為生產力的發展而進入工業文明階段，而中國文化因生產力落後還處於農業文明階段。瞿秋白指出實現傳統的現代轉化，不是保守主義的以東方的精神文明開出西方的物質文明，而是通過無產階級革命推翻束縛社會生產力發展的落後的生產方式，推進社會生產力的發展。只有通過社會生產力的發展才可以創造出與先進生產力相適應的先進文化。

　　早期馬克思主義者與三民主義者關於傳統的論爭。在反對封建專制制度這一點上，三民主義者與馬克思主義者持有相同的立場，但因三民主義者的民生史觀與馬克思主義的唯物史觀有本質上的差異，所以，他們在對何為傳統之精華與糟粕的認識上存在差異，進而在傳統的繼承者的認定上也有分歧。

　　三民主義者認為民生是社會進化的原動力。三民主義者所謂「民生」就是人民的生活，它包括三個方面：社會的生存和發展，國民的經濟水平，群眾的生命。三民主義者突出了作為歷史主體的人，強調人維持生存的經濟生活是歷史的重心，批判了傳統的從聖賢或絕對觀念的角度去尋求歷史的原動力。馬克思主義者認為三民主義者從作為歷史主體的人的角度論述社會進化的動力，具有樸素的唯物主義精神。但三民主義者是抽象地考察民生，沒有認識到人的本質是人與自然及人與人的社會關係的總和。三民主義者更多地注意到人的自然生命，卻忽視了人的社會性。早期馬克思主義者指出人在改造客觀世界的過程中，會形成一定的社會生產關係。在階級社會中，社會生產關係表現為階級關係，一部分人居於剝削、壓迫的地位，另一部分人則處於被剝削、被壓迫的地位。由此，民生問題是具體的、歷史的，若脫離一定社會生產關係，把抽象的人及其經濟生活作為歷史重心，就不能準確地把握社會歷史的本質，也就無法科學地解決中國社會的問題。

　　三民主義者認為唯心史觀和唯物史觀都是一偏之見，前者偏於精神后者偏於物質，都不能夠概括人類全部歷史的真實。他們認為人類歷史就是人類為生存而活動的記載，即民生。民生史觀既不偏於精神，也不偏於物質，而是從精神與物質並存的角度說明人生的全部與歷史的真實。馬克思主義者指出三民主義者的民生史觀「是心物並重的二元論」。人的物質生產活動是社會存在與發展的基礎，人類的生存不是簡單抽象的生存欲望，是要靠全社會分工和勞動實踐創造的物質生活條件來保證。社會存在與社會意識並不是三民主義民生史觀所認定的二元的平行關係。社會存在和社會意識的關係，是決定與被決

定的關係，社會存在決定社會意識，社會意識只是社會存在的反映。社會發展的根本是客觀的物質世界，而不是抽象的精神世界。

唯物史觀和民生史觀的差異，使早期馬克思主義者和三民主義者對傳統中的民主性因素的認識也存在分歧。馬克思主義者認為農民對土地所有制形態及其制度的反抗，貧苦大眾對民主的要求和期待，才是傳統中真正的民主性因素。這些因素只有與徹底的經濟變革相結合，才能轉化為現實力量。三民主義者認為傳統中的民主性因素，就是社會的精英階層領導廣大人民群眾反對封建專制統治以求自我的生存。三民主義者把反對君權視為民主的核心。由此，儒家民本傳統中具有的限制君權的內容就具有了民主的意義。孫中山說：「兩千多年前的孔子、孟子便主張民權。」〔註6〕孔子的「大道之行也，天下為公」被孫中山視為「主張民權的大同世界」，堯舜禹的政治也並非是家天下，而是主張民權，雖然名義上使用的是君權，但「實際上是行民權」。孔孟、堯舜被孫中山視為主張民主的先賢。儒家民本思想確實含有限制君權以養民之意，但是儒家民本思想的主旨不是為了實現人民的政治權利，而是為了維護封建專制制度的穩定。並且儒家民本思想中並沒有「民權」的內容，孫中山將儒家的民本視為民主，這模糊了民本與民主的本質差異。

早期馬克思主義者與三民主義者都贊同以暴力革命的方式達到反帝反封的目的。但是兩派對革命的認識也有差異，早期馬克思主義者將革命視為對立階級之間的鬥爭。馬克思主義者認為理想的社會是馬克思主義的共產主義，廢除私有制是構建共產主義社會的前提。中國農民革命傳統中反抗剝削反抗壓迫的革命性與無產階級革命推翻一切剝削和壓迫具有內在的一致性。由此，馬克思主義者堅持中國的農民革命傳統。三民主義者反對社會階級的對立，革命被理解為少數精英階層帶領廣大人民群眾構建理想政治秩序的過程。三民主義者視自己為儒家革命傳統的真正繼承者，他們將堯舜禹湯文武所構建的政治視為一種理想的政治。三民主義者認為堯舜禹湯文武的政治是真正的實行了「公天下」、真正實現了民權的理想政治模式。革命的目的就是將堯舜禹湯文武開啟的理想政治模式落實於人間。

在傳統的繼承者方面，早期馬克思主義者與三民主義者也有不同的意見。三民主義者從德性和個體能力差異的角度，以及在「知難行易」說的指導下，把人民劃分為三類：「先知先覺」、「後知後覺」以及「不知不覺」。「先知先覺」

〔註6〕孫中山：《三民主義》，第71頁。

是世界上的創造者，是人類的發明家；「後知後覺」是不能夠自己創造發明，但具有模仿先知先覺的能力；「不知不覺」是聰明才智最弱的人，雖教也不能知，只能行。三民主義者對人民的此種劃分，實質是延續了儒家從抽象的人性論角度對人加以區分的思維方式。

馬克思主義者指出三民主義者從脫離社會關係的角度認識人民，否定階級的存在，無法真正掌握人民的本質，也就無法認識到人民具有的反抗侵略、反抗剝削的革命性。歷史上的農民起義，最終被三民主義者歸結為爭皇權的戰亂，「中國幾千年以來所戰的都是皇帝一個問題」〔註7〕。廣大的人民群眾被視為「後知後覺」和「不知不覺」者，只有少數的精英階層被視為「先知先覺」者。三民主義者認為少數的精英階層才是革命的主導力量，是民主革命傳統的真正繼承者。早期馬克思主義者指出，三民主義者離開了人的社會歷史的發展去觀察認識問題，忽略了人的社會性，看不到人的認識對生產鬥爭與階級鬥爭的依賴關係，忽視了人民群眾在社會生產、階級鬥爭過程中的偉大創造作用，因而得出人民群眾是「不知不覺」的「實行家」的錯誤結論。

5.1　早期馬克思主義者傳統觀的特點

早期馬克思主義者通過與自由主義者、保守主義者、三民主義者的論爭，開闢了一條傳統發展的科學路徑。這一路徑具有以下三個特點：首先，早期馬克思主義者的傳統觀肇端於學術革命，但落腳到社會改造與社會革命，即有一個從理論走向現實的過程。其次，中國傳統觀經過早期馬克思主義者的鍛造，打破了將傳統與現代的聯繫僅僅侷限於道統論式的、概念式的、抽象的關係，而轉變為以社會改造為指針、為重點的具體的批判繼承。最後，中國傳統觀經過早期馬克思主義者的探討，找到了繼承與弘揚傳統的主體力量——中國共產黨和工農聯盟。

5.1.1　從思想革命到社會革命

早期馬克思主義者們的傳統觀始終圍繞著救亡圖存這一課題。五四之前，在思想文化領域掀起的思想革命是為建立真正的民主共和政治掃清障礙。當早期馬克思主義者們認識到抽象的思想革命並不能達到救亡這一目的時，他

〔註7〕孫中山：《三民主義》，第78頁。

們走向了立足於現實的社會革命。從五四之前以個體思想啟蒙為核心的思想革命轉向外在的整體的社會革命。

　　五四前，陳獨秀、李大釗等首先從進化論的角度論證了西方模式的合理性，然後以西方模式為參照針對傳統展開了一場批判運動。進化論既為說明西方的富強提供的理論依據，也為落後國家向西方學習提供了理論說明。從現實層面而言，自鴉片戰爭開始，中國在列強的炮火中節節敗退，進一步證明了歐洲文明的先進性。

　　近代以來艱辛的救國之路，從器物、制度的改良，再到辛亥革命推翻封建帝制，理想的政治秩序並未實現，而代之的是更加惡劣的軍閥混戰。袁世凱欲通過恢復儒家在政治領域中的地位，為其專制統治做思想準備。康有為本就反對革命，而共和之後的混亂局面又為其質疑共和制提供了新的材料，他開始倡導儒教救國論。不同的政治勢力雖然立足點不同，但都看到了儒家與政治之間的關係。

　　早期馬克思主義者也從儒家與政治之間的密切聯繫入手，他們通過進化論論證西方民主的價值，然後從時代性的角度論證儒家不但在時代上落後於西方，在性質上也與民主價值截然相對。陳獨秀指出中西文明的差異實質是「古代文明」與「近世文明」的差異，中國固有的倫理、法律、思想以及禮俗等都停留於封建時期。「人類之文化是整個的，只有時間上進化速遲，沒有空間上地域異同。」〔註8〕陳獨秀將中西文明的性質差異視為一種時代性的不同。由此，陳獨秀對儒家禮教展開了猛烈批判，一方面推翻儒家在政治中的主導地位，另一方面為西方先進理念的引入奠定基礎。李大釗也強調儒家禮教與封建專制統治的因緣關係，他認為禮教就是維護封建專制的工具。他們欲通過進化論和西方的民主理念，消解儒家禮教在政治意識形態中的主導地位。

　　早期馬克思主義者們不但批判了儒家禮教傳統，還從個體角度對深受封建專制制度、專制思想束縛的國民劣根性展開了全面的批判與改造。他們從思想革命與政治革命的關係入手，思考國民性問題，著重批判了與現代民主政治、民族意識不相適應的國民性，探尋了國民劣根性形成的原因，並提出了改造國民性的方案。康有為等保守派從維護虛君共和制的立場出發，對國民性持悲觀態度，認為中國人的國民性難以達到實行民主制度的水平，強行的實行民主制，只會加重原本混亂的局面。他提出發揮儒家禮教的約束作用，並認為只

〔註8〕陳獨秀：《陳獨秀文章選編》中，第402頁。

有儒家禮教才具有穩定社會秩序的功能。康有為指出，為集合國民人心，增強民族凝聚力，「按歷史、國民性，必當以孔教治中國。」〔註9〕

　　陳獨秀、李大釗等指出是封建專制統治、封建宗法社會的大家族制度以及封建統治思想等導致了國民的劣根性，並非國民在根底上就是不可轉變的。由此，他們主張推翻封建專制制度，打破大家族制對人性的束縛，以西方的民主科學思想揭露封建思想對人性的戕害，徹底改造中國國民性，為民主制度的建立培養出新的具有獨立人格、具有現代民主思想的新國民。

　　「中國新文化運動，自始就不是一項單純的書齋中的革新，而是終究要與社會變革的脈絡相通的社會行為。」〔註10〕陳獨秀等以西方先進理念為武器對傳統展開猛烈的批判，其目的是為民主共和制度建立根基。中國在巴黎和會上的失敗，徹底揭露了「公理戰勝強權」的欺騙性，徹底擊碎了陳獨秀、李大釗等對西方資產階級民主共和制度的嚮往。與此同時，蘇聯社會主義革命的勝利以及蘇聯宣布廢除前俄對中國的一切不平等條約，使中國先進知識分子看到了改造中國社會的新道路。以李大釗為首的中國先進知識分子因對資本主義民主共和制度的失望，放棄了以建立民主共和制度為目的的思想革命，走向了蘇聯的社會主義革命道路。此外，自鴉片戰爭以來，中國先進知識分子走上了艱辛的救國之路，從洋務運動對傳統器物的變革，維新知識分子對傳統政治制度的改良，辛亥革命推翻封建專制制度，新文化運動深入到傳統的精神文化層面，都未實現救國這一目的。從器物到制度再到精神，已經深入到傳統的內核，沒有再推進的空間，只能走向全面的社會革命，對形成傳統器物、制度以及文化的社會進行徹底的社會革命。

　　走向馬克思社會主義革命道路的早期馬克思主義者們，立足於社會主義革命，他們主張從社會實際中去探尋傳統產生的根基，傳統發展的趨勢。馬克思主義的唯物史觀為他們提供了新的世界觀與方法論。陳獨秀強調只有從客觀的物質世界出發，才能變革社會，只有客觀的物質世界可以解釋歷史，解釋人的主觀世界〔註11〕。李大釗說在一個完全停滯的，毫無生命力的社會中，任何的漸進、任何的抽象的革命、改良都無濟於事，這個時候「必須有一個根本

〔註 9〕梁啟超：《飲冰室合集》文集之六，北京：中華書局，1989 年，第 70 頁。
〔註10〕丁曉強、徐梓編：《五四與現代中國──五四新論》，太原：山西人民出版社，1989 年，第 28 頁。
〔註11〕陳獨秀：《陳獨秀文集》第二卷，第 483 頁。

解決，才有把一個一個的具體問題都解決了的希望」〔註 12〕。這個「根本解決」就是「經濟問題的解決」。李大釗認為經濟問題解決了，則社會的政治、法律、家族制度、婦女解放、工人解放等問題都可以解決。

李大釗、瞿秋白以馬克思主義唯物史觀為指導，深入到傳統產生的社會經濟基礎中，分析傳統形成的原因以及傳統發展的趨向等。他們主張以現實為立足點對傳統加以批判繼承，而這一「現實」就是中國的社會主義革命。中國的社會主義革命成為早期馬克思主義者們批判繼承傳統的現實依據。李大釗對傳統史觀的批判繼承，一方面確立馬克思主義唯物史觀的指導地位，為中國革命提供科學的理論依據；另一方面確立了人民群眾在歷史中的主體地位，找到了社會主義革命的主體力量。陳獨秀通過對封建國家觀以及資本主義國家觀的批判，確立了無產階級專政的必然性，論證了社會主義國家觀的科學性，為中國無產階級革命指明了方向。瞿秋白以馬克思主義唯物史觀分析了儒家禮教的唯心主義傾向，以及儒家禮教的階級性，為無產階級革命文化的確立掃清了障礙。他對農民革命傳統的批判分析，論證了農民群眾在無產階級革命中的地位與作用。瞿秋白認為只有聯合全世界的無產階級發動世界革命，推翻一切剝削制度，完成世界革命，才能真正建立起社會主義的新文明，傳統才能得到真正的復興。

馬克思主義的唯物史觀為早期馬克思主義者認識傳統提供了科學的理論依據，使他們正確認識到傳統產生的社會基礎，傳統發展變化的客觀原因，以及傳統發展的未來方向。而正是對世界的物質統一性以及人類社會發展規律的認識與掌握，使早期馬克思主義者的傳統觀在世界觀上就優越於自由主義、保守主義。雖然自由主義與保守主義所借用的哲學依據與方法論各不相同，但從本質上講他們都從抽象的思想出發去認識傳統，都屬於唯心主義。三民主義的民生史觀，雖然有重視社會物質的發展的內容，但也含有唯心主義的成分。而唯心主義的世界觀因為顛倒了物質與意識的關係，這就注定他們無法正確認識人類社會的發展，也就無法科學地解決傳統的發展問題。

5.1.2 以變革社會為宗旨的具體的批判繼承

通過唯物史觀使早期馬克思主義者們認識到傳統與現代的聯繫不是道統論式的、概念式的抽象的關係，而是以社會改造為指針、為重點的具體的批判繼承的歷史關係。

〔註12〕李大釗：《李大釗全集（最新注釋本）》第三卷，第 6 頁。

　　早期馬克思主義者的以變革社會為宗旨的具體的批判繼承，包括三方面：一是歷史唯物主義的態度。歷史唯物主義的態度就是必須從社會的經濟生產方式、社會關係中去研究傳統的產生以及發展。馬克思主義理論以「改變世界」〔註13〕為宗旨，從人類的物質生產實踐中科學的揭示了人類社會發展變化的原因、趨向以及改變世界的主體力量等。馬克思主義唯物史觀從現實的人的活動出發揭示了人類歷史的發展過程，否定了從抽象的理性出發來演繹歷史，確立了以社會存在解釋社會意識的原則，「揭示了物質生產力的狀況是所有一切思想和各種趨向的根源。」〔註14〕社會意識形態只是客觀的物質生產力發展的狀況在人的大腦中的反映。對社會意識的認識只能深入到社會生產力和生產關係之間的矛盾中，才能獲得科學的認識。馬克思主義唯物史觀將傳統與現代的關係置於客觀的歷史發展中來認識，顛倒了唯心史觀從抽象的精神聯繫中來論述傳統與現代之間的關係。

　　二是唯物辯證的方法。唯物辯證法就是要求以發展的、辯證的眼光研究事物，在深入事物發展的過程中，抓住事物發展的內在矛盾，也就是從現存事物的暫時性方面去理解。具體而言，就是批判傳統中不適應時代發展的、阻礙社會前進的消極的內容，繼承傳統中的能夠推動社會前進的、在當下依然能夠發揮作用的積極的內容。

　　三是階級的立場。階級指社會上存在的處於不同經濟地位以及由這種經濟地位所決定的社會政治地位的身份等級。瞿秋白所指的階級的立場，是指無產階級的立場。只有無產階級是唯一徹底革命的階級，是唯一能夠團結一切被剝削勞動者對剝削階級進行鬥爭、把剝削制度徹底消滅的階級。瞿秋白從主體性的角度論述了無產階級的先進性，同時，也為傳統中具有生命力的因素的繼承找到了新的判定標準。

　　早期馬克思主義者從馬克思主義的社會基礎決定上層建築的原理出發，揭示了儒家禮教與封建自然經濟、封建專制制度的關係，並進一步闡明儒家禮教被歷史淘汰的必然性。李大釗指出，儒家禮教之所以能支配中國社會兩千年之久，是因為它適應了中國兩千餘年的穩定的小農經濟結構。近代以來中國的

〔註13〕中共中央編譯局：《馬克思恩格斯選集》第一卷，北京：人民出版社，1972年，第 19 頁。馬克思說：「哲學家們只是用不同的方式解釋世界，而問題在於改變世界。」

〔註14〕列寧：《卡爾‧馬克思》載於中共中央編譯局：《馬克思恩格斯選集》第一卷，北京：人民出版社，1972年，第 11 頁。

經濟發展已經成為世界經濟的一部分，社會經濟基礎的變化決定了儒家禮教必然會失去支配中國社會的地位。陳獨秀也認為社會主義的發展是歷史的必然，所以，維護封建專制的禮教也必將退出歷史舞臺。

瞿秋白強調在對待文化遺產時應以馬克思主義的世界觀為理論依據，以無產階級的眼光，運用批判繼承的方法進行具體的分析。他尤其強調階級立場的重要性，認為在階級對立的社會中，沒有超階級的存在，文化領域的批判繼承必須堅持無產階級的立場。早期馬克思主義者以變革社會為宗旨的具體的批判繼承，顛覆了傳統的儒家式的從倫理到政治的思維模式，而走向了馬克思主義的從經濟到政治的分析模式。

保守主義者在保留儒家以道德為人類最高價值的前提下，接受西方文化中的科學精神和民主政治傳統。他們認為文化問題是解決民族危亡的根本，其重要性遠超過政治經濟等實際層面的問題，而中國文化的命脈就是以儒家道德為核心的文化傳統。保守主義者認為，馬克思主義者和自由主義者都以外來文化改造中國傳統，這是本末倒置的做法，遠離了中國的智慧生命。

保守主義立足於儒家的倫理道德，他們極力區分文化道統與舊政統，割斷道統與舊政統之間的關係，並以近代的民主理念詮釋道統，賦予道統近代意義。他們強調中西文化之間的民族性差異，否定中西文化之間的時代差異。梁漱溟強調中西文明不是時代上的區別，而是性質上的不同，是中西文明根本精神的不同，中西文化並非同一條路。西方注重解決人與自然的關係，而中國則偏重社會人生問題的研究；西方重科學，中國重藝術。梁漱溟否定以西方文化為價值標準來判定東方文化的價值。文化保守主義者們強調文化的延續性和傳統的生命力，這對民族的文化傳承具有積極意義。但在實踐上，文化保守主義除了著力提升「道德理想」之外，並沒有提出能夠應對社會變遷所需要的有效方案。

保守主義始終堅持以「文化救國」的道路，從二十世紀三十年代的中國本位文化論，到二十世紀四十年代馮友蘭的「新理學」、賀麟的「新心學」等的提出都始終強調儒家的「道德理性」價值，在中國傳統文化的發展方面做出了貢獻，但他們以抽象的道德作為解決中國社會問題的出路，遠離了中國的實際，必然歸於失敗。

早期馬克思主義者批判保守主義者以抽象的「仁義道德」為救國之策的弊端。仁義道德屬於社會的意識形態，而社會的意識形態是由社會經濟基礎決定

的。文化保守主義者從抽象的道德層面立論，把道德看作改造社會的根本。這就顛倒了社會存在與社會意識的關係，而從抽象的意識形態出發是難以觸及到中國的社會現實的，也就無法真正變革中國社會。

5.1.3　工農聯盟是繼承和弘揚傳統的主體

馬克思主義唯物史觀從「現實的人」，即以從事物質生產活動的現實的個人為出發點。現實世界在本質上是被人化的「對象世界」，是人的本質力量對象化了的「人的世界」。現實世界就是人們通過自己的勞動所創造的，是打上人的烙印和體現人的本質力量的對象性存在。勞動是人類歷史發展的基礎，人的本質力量、社會發展是在勞動中得以發展的。勞動就是人的生命活動，是人區別於動物之所在，它是人的生命力量的體現。勞動過程本身組成了世界發展的過程。馬克思通過對人的勞動本質的揭示，批判了唯心主義從抽象的形而上層面對人的本質的認識，打開了一個全新的存在論視域。人民群眾不但是人類歷史的創造者，還是人類社會的變革者。

五四之前的新文化運動時期，陳獨秀、李大釗等都主張通過知識分子從思想學術層面的批判，實現傳統的近代轉化。陳獨秀的「新青年」、李大釗對青年的號召，都將知識分子視為批判繼承傳統的主體，這是走以文化救國道路的必然邏輯。當早期馬克思主義者對傳統的認識從學術走向社會時，他們認識到工農群眾的力量。陳獨秀說：「我以為只有做工的人最有用最貴重」〔註15〕，因為，人們的衣食住行等都是勞動人民提供的，沒有勞動人民的生產勞動，人們就不可能生存。由此，陳獨秀主張顛覆「勞心者治人，勞力者治於人」的傳統觀點，確立「勞力者治人，勞心者治於人」的新主張。李大釗號召知識分子們到廣大的農村去，改造農民群眾的思想，推動農民的革命運動。瞿秋白全面肯定了中國工農群眾的力量，認為中國的傳統只有經過人民的革命，經過革命之火的煅燒才能獲得真正的生命。瞿秋白以馬克思主義的唯物史觀和唯物辯證法為指導，通過對農民革命傳統的批判，確立了農民大眾在政治、經濟、文化中的主體地位，認為只有通過無產階級領導的工農革命才能徹底實現中國的解放，才能實現人的真正自由。

中國早期馬克思主義者們主要從外在的社會歷史條件論證人民群眾的革命性。李大釗和瞿秋白都以馬克思主義的剝削理論分析中國人民群眾具有的

〔註15〕陳獨秀：《陳獨秀文集》第二卷，第10頁。

革命性。李大釗指出占人口多數的農民是中國社會經濟的主體,他們受到嚴重的剝削,具有天然的反抗封建專制統治的革命性。瞿秋白進一步分析了中國社會的階級結構,認為中國的農民不但深受國內統治階級的剝削,還深受西方資產階級的掠奪與壓迫。封建統治階級與西方資產階級勢力的勾結不但從政治、經濟上剝削中國農民,還從精神層面宣傳奴役農民的思想文化。由此,瞿秋白指出,中國的農民不但要從政治經濟層面進行階級鬥爭,還需從思想文化層面進行階級鬥爭揭露剝削階級文化的虛偽性。早期馬克思主義者們從客觀的經濟關係和社會關係中揭示了人民群眾反抗剝削反抗壓迫的必然性,打破了從抽象的人性角度論證人民缺乏革命性的觀點。

自由主義將抽象的政治權利視為人之本質,而保守主義則將抽象的道德理性視為人之本質,兩派都從抽象的人性出發來構建理想的社會,因此,他們找不到實現理想社會的正確道路和力量。自由主義和保守主義離開人的實踐活動去解釋人和人性,把人性、人類理性看作絕對的、永恆不變的東西。然後從這種抽象的人和抽象的人性出發,去解釋社會生活,結果只能停留於歷史的表面,把人的意志看作歷史發展的最終動因。他們把人從客觀的物質生產活動中抽象出來,使具體的處於歷史時空中的、處於複雜的社會聯繫中的人轉變成完全抽象的理性存在,這就決定了他們無法認識到人民群眾在歷史中的主導作用。

文化保守主義者主要從事學術和哲學體系的建構,他們不是直接去接觸社會和民眾,而是試圖通過影響學術精英階層、文化教育者、掌有實權的官員等形成一種新的力量,然後通過這一階層去推動整個社會的改變。此種思維方式,導致文化保守主義者遠離社會實踐,與當時的社會形成某種程度的疏離,延緩了其對社會的實際影響。

三民主義者以民族共同體的同根、同種、同文消解統治階級與被統治階級的階級對立。他們從抽象的知行能力的角度劃分社會階層。把個體認知能力的差異視為構建平等社會的前提。孫中山認為社會的平等,是人們在起點上的地位上的平等,在這一平等的起點上,遵循各自能力發展的差異,才智強者取得的社會地位與才智弱者所取得的社會地位之間必然會有差異,而這才是真正的平等的道理〔註16〕。簡言之,在社會構建的平等的起點上,尊重個體能力差異的發展,才是真平等。孫中山強調個體認知能力和實踐能力的差異,本意是

〔註16〕孫中山:《三民主義》,北京:九州出版社,2011年,第92頁。

為了將具有不同能力者都組合到革命的隊伍中。但此種脫離具體的社會關係的，以抽象的認知能力和實踐能力作為判定人之價值的標準，本身就含有貶低人民大眾的傾向。孫中山逝世後，戴季陶以三民主義的正統者自居，將三民主義儒家化，繼承了孫中山對先知、後知和不知者的劃分，認為革命就是先知者發起，帶領覺悟的後知者，為了不知不覺者的解放運動。戴季陶片面的強調先知先覺者的地位和作用，將不知不覺者劃出了革命的隊伍，這是國共兩黨分裂的一個重要原因之一。

早期馬克思主義者們在馬克思主義唯物史觀的指導下，認識到人民在人類歷史中居於主導地位，認識到只有人民自己才是拯救自己的力量。李大釗對傳統史觀的批判與發掘，從理論上確立了人民群眾的歷史主體的地位。瞿秋白對農民革命傳統的批判與繼承，從實踐中確立了人民在革命中的主體地位。總之，早期馬克思主義者們認為，只有人民才是傳統的創造者與繼承者，只有在真正代表人民利益的中國共產黨的領導下，經過革命之火的煅燒，傳統才能獲得真正的重生。

5.2　早期馬克思主義者傳統觀的意義

列寧指出馬克思主義之所以能對各國社會主義者產生極強的吸引力，是因為馬克思把科學性（它是社會科學的最新成就）和革命性（即不僅因為學說的創始人本人兼有學者和革命家的品質）「內在地和不可分割地結合」在一起〔註17〕。兼有科學性與革命性的馬克思主義理論，科學地揭示了人類社會歷史發展的客觀規律，並且還向全世界無產階級提供了革命的方向與策略。他們指出在階級社會中，階級鬥爭是階級社會發展的直接動力，階級鬥爭集中地表現為奪取國家政權的鬥爭，表現為社會革命。中國早期馬克思主義者將兼有科學性與革命性的馬克思主義理論運用到對中國傳統的認識中，形成了近代科學的、實踐的傳統觀。這一傳統觀一方面開啟了中國新的革命道路，另一方面形成了新的學術形態，使傳統的發展進入了新的階段。

5.2.1　開啟了新的革命道路

早期馬克思主義者對中國民本傳統以及農民革命傳統的批判繼承，論證

〔註17〕《列寧選集》第一卷，北京：人民出版社，1972 年，第 81 頁。

了工農群眾在中國革命中的主體地位，為中國人民的革命運動提供了物質力量，並構建了中國革命發展的正確道路。馬克思認為物質世界的變革只能通過物質力量來摧毀，理論的批判必須與社會的物質力量相結合，才能真正摧毀腐朽的社會。掌握無產階級理論的人民群眾，也會轉變成改造社會的物質力量。「理論只要說服人，就能掌握群眾；而理論只要徹底，就能說服人。」〔註18〕馬克思主義科學的揭示了人類社會的客觀運行規律，並為人們指明了人類歷史發展的未來方向。既為中國革命提供了科學的理論支撐，也為中國革命確立了科學的方向。

馬克思認為人的本質既不是純粹的自然人如費爾巴哈所理解的，也不是純思辨的人如黑格爾所理解的，而是在實踐基礎上形成的一切社會關係的總和。要實現人的本質，就必須對現實世界進行批判，不能僅僅停留於理論層面的批判，還要深入到社會實踐層面，以革命的方式推翻一切導致人之本質異化的社會關係。早期馬克思主義者們認識到勞動才是人之本，他們反對儒家將人僅僅視為道德的存在，並從馬克思主義的唯物史觀出發認識到思想、道德、文化等上層建築是受社會的生產力所決定的，不是意識決定物質，而是物質決定意識。早期馬克思主義者們將馬克思主義理論運用到對中國傳統的認識和對中國社會實踐的分析當中，將馬克思主義的革命理論與中國的農民革命傳統相結合，開闢了一條科學的革命道路。

馬克思主義的唯物史觀以及階級分析法讓中國早期馬克思主義者找到了中國革命的有生力量——工農聯盟。唯物史觀揭示了人民群眾是歷史的創造者這一真理。在馬克思主義唯物史觀的指導下，李大釗認識到農民在中國革命中的主體地位。他從中國農民革命的歷史與實踐中認識到農民土地問題的解決對發動農民參加革命的重要性。李大釗不但將唯物史觀運用到對中國農民革命傳統的分析中，而且運用馬克思主義的階級分析法初步分析了農民具有反抗剝削反抗壓迫的革命性。他從農民階級的構成以及農村土地流失的情況，得出「破產的農民是起義的基本力量」的結論。李大釗在肯定農民具有反抗剝削反抗壓迫的革命精神的同時，也認識到農民具有小農意識這一侷限性。由此，李大釗號召知識分子到農村去，把先進的理論武器輸入到社會的根底，主張掌握先進理論的工人階級與廣大的農民階級相結合，形成新的革命力量。李大釗以馬克思主義理論批判繼承了中國的農民革命傳統，在肯定農民具有參

〔註18〕《馬克思恩格斯選集》，北京：人民出版社，1972年，第9頁。

加革命的客觀必然性的同時，也認識到農民群眾主觀覺悟不足的問題。李大釗對中國革命道路的科學認識得到了瞿秋白、毛澤東的繼承與發展。

瞿秋白在李大釗的基礎上進一步以馬克思主義的唯物史觀、階級分析法批判了中國的農民革命傳統，形成以無產階級領導的以工農聯盟為主體的中國化的革命道路。他以馬克思主義的階級分析方法分析了中國社會各階級在革命中的地位和作用，論證了中國農民革命的正義性。同時，瞿秋白認識到封建的剝削方式依然佔據著主導地位，中國的革命必須在無產階級政黨——中國共產黨的領導下，掌握革命的領導權，發動廣大的農民群眾，以武裝鬥爭的方式才能取得革命的勝利。而發動廣大農民群眾參加革命的前提就是解決農民的土地問題。瞿秋白非常強調「耕地農有」在發動農民參加革命中的重要性。他一方面從理論上詳細的闡釋了「耕地農有」的具體含義，另一方面提出了解決農民土地問題的具體措施。為改善農民群眾主觀覺悟不足的問題，瞿秋白以馬克思主義的文藝理論對中國傳統的文藝思想展開了深入的研究，強調無產階級文藝理論必須服務於無產階級革命。同時，必須對剝削階級的意識形態，即對封建意識形態、資產階級意識形態展開全面的批判，確立馬克思主義理論在建構中國革命思想中的指導地位。

毛澤東繼承並發展了李大釗、瞿秋白對中國農民革命傳統的認識，肯定農民具有的反抗剝削反抗壓迫的革命精神，並將農民視為無產階級天然的同盟軍。1925 年，毛澤東在《中國社會各階級的分析》一文中，分析了中國農民的經濟地位和政治態度，他把貧農、半自耕農劃分為「半無產階級」，把雇農稱為「農業無產階級」，並強調他們「都是我們真正的朋友」。毛澤東不但從理論上認識到農民革命的重要性，還深入中國的革命實踐，親自領導了農民革命運動。在實踐中，毛澤東對農民在革命中的舉足輕重的地位有了更加清醒的認識。這一理性認識形成了《湖南農民運動考察報告》這一理論成果。報告指出，湖南農民運動沉重的打擊了封建地主的特權，孫中山致力於國民革命所要解決的問題，農民在幾個月內就做到了，「這是四十年乃至幾千年未曾成就過的奇勳。」毛澤東在深入中國的革命實踐的基礎上，逐步把革命的重心由城市轉入農村，創造性地開闢了一條由農村包圍城市、武裝奪取政權、最後奪取全國勝利的革命道路。

5.2.2　開啟了新的學術形態

李大釗以唯物史觀為指導，改造舊史學，創建了中國馬克思主義新史學。

李大釗首先從歷史哲學的角度論證了馬克思唯物史觀的科學性，然後提出「重作歷史」的主張，向舊史觀發起了革命的號召。他主要從歷史的主體、歷史的內容、歷史運行規律等方面批判了封建舊史觀，推動傳統史學的現代化，開啟了中國史學發展的新方向。論證了馬克思主義唯物史觀的科學性，同時也確立了人民群眾在歷史中的主體地位。

在李大釗的開創下，最終形成由郭沫若、侯外廬、呂振羽、翦伯贊、范文瀾等對傳統的系統的、嘗試性的研究。中國的馬克思主義者通過對中國文化史、思想史的梳理與重釋，推進了馬克思主義中國化的進程，促進了中國文化傳統的現代轉型。

在恩格斯《家庭、私有制和國家的起源》一書的啟發下，郭沫若運用馬克思主義的立場、觀點和方法，系統地闡述了殷周史的發展規律及相關社會問題，寫出中國史學史上劃時代的巨著《中國古代社會研究》，為殷周史的研究奠定了初步基礎。隨後，郭沫若又陸續推出《卜辭通纂》、《兩周金文辭大系》等九部著作，成為我國馬克思主義史學的拓荒者。郭沫若致力於用唯物史觀研究中國的傳統文化，大力挖掘傳統文化遺產，推進了馬克思主義與中國傳統的結合。

呂振羽也將馬克思主義理論運用到中國的傳統史學的研究中，並陸續出版了《史前中國社會研究》、《中國政治思想史》、《殷周時代的中國社會》三部專著，以及《殷代奴隸制度研究》、《西周時代的中國社會》等論文。中國政治思想史研究貫穿呂振羽整個的學術生涯。呂振羽以唯物史觀為指導思想開闢了中國政治思想史研究的新途徑，最終，於1937年發表了《中國政治思想史》一書，推動了中國化馬克思主義思想史體系的建構。翦伯贊在《中國歷史哲學教程》一書中不但闡明了歷史唯物主義的基本原理，還對陶希聖、嚴靈峰、胡適等人的觀點進行了批駁。范文瀾主編的《中國通史簡編》以馬克思主義為理論武器對中國文化史的發展做出了巨大的貢獻，此著被看作是用馬克思主義指導通史研究和近代史研究的里程碑式的作品。此外，范文瀾以馬克思主義唯物史觀為指導，對中國經學傳統進行了全面的梳理和研究。《中國經學史的演變》是范文瀾以馬克思主義理論對中國長達兩千多年的內容複雜的經學歷史所作的首創性的理論成果。

侯外廬在以馬克思主義研究中國思想史方面做出了突出的貢獻。侯外廬從二十世紀三十年代開始就將馬克思主義理論運用於中國社會史的研究中，

並於 1934 年撰寫了《中國古代社會與老子》一書。從二十世紀四十年代初開始，侯外廬從社會史的研究進入思想史的研究，於 1942 年年底完成了《中國古代思想學說史》一書，並於 1944 年由文風書局出版。這是將唯物史觀運用到中國思想史研究中，所取得的具有拓荒性的理論成果。此後，侯外廬又運用馬克思主義的理論觀點與方法研究了中國近三百年思想史，並於 1945 年發表了《近代中國思想學說史》（上下兩冊）一書。新中國建立前，侯外廬還發表了《中國思想通史》（第一卷）以及《中國古代社會史論》等，都是在馬克思主義理論的指導下形成的理論成果。

　　中國早期馬克思主義史學家將馬克思主義理論廣泛應用到中國社會史、文化史、思想史的研究中，為馬克思主義者全面研究傳統準備了學術力量，同時，推動了馬克思主義史學研究隊伍的建設。

　　繼李大釗、陳獨秀之後，瞿秋白主要將蘇聯的馬克思主義哲學思想引入到國內。瞿秋白在上海大學執教期間講授了《社會哲學概論》和《現代社會學》，第一次在中國比較系統地傳播了辯證唯物主義與歷史唯物主義的基本理論。《社會哲學概論》是中國全面宣傳包括唯物辯證法在內的馬克思主義哲學的最早的著作。在瞿秋白的引領下，二十世紀三十年代，李達、艾思奇等馬克思主義者將辯證唯物主義的基本原理運用到分析批判中國的哲學思想中，在中國馬克思主義哲學傳播史上具有重要的意義。

　　李達於 1937 年發表了《社會學大綱》，代表了馬克思主義哲學體系化的經典文本。艾思奇在運用辯證唯物主義基本原理時，注重把它通俗化、大眾化，並於 1936 年發表了中國第一部優秀的馬克思主義哲學通俗著作——《大眾哲學》。《大眾哲學》以唯物辯證法為核心，其寫作方法新穎，內容通俗易懂，開了中國近代通俗哲學寫作先風。馬克思主義哲學經過中國馬克思主義者的吸收與創造性的闡發，逐漸與中國的傳統文化相融合，推進了傳統文化現代化的歷程。

　　中國的馬克思主義者從二十世紀二十年代末開始，運用馬克思主義這一科學的世界觀和方法論，對傳統文化展開了全面的研究和批判，對傳統文化的相關問題有了一定程度的共識，使傳統文化的發展進入到一個新的歷史階段。抗戰時期，國民黨集團對儒家道統的高揚與利用，以及現代新儒家用西方的學術方法對傳統所做的「創造性轉換」，掀起了傳統文化研究的熱潮。這一時期，中國馬克思主義者把對傳統的批判繼承，作為理論活動的重要內容之一。他們

在以馬克思主義理論全面研究中國文化傳統的同時，還致力於將馬克思主義與中國實際相結合，推動了以馬克思主義為指導的革命文化的發展，有力地批判了國民黨對傳統的歪曲。最終，形成了傳統向現代轉化的科學道路。

5.3　早期馬克思主義者傳統觀的不足

早期馬克思主義者的傳統觀因主客觀方面的原因，有其歷史的和時代的侷限性。他們對中國傳統的觀察和剖析，以及對馬克思主義理論的運用，一方面具有開拓性和創新精神，同時，又具有初期性和幼年性。首先，早期馬克思主義者們因對馬克思主義理論的掌握不夠全面，導致在對傳統的認識中帶有機械性、公式化色彩。其次，早期馬克思主義者們對傳統的研究存在不夠全面的缺陷。

5.3.1　對馬克思主義理解的缺陷

早期馬克思主義者們雖然比較準確地把握到馬克思主義的基本性質，也較全面地掌握了馬克思主義的學說體系。但他們在對馬克思主義學說體系的理解深度上存在著明顯不足，帶有片面性。因為當時社會革命的緊迫性，早期馬克思主義者們主要從社會革命客觀需要的角度對馬克思主義理論加以取捨。他們主要關注馬克思主義唯物史觀、剩餘價值學說、無產階級專政以及階級鬥爭理論，而對於馬克思主義的辯證唯物主義哲學關注的不夠，而這一理論直到瞿秋白才從蘇聯帶回國內，但其影響也非常有限。此外，中國早期馬克思主義者們是在蘇聯革命實踐的影響下走向了馬克思，不是首先從理論上有一個充分的理解與掌握之後，才從理論落實於實踐的。也就是說，中國早期馬克思主義者們是在理論不足的情況下著手中國的社會主義革命實踐的，並且使用的模式也並非原本的馬克思主義理論而是蘇聯式的馬克思主義。革命實踐的急迫性與理論修養不足的矛盾，既導致了中國革命道路的曲折，也使早期馬克思主義者們在對傳統的認識中存在缺陷。

如李大釗就有將馬克思主義唯物史觀理解為經濟決定論的傾向。他說：「換言之，就是經濟現象只能由他一面與其他社會現象以影響，而不能與其他社會現象發生相互的影響，或單受別的社會現象的影響。」〔註19〕這樣的經濟決定論，導致他在分析傳統時，僅僅把傳統視為客觀的獨立於主觀世界之外的

〔註19〕李大釗：《李大釗全集（最新注釋本）》第三卷，第21頁。

完全受經濟基礎決定的歷史存在，忽視了傳統所具有的內在邏輯以及反作用。恩格斯指出，社會意識歸根到底固然是為經濟運動所決定，但思想並非只是社會經濟的簡單的直接的反映。馬恩強調每一科學領域中都有自身的材料，而這些材料都是以前各個歷史階段累積而來，他們獨立存在於人們的思維中，並且在世代相繼的人們的思想中有其「自己的獨立的發展道路」〔註20〕。社會上層建築除了具有受社會經濟基礎決定的部分，還具有自身的獨立的內在邏輯。正因為此，社會上層建築才會反作用於社會的經濟基礎，形成社會經濟基礎與社會上層建築間的辯證關係。李大釗缺乏對社會經濟基礎與社會上層建築辯證關係的認識，雖然受到了當時的歷史條件的限制，但這一理論缺陷確實在對傳統的認識中產生了不良的影響。

瞿秋白對馬克思主義的理解帶有濃厚的蘇聯式色彩。經過列寧改造過的馬克思主義理論，具有非常強烈的革命色彩。此種激烈的革命性取向，使瞿秋白將對傳統的批判視為階級鬥爭的重要內容之一。馬克思主義從經濟角度作出界定的「階級」概念，經過蘇聯的轉化具有更多的政治含義，而深受蘇聯馬克思主義影響的瞿秋白也更強調階級的政治含義，並將這一具有濃厚政治立場的概念引入到對傳統的認識中。這使傳統被納入到現實的政治革命框架結構中，從而被賦予政治革命的意義，侵蝕了傳統所具有的其他價值。

早期馬克思主義者們的理論缺陷以及蘇聯馬克思主義帶來的不良影響，促使中國的先進知識分子們重新回到理論研究領域，掀起了二十世紀末三十年代初的社會史大論戰。經過新一輪的理論探究，提升了中國馬克思主義者的理論修養，並在學術領域形成了馬克思主義史學家和馬克思主義哲學家群體。他們對馬克思主義理論的深入研究，推進了中國化馬克思主義理論的形成，削弱了蘇聯馬克思主義的公式化影響。

5.3.2　對傳統的研究不夠全面

早期馬克思主義者的傳統觀主要側重於對知識分子所掌控的書寫的文化傳統的研究。他們對儒家禮教的批判、史學傳統、制度傳統等的批判都屬於精英傳統的範圍。對於社會底層的民間習俗，他們除了在對國人國民性的批判中有所涉及之外，鮮少論及。民間習俗具有極強的保守性，封建宗法思想締結在這些不同的習俗中，深深的主導著底層人民的思想。在中國以自然經濟為主導

〔註20〕《馬克思恩格斯選集》第四卷，北京：人民出版社，1972 年，第 501 頁。

的封建宗法社會，農民占人口的絕大多數，而農民所受到的傳統的影響，正是通過精英傳統的社會化、世俗化實現的，即社會的大傳統通過社會習俗、規範、制度等方式滲透到社會底層。早期馬克思主義者們因受主客觀條件的限制，還未深入到對社會底層的封建宗法傳統的批判。早期馬克思主義者們因為缺乏對這一層面傳統的批判，對此後的無產階級革命的展開造成了一定程度的阻礙。

再者，早期馬克思主義者們從救亡這一時代要求出發，他們所關注的傳統主要是與政治相關的部分。早期馬克思主義者對儒家禮教的批判是因為儒家禮教中的等級性因素與現代的民主政治追求平等、自由等理念相悖。李大釗以馬克思主義唯物史觀批判改造史學傳統是為中國的革命提供歷史合理性的依據。早期馬克思主義者批判封建大家族制度，是因為他們認為大家族制度嚴重束縛了個體的自由、獨立等，阻礙了民主制度的建立。這一以政治為導向的對傳統的認識，是近代救亡時代主題在思想文化領域的體現。雖然，這一導向符合了當時社會發展的需要，但也確實限制了對傳統的全面認識。他們忽視了傳統中不具封建政治色彩而具有超越性價值的內容，而近代文化保守主義者們正是通過對非理性因素的強調與重視入手，論證了儒家倫理道德的價值。

最後，從五四之前的民主科學到五四之後的唯物史觀、唯物辯證法，早期馬克思主義者們都以西方思想為參照模式，他們欲通過西方的先進理念來挖掘傳統的價值。這樣的思路雖然能為人們提供更加客觀的視野，但卻忽略了傳統自身的發展邏輯。西方的民主科學與馬克思主義理論都是西方文化傳統的產物，它們雖然具有普適性的一面，但也具有民族性的內容。而早期馬克思主義者強調的是民主科學與馬克思主義理論的普適性，卻鮮少強調民族性問題。他們忽略了將完全異質的理論運用於中國傳統的批判分析中，有一個適應和符合的問題，即文化的土壤問題。早期馬克思主義者對傳統的民族性認識的不夠充分，而這一缺陷影響了此後中國馬克思主義者對傳統的正確認識。

結　語

　　早期馬克思主義者的傳統觀奠定了中國近代科學的、實踐的傳統觀的基礎。馬克思主義理論為中國早期馬克思主義者傳統觀提供了科學的世界觀和方法論。唯物史觀使早期馬克思主義者找到了傳統的真正繼承者和發展者，即工農群眾。辯證唯物主義為中國早期馬克思主義者的傳統觀提供了科學的方法論。總之，中國早期馬克思主義者通過對傳統產生的社會基礎、傳統發展的規律、傳統價值的判定標準，以及傳統的主體性等問題進行了科學的分析，推動了中國近代傳統觀的發展。

　　馬克思主義的唯物史觀在世界觀上奠定了早期馬克思主義者傳統觀的科學基礎。馬克思主義的唯物史觀以對人類社會的物質性質的認識為前提，揭示了人類歷史發展的本質和規律，不但為人類認識自身的存在方式奠定了科學的理論基礎，還為人們改變自身的存在方式提供了方法論。早期馬克思主義者們將傳統置於客觀的歷史發展進程中，從客觀的物質的社會關係中去探尋傳統產生與發展的過程。傳統與現代之間的關係不再是立足於唯心主義世界觀之上的抽象的道統式聯繫，而是建立在社會物質生產關係中的現實的歷史聯繫。李大釗的以馬克思主義唯物史觀的經濟基礎決定上層建築的原理分析儒家傳統，此種，從物質到精神的分析模式，顛覆了儒家以抽象的道德開出客觀世界的唯心主義分析模式。

　　唯物史觀為早期馬克思主義者提供了科學的世界觀，使他們能從一個更加廣闊的視野中去認識傳統。李大釗提出以馬克思主義唯物史觀為依據重作中國歷史的主張。這一主張有兩方面的作用：一方面是為了在客觀的歷史進程

中尋找傳統與現代的鏈接點，另一方面是為了論證人民群眾在歷史中的主體地位。李大釗認為歷史就是人類的生活歷程，人的生存方式從橫向上看就是社會，從縱向上看就是歷史。人們可以通過科學的認識方法揭示隱藏在歷史事實中的真理性因子。傳統是歷史與現實的統一體，任何一種生存方式都是在特定的歷史條件中形成的，每一代人都是在繼承前一代人的生存方式的基礎上生活，又在新的歷史條件下改造原有生存方式。對中國傳統的認識必須深入到客觀的社會歷史進程中，以具體的歷史分析代替主觀的價值取捨。

如何判定傳統的價值問題，是傳統觀的一個核心內容。傳統是先輩群體力量的體現，此種歷史累計的說服力，使傳統具有一種極大的權威性。傳統規範著繼承者的行為、思想與心理，同時也為繼承者提供了應對社會問題的方案與策略。但當傳統提供的方案與策略無法解決人們的生存問題時，繼承者們就會展開新的探索，以期建立新的適應時代發展需要的規範、制度等。自鴉片戰爭開始，西方政治經濟文化的入侵，使中國的傳統與現代的關係問題不僅限於古今的問題，還需處理中西關係問題。面對如何處理中西古今之間的關係，中國思想界形成了不同的流派，保守主義固守儒家的倫理道德，將儒家道德視為超越時空的具有永恆價值的存在，把中西古今問題轉化成儒家倫理的現代化問題。自由主義者將西方等同於現代，他們把西方視為理想的現代化模式，把古今問題等同於中西問題，主張全盤西化。前者忽略了傳統的時代性，後者又忽視了傳統的民族性。

早期馬克思主義者從歷史與現實相統一的角度論述了傳統的價值問題。他們將民族的生死存亡置於首要的位置，並認為對於傳統價值的判定必須以是否適應時代的發展要求為標準。早期馬克思主義者們立足於民族的立場並積極的吸收西方的先進理念，他們不但強調中西文明時代性的差異，而且強調中西文明民族性的不同。早期馬克思主義者將中西文明置於整個人類歷史發展的進程中加以比較，他們認為中西文明從時代性的角度講，西方文明確實優越於東方文明，東方文明是封建宗法時代的產物，而西方文明則是近代資本主義發展的新的成果。在肯定中西文明時代性差異的基礎上，早期馬克思主義者也強調中西文明民族性的差異。李大釗把東西文明視為兩種性質不同的文明，並指出產生於不同自然條件與歷史條件的東西文明各有自身的優缺。既不能盲目的向西方看齊，也不能固守傳統而不知趨新。正確的道路是立足於民族文化的立場，從時代發展的需要出發，積極的吸收借鑒世界先進的文明成果，促

進民族傳統的復興。瞿秋白也十分強調民族性在傳統向現代轉化中的重要作用，他反覆強調民族的自性問題，並主張將馬克思主義基本原理與中國的實際相結合。此外，瞿秋白還將馬克思主義的階級分析法引入到對傳統的認識中，使對傳統價值的判定不但涉及到時代性、民族性的問題，還涉及到階級立場的問題。無產階級代表著先進生產力的發展方向，也代表者先進文化的發展方向。所以，對傳統價值的判定必須立足於無產階級的立場。由此，早期馬克思主義者確立了正確判定傳統價值的標準，即開放的世界觀、歷史主義的態度以及無產階級的立場。

　　早期馬克思主義者傳統觀的另一貢獻是科學的探索了傳統的主體性問題。傳統作為人類社會的創造物，是依附於世代之間的傳遞而得以傳延的，只有具有主觀能動性的人才能創造、更改或完善傳統。傳統一但失去其繼承者與傳遞者，傳統也就失去生命力，從而淡出人們的視野。人雖然受到客觀歷史條件的限制，但並不能以此抹殺人的主觀能動性。傳統作為先輩的經驗的累積，是被先輩們視為有價值的存在才傳遞至下一代。每一代人都是在繼承先輩的傳統的基礎上進行社會活動的，但繼承者並非原封不動的複製先輩的傳統，他們會在新的歷史條件下，依據社會發展的需要，進行修改。傳統正是通過代際之間的傳遞與修改來完成的，設若傳統一但失去其繼承者則傳統就會停留在過去的時空中。人們從不同的世界觀出發，對傳統的主體性的認識是截然不同的。自由主義、保守主義從唯心主義世界觀出發，將精神視為人類社會的根本，他們僅僅關注到傳統的精神層面，而沒有深入到傳統的物質層面。由此，他們把知識分子以及社會的精英階層視為傳統的繼承者，試圖通過政治、文化教育等方式影響社會的精英階層，推動傳統的發展。李大釗對傳統史觀的批判與發掘，從理論上確立了人民群眾的歷史主體的地位。陳獨秀通過對封建國家觀和資產階級民主國家觀的批判，論證了無產階級專政的必然性，從政治層面確立了人民的主體地位。瞿秋白對農民革命傳統的批判與繼承，從實踐中確立了人民在革命中的主體地位。早期馬克思主義者們認為，只有人民才是傳統的創造者與繼承者，只有在真正代表人民利益的中國共產黨的領導下，經過革命之火的煅燒，傳統才能獲得真正的重生。

　　早期馬克思主義者圍繞著民族救亡這一時代需要，對傳統的思想、學術、政治等進行了深刻的批判分析，推進了傳統的現代化。他們認為傳統的未來發展既不是固守儒家倫理道德，也不是自由主義者的向西方看齊，而是立足於無

產階級的立場，從民族的實際出發，以馬克思主義理論為指導，批判地吸收古今東西的一切優秀成果，最終走向民族傳統的復興。早期馬克思主義者的傳統觀以馬克思主義這一科學的世界觀和方法論為指導，緊扣時代主題，形成了中國馬克思主義者傳統觀的基本模式。

歷史在前進，時代在變遷，而如何認識傳統與現代之間的關係卻是每一時代不變的主題。在實現中華民族偉大復興的中國夢的征程中，文化復興是民族復興的重要組成部分。文化是「民族的血脈」，是「人民的精神家園」。文化自信是「更基本」、「更深層」、「更持久」的力量。對中華優秀傳統文化的繼承和發展是文化自信的重要組成部分。隨著我國經濟社會的深刻變革，對外交流的日益擴大，各種外來文化的大量湧入，這迫切需要加強對中華優秀傳統文化重要性的認識。從中華優秀傳統文化中汲取養料，增強文化自覺和文化自信。

歷屆中央領導集體都非常重視對中華優秀傳統文化的繼承和發展，江澤民、胡錦濤都在不同的場合充分肯定了中華優秀傳統文化的價值。至新的歷史時期，以習近平為核心的中央領導集體進一步推進了對中華優秀傳統文化的繼承和發展。2017 年 1 月 25 日中共中央辦公廳、國務院辦公廳印發了《關於實施中華優秀傳統文化傳承發展工程的意見》，在繼續肯定中華優秀傳統文化的價值與地位的同時，還從中華優秀傳統文化的主要內容，構建中華優秀傳統文化的重點任務、組織實施和保障措施等方面進行了詳細的闡述和規定，將對中華優秀傳統文化的繼承和發展從理論層面的論證推進到實踐領域。《關於實施中華優秀傳統文化傳承發展工程的意見》的出臺標誌著繼承和發展中華優秀傳統文化進入到一個新的歷史階段。

新時代的傳統文化觀是對早期馬克思主義者傳統觀的繼承與發展。首先，早期馬克思主義者的傳統觀和新時代的傳統文化觀都以社會發展的需要為基點。早期馬克思主義者對傳統的認識始終圍繞者時代發展的需要，他們創造了帶有革命色彩的傳統觀。新時代的傳統文化復興也是從時代發展的需要出發。只是兩者的時代主題有區別而已。早期馬克思主義者的傳統觀始終圍繞著民族救亡這一時代主題，對文化傳統的批判繼承服務於革命這一現實需要。新時代的傳統文化觀是服務於全面建設小康社會這一新的時代要求。

其次，從指導思想上說，早期馬克思主義者的傳統觀和新時代的傳統文化觀是一脈相承的。早期馬克思主義者將馬克思主義引入到對傳統的認識中，開啟了傳統發展的新方向。新時代的傳統文化復興繼續堅持馬克思主義、列寧主

義的指導下，並進一步強調中國化馬克思主義理論（毛澤東思想、鄧小平理論、三個代表、科學發展觀、習近平新時代中國特色社會主義思想）在繼承和發展中華優秀傳統文化中的指導作用。

第三，在如何繼承和發展中華優秀傳統文化上，新時代的「不忘本來、吸收外來、面向未來」的發展原則是對早期馬克思主義者強調世界眼光以及強調歷史主義態度在認識傳統中的重要作用的繼承與發展。這一原則，科學的處理了傳統文化與外來文化、傳統文化與現代文化之間的關係，確立了傳統文化發展的科學方向。

第四，在傳統的繼承者上，早期馬克思主義者通過馬克思主義這一先進理論找到了中國傳統的真正繼承者和弘揚者——工農聯盟。新時期的傳統文化觀在堅持早期馬克思主義者的這一科學認識的基礎上，從新的時代條件出發，進一步認識到人民群眾不但是中華優秀傳統文化的繼承者和弘揚者，還是中華優秀文化的建設者。

中華優秀傳統文化具有歷久彌新的生命力和強大的整合能力，在新的時代條件下如何挖掘中華優秀傳統文化的價值，早期馬克思主義者的傳統觀為我們提供了可資借鑒的經驗。由此，積極借鑒早期馬克思主義者對傳統的認識，對於中華優秀傳統文化傳承發展體系的構建具有十分重要的意義。

參考文獻

一、報刊

1. 《申報》（1872 年）、《清議報》（1898 年）、《東方雜誌》（1904 年）、《國粹學報》（1905 年）、《清華週刊》（1914 年）、《新青年》（1915 年）、《民國日報》（1916 年）、《晨鐘報》（1916 年）、《太平洋》（1917 年）、《每週評論》（1918 年）、《嚮導》（1922 年）、《獨立評論》（1932 年）等。

二、原典

（一）古籍（按朝代排序）

1. 〔戰國〕左丘明撰，〔西晉〕杜預集解：《左傳》上，上海：上海古籍出版社，2015 年。

2. 〔漢〕許慎撰，〔清〕段玉裁注：《說文解字注（第二版）》，上海：上海古籍出版社，1988 年。

3. 〔南朝宋〕范曄撰，〔唐〕李賢等注：《後漢書·東夷傳》卷八十五，北京：中華書局，1965 年。

4. 〔北梁〕曇元讖譯，林世田等點校：《涅槃經》第二卷，北京：宗教文化出版社，2001 年。

5. 〔唐〕實叉難陀譯，林世田等點校：《華嚴經》第三卷，北京：宗教文化出版社，2001 年。

6. 〔宋〕朱熹撰：《四書章句集注》，北京：中華書局，1983 年。

7. 〔清〕王先謙撰，沈嘯寰、王星賢點校：《荀子集解》，北京：中華書局，1988 年。

8. 〔清〕蘇輿撰、鍾哲點校：《春秋繁露義證》，北京：中華書局，1992 年。

9. 〔清〕阮元校刻：《十三經注疏》（清嘉慶刊本），北京：中華書局，2009 年。

（二）馬列原著（按出版時間排序）

1. 中共中央馬克思、恩格斯、列寧、斯大林著作編譯局：《馬克思恩格斯選集》（1～4 卷），北京：人民出版社，1972 年。

2. 中共中央馬克思、恩格斯、列寧、斯大林著作編譯局：《列寧選集》（1～4 卷），北京：人民出版社，1972 年。

3. 中共中央馬克思、恩格斯、列寧、斯大林著作編譯局：《列寧全集》，北京：人民出版社，1986 年。

4. 中共中央馬克思、恩格斯、列寧、斯大林著作編譯局：《馬克思恩格斯全集》，北京：人民出版社，1995 年。

三、研究專著（按出版時間排序）

（一）國內論著

1. 馮自由：《社會主義與中國》，香港：社會主義研究社，1920 年。

2. 張君勱著：《人生觀之論戰》，上海：泰東書局，1923 年。

3. 丁文江著：《科學與人生觀（上）》，上海：亞東圖書館，1924 年。

4. 侯外廬著：《中國早期啟蒙思想史——十七世紀至十九世紀四十年代》，北京：人民出版社，1956 年。

5. 張枬，王忍之編：《辛亥革命前十年間時論選集》第二卷上，北京：三聯書店，1963 年。

6. 龔自珍：《龔自珍全集》第 1 冊，上海：上海人民出版社，1975 年。

7. 魏源：《魏源集》第 1 冊，北京：中華書局，1976 年。

8. 章太炎著、湯志鈞編：《章太炎政論選集》（下冊），北京：中華書局，1977 年。

9. 蔡和森著：《蔡和森文集》，北京：人民出版社，1980 年。

10. 《憶秋白》編輯小組編：《憶秋白》，北京：人民文學出版社，1981 年。

11. 蔡尚思著：《中國傳統思想總批判》，長沙：湖南人民出版社，1981 年。

12. 譚嗣同：《譚嗣同全集》下冊，北京：中華書局，1981 年。

13. 孫中山著：《孫中山選集》，北京：人民出版社，1981 年。

14. 孫中山著：《孫中山全集》，北京：中華書局，1981～1986 年版。

15. 章太炎著：《章太炎全集》第四卷，上海：上海人民出版社，1982 年。

16. 鄒容著，周永林編：《鄒容文集》，重慶：重慶出版社，1983 年。

17. 鍾離蒙，楊鳳麟主編：《中國現代哲學史資料彙編‧續集‧第九冊（東西文化論戰）》，瀋陽：遼寧大學哲學系，1984 年。

18. 陳獨秀著：《陳獨秀文章選編》，北京：三聯書店，1984 年。

19. 陳守實著：《中國古代土地關係史稿》，上海：上海人民出版社，1984 年。

20. 梁啟超：《梁啟超選集》，上海：上海人民出版社，1984 年。

21. 梁啟超著，李華興、吳嘉勳編：《梁啟超選集》，上海：上海人民出版社，1984 年。

22. 彭明：《五四運動史》，北京：人民出版社，1984 年。

23. 鍾叔河著：《走向世界——近代知識分子考察西方的歷史》，北京：中華書局，1985 年。

24. 陳崧編：《五四前後中西文化問題論戰文選》，北京：中國社會科學出版社，1985 年。

25. 瞿秋白著：《瞿秋白選集》，北京：人民出版社，1985 年。

26. 瞿秋白著：《瞿秋白文集（文學編 1～6 卷）》，北京：人民文學出版社，1986 年。

27. 李振霞，管培月編：《中國現代哲學史資料選輯（1～4）》，北京：紅旗出版社，1986 年。

28. 溫元凱，倪端：《改革與國民性改造》，北京：中國青年出版社，1986 年。

29. 蕭功秦著：《儒家文化的困境》，成都：四川人民出版社，1986 年。

30. 嚴復：《嚴復集》第一冊，北京：中華書局，1986 年。

31. 烏庭玉著：《中國歷代土地制度史綱》，長春：吉林大學出版社，1987 年。

32. 吳廷嘉著:《中國近代知識分子》,北京:人民出版社 1987 年。

33. 姜義華著:《港臺及海外學者論近代中國文化》,重慶:重慶出版社,1987年。

34. 張立文,王俊義等主編:《傳統文化與現代化》,北京:中國人民大學,1987 年。

35. 馮天瑜著:《東方的黎明:中國文化走向近代的歷程》,成都:巴蜀書社,1988 年。

36. 孫廣德著:《我國民本思想的內容與檢討》,上海:三聯書店,1988 年。

37. 李桂海著:《對農民一個歷史側面的考察》,石家庄:河北教育出版社,1988 年。

38. 李玉貞主編,杜魏華副主編:《馬林與第一次國共合作》,北京:光明日報出版社,1989 年。

39. 丁曉強,徐梓等編:《五四與現代中國——五四新論》,太原:山西人民出版社,1989 年。

40. 余英時著:《中國傳統思想的現代詮釋》,南京:江蘇人民出版社,1989 年。

41. 梁啟超著:《飲冰室合集》,北京:中華書局,1989 年。

42. 王金鋙著:《中國現代知識分子的歷史軌跡》,長春:吉林教育出版社,1989 年。

43. 王躍,高力克編:《五四:文化的闡釋與評價——西方學者論五四》,太原:山西人民出版社,1989 年。

44. 蕭延中,朱藝等編:《啟蒙的價值與侷限——臺灣學者論五四》,太原:山西人民出版社,1989 年。

45. 張立文著:《傳統學引論——中國傳統文化的多維反思》,北京:中國人民大學出版社,1989 年。

46. 中華近代文化史叢書編委:《中國近代文化問題》,北京:中華書局,1989 年。

47. 朱謙之著:《文化哲學》,北京:商務印書館,1990 年。

48. 王元化著:《傳統與反傳統》,上海:上海文藝出版社,1990 年。

49. 史全生著:《中華民國文化史(上中下)》,長春市:吉林文史出版社,1990 年。

50. 葛懋春主編:《中國現代史論選》上,桂林:廣西師範大學出版社,1990 年。

51. 程樹德撰,程俊英、蔣見元點校:《論語集釋》,北京:中華書局,1990 年。

52. 張岱年,程宜山著;《中國文化與文化論爭》,北京:中國人民大學出版社,1990 年。

53. 張岱年主編:《國學叢書》,瀋陽:遼寧教育出版社,1991 年。

54. 袁貴仁著:《價值學引論》,北京:北京師範大學出版社,1991 年。

55. 杜恂誠著:《民族資本主義與舊中國政府》,上海:上海社會科學院出版社,1991 年。

56. 陳錫祺:《孫中山年譜長編》下,北京:中華書局,1991 年。

57. 宋仲福著:《儒學在現代中國》,鄭州:中州古籍出版社,1991 年。

58. 毛澤東:《毛澤東選集》第一卷,北京:人民出版社,1991 年。

59. 桂遵義著:《馬克思主義史學在中國》,濟南市:山東人民出版社,1992 年。

60. 杜維明著:《儒家傳統的現代轉化》,北京:中國廣播電視出版社,1992 年。

61. 淡江大學中文系主編:《五四精神的解咒與重塑:海峽兩岸紀念五四七十年論文集》,臺北:臺灣學生書局,1992 年。

62. 康有為:《康有為全集》第三集,上海:上海古籍出版社,1992 年。

63. 梁漱溟著:《梁漱溟全集》第五卷,濟南:山東人民出版社,1992 年。

64. 熊鐵基著:《傳統文化與中國社會》,武漢:華中師範大學出版社,1993 年。

65. 李鵬程著:《當代文化哲學沉思》,北京:人民出版社,1994 年。

66. 張岱年,方克立主編:《中國文化概論》,北京:北京師範大學出版社,1994 年。

67. 丁偉志、陳崧著：《中西體用之間——晚清中西文化觀述論》，北京：中國社會科學出版社，1995 年。

68. 朱維錚著：《音調未定的傳統》，瀋陽：遼寧教育出版社，1995 年。

69. 吳福輝、錢理群主編：《瞿秋白自傳》，南京：江蘇文藝出版社，1996 年。

70. 崔龍水、馬振鐸主編：《馬克思主義與儒學》，北京：當代中國出版社，1996 年。

71. 張豈之主編：《中國近代史學學術史》，北京：中國社會科學出版社，1996 年。

72. 張岱年：《國學今論》，瀋陽：遼寧教育出版社，1997 年。

73. 龔書鐸著：《中國近代文化概論》，北京：中華書局，1997 年。

74. 陳萬雄著：《五四新文化的源流》，北京：三聯書店，1997 年。

75. 龐樸主編：《中國儒學·第 2 卷》，上海：東方出版中心，1997 年。

76. 湯志鈞編：《康有為政論集》下冊，北京：中華書局，1998 年。

77. 梁啟超著：《新民說》，鄭州：中州古籍出版社，1998 年。

78. 侯外廬著：《中國古代思想學說史》，瀋陽：遼寧教育出版社，1998 年。

79. 陳平原著：《中國現代學術之建立》，北京：北京大學出版社 1998 年。

80. 羅檢秋著：《近代諸子學與文化思潮》，北京：中國社會科學出版社，1998 年。

81. 錢遜著：《推陳出新　傳統文化在現代的發展》，北京市：清華大學出版社，1999 年。

82. 梁啟超著：《梁啟超全集（第五冊）》，北京：北京出版社，1999 年。

83. 梁漱溟著：《東西文化及其哲學（修訂版）》，北京：商務印書館，1999 年。

84. 羅志田著：《權勢轉移——近代中國的思想、社會與學術》，武漢：湖北人民出版社，1999 年。

85. 鄭師渠著：《中國文化通史》，北京：中共中央黨校出版社，2000 年。

86. 陳建華著：《中國革命話語考論》，上海：上海古籍出版社，2000 年。

87. 桑兵著：《晚清民國的國學研究》上海：上海古籍出版社，2001 年。

88. 何兆武：《歷史理性批判論集》，北京：清華大學出版社，2001 年。

89. 王中江著:《進化主義在中國》,北京:首都師範大學出版社,2002 年。

90. 楊善民,韓鋒著:《文化哲學》,濟南:山東大學出版社,2002 年。

91. 韋政通著:《中國思想史(上、下)》,上海:上海書店出版社,2003 年。

92. 許紀霖,田建業編:《杜亞泉文存》,上海:上海教育出版社,2003 年。

93. 裴毅然著:《中國知識分子的選擇與探索》,鄭州:河南人民出版社,2004 年。

94. 衣俊卿著:《文化哲學十五講》,北京:北京大學出版社,2004 年。

95. 左玉河著:《從四部之學到七科之學——學術分科與近代中國知識系統之創建》,上海:上海書店出版社,2004 年。

96. 張岱年等著,苑淑婭編:《中國觀念史》,鄭州:中州古籍出版社,2005 年。

97. 王國炎著:《中國傳統文化現代化與馬克思主義中國化》,北京:高等教育出版社,2005 年。

98. 吳丕:《進化論與中國激進主義》,北京:北京大學出版社,2005 年。

99. 張豈之主編:《中國傳統文化》,北京:高等教育出版社,2005 年。

100. 胡道靜主編:《十家論老》,上海:上海人民出版社,2006 年。

101. 張岱年著:《文化與哲學》,北京:中國人民大學出版社,2006 年。

102. 甘陽主編:《八十年代文化意識》,上海:上海人民出版社,2006 年。

103. 許道勳,徐洪興著:《中國經學史》,上海:上海人民出版社,2006 年。

104. 中國李大釗研究會編注:《李大釗全集(1～5 卷)》(最新注釋本),北京:人民出版社,2006 年。

105. 張豈之主編:《中國思想文化史》,北京:高等教育出版社,2006 年。

106. 張豈之著:《中華人文精神(增訂版)》,西安:陝西人民出版社,2007 年。

107. 張豈之主編:《中國思想學說史》,桂林:廣西師範大學出版社,2007 年。

108. 邴正著:《馬克思主義文化哲學》,長春:吉林人民出版社,2007 年。

109. 陳勝雲著:《文化哲學的當代發展》,南昌:江西人民出版社,2007 年。

110. 陳元暉主編:《中國近代教育史資料彙編——學制演變》,上海:上海教育出版社,2007 年。

111. 康有為著：《康有為全集》第十一集，北京：中國人民出版社，2007 年。

112. 孫正聿：《孫正聿哲學文集——哲學通論》第九卷下，長春：吉林人民出版社，2007 年。

113. 張豈之，謝陽舉主編：《中國思想史論集·第 3 卷》，桂林：廣西師範大學出版社，2008 年。

114. 章太炎著、徐復注：《訄書詳注》，上海：上海古籍出版社，2008 年。

115. 鄭大華，彭平一著：《社會結構變遷與近代文化轉型》，成都：四川人民出版社，2008 年。

116. 張立文著：《傳統學七講》，長春：長春出版社，2008 年。

117. 徐元誥撰，王樹民、沈長雲點校：《國語集解》，北京：中華書局，2008 年。

118. 王中江著：《近代中國思維方式演變的趨勢》，成都：四川人民出版社，2008 年。

119. 任劍濤著：《政治哲學講演錄》，桂林：廣西師範大學出版社，2008 年。

120. 薩孟武著：《中國政治思想史》，北京：東方出版社，2008 年。

121. 耿雲志著：《近代中國文化轉型研究導論：文化轉型》，成都：四川人民出版社，2008 年。

122. 費孝通著：《鄉土中國》，北京：人民出版社，2008 年。

123. 李方祥著：《中國共產黨的傳統文化觀研究》，北京：中共黨史出版社，2008 年。

124. 林甘泉著：《孔子與 20 世紀中國》，北京：中國社會科學出版社，2008 年。

125. 羅榮渠主編：《從「西化」到現代化——五四以來有關中國的文化趨向和發展道路論爭文選》，合肥：黃山書社，2008 年。

126. 章太炎著、徐復注：《訄書詳注》，上海：上海古籍出版社，2008 年。

127. 鄭大華，彭平一著：《社會結構變遷與近代文化轉型》，成都：四川人民出版社，2008 年。

128. 張立文著：《傳統學七講》，長春：長春出版社，2008 年。

129. 張豈之著：《樂此不疲集》，北京：首都師範大學出版社，2009 年。

130. 張豈之著：《張豈之自選集》，北京：學習出版社，2009 年。

131. 張寶明：《啟蒙與革命──五四「激進派」的兩難》，南昌：江西教育出版社，2009 年。

132. 陳序經著：《中國文化的出路》，長沙：嶽麓書社，2009 年。

133. 章開沅著：《離異與回歸──傳統文化與近代化關係試析》，北京：中國人民大學出版社，2010 年。

134. 羅志希著：《科學與玄學》，北京：商務印書館，2010 年。

135. 梁啟超著：《先秦政治思想史》，湖南：嶽麓書社，2010 年。

136. 王奇生著：《革命與反革命：社會文化視野下的民國政治》，北京：社會科學文獻出版社，2010 年。

137. 薛學共著：《中國傳統文化與馬克思主義中國化》，長沙市：湖南師範大學出版社，2010 年。

138. 張君勱、丁文江等：《科學與人生觀》，長沙：嶽麓書社，2011 年。

139. 章太炎：《章太炎講演錄》，上海：上海人民出版社，2011 年。

140. 殷海光著：《中國文化的展望》，北京：商務印書館，2011 年。

141. 孫中山著：《三民主義》，北京：九州出版社，2011 年。

142. 孫中山著：《孫中山選集》上，北京：人民出版社，2011 年。

143. 梁漱溟著：《中國文化要義》，上海：上海人民出版社，2011 年。

144. 霍桂桓著：《文化哲學論要》，北京：中國社會科學出版社，2011 年。

145. 蕭公權著：《中國政治思想史》，北京：商務印書館，2011 年。

146. 張君勱、丁文江等：《科學與人生觀》，長沙：嶽麓書社，2011 年。

147. 章太炎：《章太炎講演錄》，上海：上海人民出版社，2011 年。

148. 張豈之著：《中華優秀傳統文化核心理念讀本》，北京：學習出版社，2012 年。

149. 張豈之著：《張豈之談中華優秀傳統文化》，西安：太白文藝出版社，2012 年。

150. 金忠嚴著：《馬克思主義與中國傳統文化融合論》，石家莊：河北人民出

版社，2012 年。

151. 平飛著：《馬克思主義中國化與儒家文化》，北京：人民出版社，2012 年。

152. 瞿秋白著：《瞿秋白文集（政治理論編1～8 卷)》，北京：人民出版社，2013 年。

153. 陳獨秀著：《陳獨秀文集（1～4 卷)》，北京：人民出版社，2013 年。

154. 范進學、夏澤祥等：《中國憲法學基本範疇體系論》，上海：上海三聯書店，2013 年。

155. 馮天瑜著：《中國文化生成史（下)》，武漢：武漢大學出版社，2013 年。

156. 徐復觀著：《論文化》，北京：九州出版社，2013 年。

157. 趙缺譯著：《孝經正義》，長沙：嶽麓書社，2014 年。

158. 俞睿著：《國家與社會關係視閾中的私人領域建構》，北京：人民出版社，2014 年。

159. 李金錚著：《傳統與變遷——近代華北鄉村的經濟與社會》，北京：人民出版社，2014 年。

160. 周月峰編：《中國近代思想家文庫——杜亞泉卷》，北京：中國人民大學出版社，2014 年。

161. 梁啟超著：《新史學》，北京：商務印書館，2014 年。

162. 梁啟超著：《歐遊心影錄》，北京：商務印書館，2014 年。

163. 桑兵，朱鳳林編：《戴季陶卷》，北京：中國人民大學出版社，2014 年。

164. 汪暉：《文化與政治的變奏——一戰和中國的「思想戰」》，上海：上海人民出版社，2014 年。

165. 鄭大華著：《中國近代思想脈絡中的文化保守主義》，長沙：湖南人民出版社，2015 年。

166. 唐德剛著：《從晚清到民國》，北京：中國文史出版社，2015 年。

167. 方光華主編：《侯外廬學術思想研究》，北京：三聯書店，2015 年。

168. 黃志軍：《辯證法的實踐哲學闡釋》，北京：社會科學文獻出版社，2015 年。

169. 李洪文著：《人文理性與政治秩序——20 世紀中國文化保守主義的思維特質探析》，上海：上海古籍出版社，2016 年。

170. 王建朗、黃克武主編:《兩岸新編中國近代史(民國卷)》,北京:社會科學文獻出版社,2016年。

(二)國外著作

1. 〔英〕湯因比、〔日〕池田大作著,荀春生等譯:《展望二十一世紀——湯因比與池田大作對話錄》,北京:國際文化出版公司,1985年。

2. 〔美〕林毓生著;穆善培譯:《中國意識危機「五四」時期激烈的反傳統主義》,貴陽:貴州人民出版社,1986年。

3. 〔美〕巴林頓·摩爾著;拓夫等譯:《民主和專制的社會起源》,北京:華夏出版社,1987年。

4. 〔美〕張灝著;高力克等譯:《危機中的中國知識分子——尋求秩序與意義》,太原:山西人民出版社,1988年。

5. 〔日〕近藤邦康著;丁曉強譯:《救亡與傳統——五四思想形成之內在邏輯》,太原:山西人民出版社,1988年。

6. 〔美〕露絲·本尼迪克特著;王煒等譯:《文化模式》,北京:三聯書店,1988年。

7. 〔美〕塞繆爾·亨廷頓著;李盛平等譯:《變革社會中的政治秩序》,北京:華夏出版社,1988年。

8. 〔美〕邁斯納著,中共北京市委黨史研究室編譯組編譯:《李大釗與中國馬克思主義的起源》,北京:中共黨史資料出版社,1989年。

9. 〔美〕紀文勳著;程農等譯:《現代中國的思想衝突——民主主義與權威主義》,太原:山西人民出版社,1989年。

10. 〔美〕卡爾·A·魏特夫著;徐式谷等譯:《東方專制主義》,北京:中國社會科學出版社,1989年。

11. 〔美〕微拉·施瓦支著;李國英等譯:《中國的啟蒙運動——知識分子與五四運動》,太原:山西人民出版社,1989年。

12. 〔美〕墨子刻著;顏世安等譯:《擺脫困境——新儒學與中國政治文化的演進》,南京:江蘇人民出版社,1990年。

13. 〔英〕戴維·米勒、韋農·波格丹諾編:《布萊克維爾政治學百科全書》,北京:中國政法大學出版社,1992年。

14. 〔法〕謝和耐著；耿昇譯：《中國社會史》，南京：江蘇人民出版社，1997年。

15. 〔美〕費正清編；楊品爾等譯：《劍橋中華民國史（上卷）》，北京：中國社會科學出版社，1998年。

16. 〔日〕後藤延子著，王青等編譯：《李大釗思想研究》，北京：中國社會出版社，1999年。

17. 〔美〕列文森著；鄭大華等譯：《儒教中國及其現代命運》，北京：中國社會科學出版社，2000年。

18. 〔德〕卡爾・曼海姆著；黎鳴譯：《意識形態與烏托邦》，北京：商務印書館，2000年。

19. 〔德〕馬克思・韋伯著；彭強等譯：《新教倫理與資本主義精神》，西安：陝西師範大學出版社，2001年。

20. 〔英〕埃德蒙・柏克著；蔣慶等譯：《自由與傳統》，北京：商務印書館，2001年。

21. 〔美〕詹姆斯・R・湯森，布蘭特利・沃馬克著；顧速，懂方譯：《中國政治》，南京：江蘇人民出版社，2003年。

22. 〔美〕郝大維，安樂哲著；何剛強譯，劉東校：《先賢的民主：杜威、孔子與中國民主之希望》，南京：江蘇人民出版社，2004年。

23. 〔美〕阿里夫・德里克著，翁賀凱譯：《革命與歷史：中國馬克思主義歷史學的起源，1919～1937》，南京：江蘇人民出版社，2004年。

24. 〔美〕斯蒂芬・埃里克・布隆納著；殷杲譯：《重申啟蒙——論一種積極參與的政治》，南京：江蘇人民出版社，2006年。

25. 〔澳〕安德魯・文森特著，袁久紅等譯：《現代政治意識形態》，南京：江蘇人民出版社，2008年。

26. 〔日〕渡邊信一郎著；徐沖譯：《中國古代的王權與天下秩序：從日中比較史的視角出發》，北京：中華書局，2008年。

27. 〔英〕勞埃德著；鈕衛星譯：《古代世界的現代思考——透視希臘、中國的科學與文化》，上海：上海科技教育出版社，2008年。

28. 〔美〕田辰山著，蕭延中譯：《中國辯證法：從〈易經〉到馬克思主義》，

北京：中國人民大學出版社，2008 年。

29. 〔美〕浦嘉珉著，鍾永強譯：《中國與達爾文》，南京：江蘇人民出版社，2008 年。

30. 〔美〕塞繆爾・亨廷頓著；周琪等譯：《文明的衝突與世界秩序的重建》，北京：新華出版社，2009 年。

31. 〔美〕愛德華・希爾斯著；傅鏗、呂樂譯：《論傳統》，上海：上海世紀出版集團，2009 年。

32. 〔美〕本傑明・史華茲著；王中江編：《思想的跨度與張力——中國思想史論集》，鄭州：中州古籍出版社，2009 年。

33. 〔英〕彼得・伯克著；蔡玉輝譯：《什麼是文化史》，北京：北京大學出版社，2009 年。

34. 〔美〕杜贊奇著；王憲明等譯：《從民族國家拯救歷史：民族主義話語與中國現代史研究》，南京：江蘇人民出版社，2009 年。

35. 〔美〕李丹著，張天虹等譯：《理解農民中國：社會科學哲學的案例研究》，南京：江蘇人民出版社，2009 年。

36. 〔法〕路易・阿爾都塞著；顧良譯：《保衛馬克思》，北京：商務印書館，2010 年。

37. 〔美〕塞繆爾・亨廷頓，勞倫斯・哈里森主編；程克雄譯：《文化的重要作用：價值觀如何影響人類進步》，北京：新華出版社，2010 年。

38. 〔日〕尾形勇著；張鶴泉譯：《中國古代的「家」與國家》，北京：中華書局，2010 年。

39. 〔美〕王國斌著，李伯重等譯：《轉變的中國：歷史變遷與歐洲經驗的侷限》，南京：江蘇人民出版社，2010 年。

40. 〔英〕桑德斯著；寧嘉風譯：《人口問題》，北京：商務印書館，2011 年。

41. 〔日〕佐藤慎一著，劉岳兵譯：《近代中國的知識分子與文明》，南京：江蘇人民出版社，2011 年。

42. 〔澳〕馮兆基著，劉悅斌等譯：《尋求中國民主》，南京：江蘇人民出版社，2011 年。

43. 〔美〕漢娜・阿倫特著；陳周旺譯：《論革命》，南京：譯林出版社，2011

年。

44. 〔美〕麥卡錫著；王文揚譯：《馬克思與古人——古典倫理學、社會正義和 19 世紀政治經濟學》，上海：華東師範大學出版社，2011 年。

45. 〔法〕雷蒙·阿隆著；呂一民等譯：《知識分子的鴉片》，南京：譯林出版社，2012 年。

46. 〔美〕孔飛力著；陳兼等譯：《中國現代國家的起源》，北京：三聯書店，2013 年。

47. 〔美〕馬若夢著，史建雲譯：《中國農民經濟：河北和山東的農民發展，1890～1949》，南京：江蘇人民出版社，2013 年。

48. 〔美〕克利福德·格爾茨著；韓莉譯：《文化的解釋》，南京：譯林出版社，2014 年。

49. 〔美〕孫隆基著：《中國文化的深層結構》，北京：中信出版社，2015 年。

50. 〔加〕威爾·金里卡著；劉莘譯：《當代政治哲學》，上海：上海譯文出版社，2015 年。

51. 〔美〕毛里齊奧·維羅里著，潘亞玲譯：《關於愛國——論愛國主義與民族主義》，上海：上海人民出版社，2016 年。

52. 〔德〕卜松山著，張偉譯：《傳統與現代》，北京：社會科學文獻出版社，2016 年。

53. 〔美〕周策縱著，陳永明、張靜譯：《五四運動史——現代中國的知識革命》，北京：世界圖書出版公司，2016 年。

四、期刊論文（按發表時間排序）

1. 張靜如：《論五四時期具有初步共產主義思想的知識分子》，《北京師範大學學報》，1978 年第 4 期。

2. 劉春建：《文化傳統與改革》，《國內哲學動態》，1986 年第 7 期。

3. 關志剛：《試論具有初步共產主義思想的知識分子和早期馬克思主義者的衡量標準》，《江漢論壇》，1986 年第 7 期。

4. 張岱年：《文化傳統與民族精神》，《學術月刊》，1986 年第 12 期。

5. 張立文：《傳統與傳統學》，《哲學動態》，1987 年第 2 期。

6. 潘建雄:《中國文化的雙重性結構及其對近代中國社會的影響》,《社會學研究》1987 年第 3 期。

7. 程農:《國民性批評與陳獨秀的命運》,《安徽師大學報 (哲學社會科學版)》,1989 年第 2 期。

8. 君羊:《傳統與傳統文化》,《衡陽師專學報 (社會科學)》,1992 年第 2 期。

9. 邵漢明:《新時期傳統研究述評》,《江淮論壇》,1992 年第 6 期。

10. 蒙培元:《怎樣理解傳統文化》,《哲學研究》,1993 年第 1 期。

11. 宋協立:《論傳統與傳統的變遷》,《煙臺大學學報 (哲學社會科學版)》,1994 年第 1 期。

12. 許全興:《馬克思主義與中國傳統文化關係之歷史考察》《馬克思主義與現實》,1996 年第 1 期。

13. 方光華:《戊戌變法與中國近現代學術》,《西北大學學報 (哲學社會科學版)》,1998 年第 4 期。

14. 羅熾:《關於文化傳統學的幾個問題》,《湖北大學成人教育學報》,1999 年第 6 期。

15. 孔德勇:《中國共產黨與傳統文化關係之歷史考察》,《石油大學學報 (社會科學版)》,2001 年第 2 期。

16. 尤小立:《從「憲政」到「直接行動」——陳獨秀前期國家觀演變述評》,《江蘇社會科學》,2001 年第 3 期。

17. 高清海:《中國傳統哲學的思維特質及其價值》,《中國社會科學》,2002 年第 1 期。

18. 王關興:《試析瞿秋白推動中國文化轉型和建設先進文化的十大理念》,《上海黨史與黨建》,2002 年第 11 期。

19. 龐樸:《文化傳統與傳統文化》,《科學中國人》,2003 年第 4 期。

20. 鄭崇玲:《中國共產黨與民族傳統文化關係研究動態述論》《中共福建省委黨校學報》,2004 年第 6 期。

21. 陳貴華:《論陳獨秀的國家觀》,《安慶師範學院學報 (社會科學版)》,2004 年第 5 期。

22. 鄭大華：《中國文化保守主義研究的幾個問題》，《天津社會科學》，2005
年第 2 期。

23. 張雲箏：《中國共產黨與中國傳統文化的關係淺析》《首都師範大學學報
（社會科學版）》，2006 年第 1 期。

24. 康慶：《馬克思主義中國化與 20 世紀莊學的現代轉型——兼談馬克思主
義中國化與中國傳統哲學現代化之關係》，《馬克思主義哲學研究》，2008
年。

25. 何萍：《馬克思主義哲學中國化：傳播與創新——重讀瞿秋白》，《馬克思
主義與現實》，2009 年第 1 期。

26. 張茂澤：《論馬克思的文化觀》，《理論導刊》，2012 年第 8 期。

27. 張汝倫：《史學與中國現代性——以李大釗的史學思想為例》，《學術月
刊》，2015 年第 9 期。